Entrenamiento para el

Ajuste del Comportamiento

BAT 2.0

Nuevas Técnicas para tratar el Miedo, la Frustración y la Agresividad en Perros

Grisha Stewart, M.A., CPDT-KA

Traducción: Luis Gómez

EmpoweredAnimals

Entrenamiento para el Ajuste del Comportamiento BAT 2.0 Nuevas Técnicas para tratar el Miedo, la Frustración y la Agresividad en Perros
Grisha Stewart, M.A., CPDT-KA

© 2003-2016 Empowered Animals, LLC and Grisha Stewart. P.O. Box 593, Palmer, AK, 99645, USA

© 2016 Grisha Stewart

Títuo original: *Behavior Adjustment Training 2.0: New Practical Techniques for Fear, Frustration, and Aggression in Dogs* publicado por Dogwise Publishing™.

Diseño gráfico: Lindsay Peternell, Portada e ilustraciones interiores: Lili Chin, www.doggiedrawings.net. Jerarquía de Intervenciones Humanitaria: Susan Friedman y James Fritzler.

Fotografías interiores: Animals Plus, Company of Animals, Dan Catchpole, Simon Conner, Dennis Fehling, Katrien Lismont, Dana Litt, Carly Loyer, Marie Legain, Stevie Mathre, Melissa McDaniel, Midwest Metal, Premier Pet Products, J. Nichole Smith, Smart Animal Training Systems, Thundershirt, Risë VanFleet.

Parte del texto ha aparecido previamente en: *Manual Oficial de Ahimsa Dog Training: Una Guía Práctica para la Solución de Problemas y la Educación Canina sin Violencia* de Grisha Stewart y *Adiestramiento para el Ajuste del Comportamiento. B.A.T. para el Miedo, la Frustración, y la Agresividad en Perros* de Grisha Stewart.

Revisores de la presente versión en castellano: Elena María Irurzun (Buenos Aires), Rosa Roldán Pérez (Logroño) , Myriam Fernández Lorca (Madrid) , Sandra Ladrón de Guevara (México) y Enrique Izquierdo (Barcelona).

ISBN-13: 978-1539838401
ISBN-10: 1539838404

Catálogo de la Librería del Congreso-Fecha de Publicación disponible en http://www.loc.gov/publish/cip/

Impreso en E.E.U.U.

A mi madre, quien me enseñó que los humanos
no somos los únicos que tenemos sentimientos.

A Peanut, el primer perro BAT,
mi alma gemela, mi maestro y mi musa.

Sigo aprendiendo a prestar más atención
a tus decisiones.

¿Qué más me enseñaréis tú y el pequeño Bean?

Índice de Contenidos

Nota del Traductor

Conozco a Grisha desde febrero de 2013, y lo que más me llamó la atención de ella fue su enorme capacidad analítica y pedagógica, pero sobre todo su manera de recibir feedback e implementar inmediatamente mejoras. Durante aquel curso de instructores no hubo ni una sugerencia que no fuera atentamente recibida y transformada a la mañana siguiente en una mejora.

En esta versión de "Behavior Adjustment Training 2.0: New Practical Techniques for Fear, Frustration, and Aggression in Dogs" he mantenido intactos los conceptos y explicaciones más allá de una mera transcripción literal, tratando de eliminar posibles ambigüedades e intentando preservar/potenciar su marcado carácter pedagógico. Si he conseguido que BAT se exprese por sí mismo, el objetivo se habrá cumplido.

He optado por emplear en ocasiones la forma coloquial y extendida "refuerzo" para hacer alusión al estímulo *reforzador* que sucede a la conducta objetivo, consolidándola.

Mi gratitud personal hacia aquellos maestros y amigos que me abrieron la puerta a una comprensión más sutil, precisa y profunda de estos compañeros tan fascinantes que nos rodean y moldean desde hace ya decenas de miles de años, y a mi perro Koldo al que tendré siempre en el corazón.

Una vez más, gracias a Grisha por la confianza y cordialidad mostrados durante todo el proceso. Es muy fácil encontrar las palabras adecuadas cuando se comparten vocación y valores.

Madrid, Octubre de 2016

AGRADECIMIENTOS

Estoy agradecida a mucha gente por su ayuda en la creación de BAT, y en particular en la elaboración de este libro. Para empezar, tengo una enorme deuda de gratitud hacia Peanut y Boo Boo, por enseñarme que puede haber un sabio bajo la piel del bravucón, y por ser pacientes mientras yo buscaba lo que de hecho tenía frente a mis ojos.

Gracias a:

Mi marido, John por entender que, en ocasiones, necesito irme de acampada con Peanut a los bosques de Alaska para escribir.

Mi equipo de apoyo BAT, increíblemente alentador tanto en escena como tras los focos: Ellen Naumann, Kristin Burke, Joey Iversen, Carly Loyer, Jo Laurens, Lisa Walker, Viviane Arouzoumanian, Jennie Murphy. No podría con todo si no fuera por vosotras.

Jill Olkoski, por tu paciencia durante el desarrollo de BAT 1.0, por confiar en mí para entrenar a tu perro (que aparece en la portada), y por tu inestimable ayuda para hacer que me enfocara en lo esencial.

La excepcional artista Lili Chin, por sus entrañables ilustraciones a lo largo de este libro, y su amigable y eficiente actitud durante todo el proceso.

Todas las personas que desarrollaron los diversos métodos que emplean refuerzos funcionales, y en los cuales me inspiré para diseñar BAT, además de Leslie McDevitt (por *Control Unleashed*) y Karen Pryor, y todos los grandes entrenadores con clicker.

Lori Stevens, practicante Certificada Ttouch, por implicarse en conversaciones e intercambio de ideas durante mi primera tormenta de ideas sobre BAT 1.0.

Alta Tawzer de Tawzer Dog por su increíble apoyo. Me ayudaste a hacer despegar BAT y eso nunca lo olvidaré.

Las entrenadoras Kathy Sdao y Joey Iversen por vuestra sabiduría y perspicacia—con Peanut y en general. Ahora ya podemos decir: "Siempre nos quedará París".

Susan Friedman, por traer información científica a los amantes de los perros, incluyendo la importancia de empoderar a nuestros alumnos. También me gustaría agradecerle el haberme ayudado a sentirme orgullosa de mi trabajo y enfocarme en las personas que están dispuestas a aprender.

Los Instructores Certificados BAT (CBATIs) de todo el mundo, que han dedicado su tiempo y energía en comprender BAT y demostrar sus destrezas. ¡Vuestro esfuerzo ayuda a crear un mundo mejor!

Mis organizadores de seminarios alrededor del mundo. He aprendido de cada experiencia y esa información se encuentra recogida en BAT 2.0. Gracias por acogerme gentilmente en vuestra región y compartir BAT con la gente de allí. Sois en parte responsables de que tanta gente haya aprendido a practicar BAT.

Del libro anterior: a los entrenadores y amantes de los perros del grupo de Yahoo! FunctionalRewards procedentes de todo el mundo (entre los que están: Sarah Owings, Jude Azaren, Donna Savoie, Irith Bloom, Dani Weinberg, David Smelzer, Barrie Lynn, Susan Mitchell, Danielle Theule, Rachel Bowman, Dennis Fehling, y muchos más), por vuestras grandes ideas y por llevar BAT a las vidas de tantos perros. Actualmente existen cerca de 10.000 personas debatiendo sobre BAT en varios grupos de discusión online, así que me temo que no puedo mencionaros a todos. ¡Hay 46 moderadores sólo en los grupos BAT de Facebook! Dicho esto, me gustaría destacar a Liz Wyant y Chelsea Johnson por moderar el multitudinario grupo oficial de Facebook y Jude Azaren en Yahoo. ¡Gracias!

Los innumerables figurantes humanos y caninos que han ayudado a los perros BAT a aprender y mejorar.

Los lectores de prueba voluntarios de este libro (versión original inglesa), incluyendo a Susan Friedman, Jo Laurens, Carly Loyer, Bree Mize, Kristen Thomas, y Matt White. Cualquier error sin corregir es plenamente mío.

Los amables compañeros que me enviaron escritos sobre sus experiencias con BAT: vuestros relatos ayudan a que otras personas vean el poder de la elección.

Dogwise por publicar la versión original de este libro, especialmente Charlene Woodward por ponerse en contacto conmigo para publicar el primer libro BAT. Gracias a Larry Woodward, Lindsay Peternell, Jon Luke, y Nate Woodward por ayudarme a unir todas las piezas.

INTRODUCCIÓN

Si algo me apasiona realmente, es el bienestar emocional de los perros. Este libro te mostrará cómo aplicar la última versión del Entrenamiento para el Ajuste del Comportamiento (BAT por sus siglas en inglés), un protocolo que he desarrollado para ayudar a que perros y personas vivan una mejor vida juntos. Para aquellos que leísteis mi libro original sobre BAT, publicado en 2011, quizás recordéis que definí BAT como un trabajo en continuo desarrollo. Me he esforzado constantemente en afinar los protocolos que empleo. He realizado tantos cambios que ya me sentía incómoda diciendo a los clientes que leyeran el libro anterior. ¡Eso fue la señal de que debía escribir uno nuevo! La manera en que enseño y practico BAT ahora ha simplificado muchos de los procedimientos, de modo que resultan menos estresantes y más agradables para los perros.

Puedes usar BAT para rehabilitar a perros miedosos, frustrados, o agresivos, e igualmente para prevenir el desarrollo de problemas de reactividad en cachorros. Aunque BAT no es la única herramienta que llevo en mi "maletín", es la base de mi forma de relacionarme con los perros y de ayudar a mis clientes con la reactividad de sus perros. Estoy realmente sorprendida de lo rápido que están progresando los perros en relación a antes de usar BAT, e incluso comparado con BAT 1.0. Entrenadores de todo el mundo lo están comprobando también con sus clientes.

Si ya has entrenado a tu perro, seguramente tengas ciertas técnicas preferidas en tu arsenal. La mayor parte del entrenamiento moderno libre de coacción, es compatible con BAT. Dicho esto, la filosofía BAT está menos orientada en la obediencia de lo que quizá estés acostumbrado. Le da al perro el máximo control sobre su propio proceso de desensibilización. Por otro lado, si has entrenado anteriormente convirtiéndote en "el líder de la manada", dando correcciones con la correa o un collar eléctrico, o haciendo el alfa roll a tu perro tumbándote sobre él, entonces la lectura sobre BAT va a darte una sensación parecida a la que tuviste cuando pasaste de un móvil de tapa a un smartphone táctil. Quizá te parezca muy diferente al principio, o incluso incómodo. La ciencia de la modificación del comportamiento, llamada "Análisis Conductual", va décadas por delante de lo que ves en televisión, así que seguramente no eres el único que se siente raro.

Es muy habitual ver a gente usando técnicas basadas en las correcciones, incluso aún cuando hoy en día disponemos de mejores alternativas. A lo mejor no te sientes todavía preparado para desprenderte de tu antiguo "móvil de tapa", no pasa nada. Al igual que cuando cambiamos de móvil, este estilo de entrenamiento ofrece un montón de nuevas y potentes aplicaciones que el sistema antiguo no tenía, pero hay mucho que aprender, y puede ser muy frustrante cambiar de tecnología en un instante. Te animo a que apartes tu "antiguo móvil" en un cajón durante tres meses, y pruebes algo nuevo.

Pon una marca en tu calendario. Durante los siguientes tres meses mantente constante y sigue la filosofía de este libro. Los cambios son difíciles. Puede que tengas algunas recaídas a lo largo del camino que te hagan considerar el volver a aquello que era más cómodo para ti. Si te quedas estancado o tienes dudas sobre si algún hábito de entrenamiento que sigues es afín a la filosofía descrita en este libro, puedes preguntarme directamente a través de mi escuela online: *Animal Building Blocks Academy*. Cuando hayan transcurrido tres meses, echa la vista atrás y compara lo que hacías antes con la forma en la que entrenas ahora. Entonces evalúa qué tipo de entrenamiento prefieres.

Estoy bastante convencida de que si estás leyendo este libro, es porque estás preparado para el cambio. Te alegrará saber que BAT es muy diferente de la mayoría de métodos para trabajar con la agresión, la frustración y el miedo. BAT no requiere correcciones con la correa, ni tampoco estar constantemente dando premios a tu perro. Usamos premios cuando es necesario, porque los premios son eficaces y más saludables para el perro, y mejores para la relación que las correcciones con la correa. Pero en mi experiencia, las lecciones sobre cómo interaccionar socialmente se aprenden mucho mejor simplemente a través de la interacción social. No es necesario elegir entre estar continuamente reforzando o castigando. Los perros tienen una mente propia, y podemos aprovecharlo para crear un cambio en su comportamiento. Con BAT, preparamos un escenario, y después nos quitamos de en medio para que el perro aprenda por sí mismo a través de su interacción con un entorno seguro.

Escribí este libro para ayudar a personas con sus propios perros, y para entrenadores profesionales que trabajan con sus clientes. Los entrenadores con experiencia y el personal cualificado de protectoras deberían ser capaces de entender fácilmente este libro y utilizarlo para ayudar a perros con problemas de reactividad.

Recomiendo encarecidamente que los entrenadores probéis BAT primero con los perros de vuestros amigos o vecinos, para que podáis practicar las técnicas con mayor libertad que con clientes reales. Como ayuda extra, puedes unirte a los grupos de debate (mira en GrishaStewart.com). Al final de este libro también encontrarás una sección sobre cómo conseguir ayuda adicional.

Si no estás familiarizado con el entrenamiento, pero aún así deseas trabajar con un perro (un cachorro o con un perro que tenga problemas de miedo o agresión) este libro te será de gran ayuda, incluyendo los cuatro apéndices y el glosario. Pero es mucho mejor conseguir ayuda de alguien con experiencia, que intentar probar tú sólo.

Si te preocupa la seguridad, o tienes dificultad para entender a tu perro, o para predecir cómo actuará, te sugiero que leas este libro y después contrates a un Instructor Certificado BAT (abreviado CBATI, pronunciado "si-batty"). Hay un directorio de CBATI's en GrishaStewart.com. Si no encuentras ninguno cerca de donde vives, no desesperes: muchos de ellos hacen consultas privadas por video, como yo misma. Si no ves factible trabajar con un CBATI, también pueden ayudarte a aplicar estas técnicas con tu perro un entrenador canino profesional o un asesor de comportamiento que esté familiarizado con la última versión de BAT. Yo ofrezco cursos online sobre BAT, y existe una gran comunidad online para todos aquellos que practican BAT (mira en GrishaStewart.com). ¡Así que no te faltará ayuda!

Si te es imposible encontrar cerca a un entrenador con experiencia en BAT, busca a un adiestrador "en positivo" o "sin coacción" que ya trabaje con la reactividad en perros, y anímale a leer este libro. Hay muchas otras fuentes de información para que los dos aprendáis más sobre BAT, incluidos los cursos online. Otra opción es que ambos solicitéis que un CBATI sea vuestro tutor, para perfeccionar ciertas destrezas específicas de BAT. Que tu entrenador esté deseando aprender nuevas técnicas es muy buena señal. Dice mucho sobre su curiosidad intelectual, su capacidad de adaptarse a nuevos retos, y su implicación profesional.

Qué contiene este libro

Este libro incluye todos los fundamentos de las técnicas BAT, desde el lenguaje corporal básico hasta los sutiles matices de BAT. Mis lectores habituales, ya familiarizados con BAT, deben saber que algunas secciones del libro contienen el mismo material que había en el original, pero la mayor parte del libro ha sido significativamente revisada. Donde ha sido necesario, incluyo una comparativa entre las dos versiones, para que veas cómo ha evolucionado mi enfoque al respecto. Pero no te preocupes, no necesitarás tener experiencia previa en BAT para comprender el libro que tienes frente a ti ahora mismo.

Si has practicado BAT anteriormente, puede que te sientas reticente a aprender una forma completamente nueva de aplicarlo. Te aseguro que si aprendes BAT 2.0 a fondo, te gustará mucho más. Puedes pensar en ello como si fuera la "Etapa 4" apoyándote en las herramientas que ya conoces.

Estaba ansiosa por escribir un nuevo libro sobre BAT porque he realizado muchas mejoras en los últimos años. BAT siempre será un trabajo en evolución, y obviamente sufrirá muchos más cambios según el tiempo transcurra. Los cambios que he realizado en este libro se centran en reducir estrés, ahorrar tiempo, simplificar las instrucciones, y hacer que todo el proceso sea más natural. Por "más natural" me refiero a que preparamos el entorno de modo que el perro-alumno tiene un mayor control sobre las consecuencias. Cuando compare la nueva versión con la anterior, hablaré de BAT 2.0 si se refiere únicamente a la nueva versión, y BAT 1.0 si sólo se refiere a la versión original.

Describiré más detalladamente qué me inspiró para cambiar de BAT 1.0 a BAT 2.0 y cómo fue el proceso, en los capítulos principales del libro. Existen tres principios fundamentales de BAT que siguen formando la esencia de las técnicas y protocolos que verás en este libro:

1. Dale a tu perro la opción de moverse y aprender lo que necesite sobre el **detonante**.

2. Evalúa el **nivel de estrés** continuamente, y haz lo que puedas para rebajarlo.

3. Emplea protocolos de **gestión** de estrés fuera de las sesiones, para evitar retrocesos.

Hoy en día entiendo estos principios de un modo diferente a cuando escribí el libro original. A través de los años, BAT ha tendido progresivamente a empoderar más a los perros (y otros animales), y a enfatizar la necesidad de usar un modo más natural de aprendizaje. Este libro describe con detalle esa evolución.

Qué hay nuevo en BAT 2.0:

* Las técnicas son más fáciles de explicar y entender.

* El perro decide cuándo acercarse al detonante, y cuándo proseguir, mientras esté a salvo (bajo el umbral de reactividad). En BAT 1.0, el guía dirigía más el movimiento, tanto al acercarse como al alejarse, y en ocasiones tenía un objetivo en mente sobre cuánto acercarse al detonante.

* Aprenderás nuevas técnicas específicas de correa.

* El guía no tratará de reforzar cada conducta en la puesta en escena, aunque lo hará en momentos puntuales.

* El nuevo protocolo reduce el estrés incluso más que en la versión anterior.

* Nuestro objetivo será preparar el entorno (disposición de antecedentes) para preservar la seguridad emocional del alumno, y que así el comportamiento deseado pueda producirse y ser reforzado de manera natural.

Con esta nueva versión simplificada, *BAT lleva la filosofía esencial del **empoderamiento** y la disposición de **antecedentes** al siguiente nivel*. Sé que cambiar siempre es difícil, y que algunos estáis preocupados por aprender BAT 2.0 si ya os gustaba la antigua versión de BAT.

Prometo que os resultará muy fácil. ☺

Lo que muchos habéis aprendido sobre BAT 1.0 sigue siendo vigente. He reestructurado técnicas que aprendisteis con los nombres de "Etapa" 1, 2 y 3 dentro del concepto "Marca y Muévete", que es más fácil de comprender. Las puestas en escena BAT son ahora minuciosamente preparadas para que el comportamiento buscado sea reforzado mediante consecuencias naturales, sin que tengamos que estar marcando nosotros el momento, pero usaremos "Marca y Muévete" cuando los perros necesiten un nivel extra de ayuda.

¿Recuerdas mi consejo general en BAT 1.0 de aplicar siempre la Etapa más alta que el animal pueda realizar? Bien, pues lo que explico en este libro viene a ser como una "Etapa 4", y es la manera en que deberías practicar BAT siempre que sea posible. "Marca y Muévete" se usará en situaciones en las que "sigue a tu perro" en BAT 2.0 no sea fácil de realizar (esto lo entenderás más adelante). Asegúrate de leer detenidamente el Capítulo 7 "Marca y Muévete". Existen algunas diferencias sutiles pero importantes, que deberás conocer en relación a la reducción de estrés, incluyendo el punto fundamental de *no guiar a tu perro directamente hacia el detonante*.

BAT para para profesionales y usos generales

Aunque yo me centro en la reactividad de los perros frente a otros perros o personas, casi la totalidad de lo que aquí enseño puede generalizarse para otras causas de reactividad. Es decir, muchos de los conceptos y técnicas son aplicables también para perros que muestran reactividad frente a objetos de su entorno, e incluso puede emplearse para animales con reactividad hacia otras especies animales. Si pongo un ejemplo sobre un perro que es reactivo hacia las personas, y tu perro sólo es reactivo con otros perros, ten en cuenta que los conceptos son igual de válidos. Debes ser creativo ¡y no saltarte un apartado del libro por pensar que no tiene nada que ver con tu situación particular! Por ejemplo, cuando escribo algo como: "permite que tu perro olfatee a la persona", puedes trasladarlo a "permite que tu perro olfatee al perro ayudante".

La misión de este libro es dar soporte a cualquiera que necesite ayuda con la reactividad canina, pero también ofrece varias características particularmente útiles, tanto para adiestradores profesionales como para especialistas del comportamiento. Las verás con la etiqueta: "Consejo para Pros" a lo largo del libro, con información extra para 'BATear' con los clientes. El Capítulo 14 está específicamente diseñado para ayudar a los profesionales a desarrollar BAT con los clientes. En el Apéndice 2 verás un compendio de otros métodos que se apoyan en los **refuerzos funcionales** (utilizan las mismas consecuencias que reforzaban la reactividad, para empezar a reforzar una nueva conducta más adecuada), incluyendo BAT 1.0. El Apéndice 3 contiene análisis para 'frikis', como saber qué cuadrante de la teoría del aprendizaje emplea BAT. Estos apéndices están destinados a especialistas en reactividad canina. Mi objetivo es que aprendas a definir BAT en su contexto, para así poder distinguirlo e integrarlo junto con otras técnicas, y añadirlo a tus métodos de entrenamiento favoritos.

Una vez más, ten en cuenta que BAT está en un continuo proceso de evolución. Disfruta de este libro por lo que es: la versión más actualizada de BAT en el momento en que fue escrito. Practica las técnicas del libro, comenta qué has aprendido con más personas, atiende a seminarios, comparte vídeos para debatir online, y combina BAT con otros métodos de entrenamiento para satisfacer las necesidades de los animales con los que compartes tu vida. *Por encima de todo, prepara siempre escenarios en los que los animales tengan la capacidad de tomar decisiones y aprender de ellas, sin provocar miedo, dolor, ni coacción.*

Sobre la lectura de este libro

A lo largo de este libro, voy cambiando el género de los perros, para evitar el engorroso "él/ella" , "él o ella", o referirme a un perro de manera impersonal como "eso", o "ello". Los términos que pueden resultar extraños para algunos lectores están escritos en negrita la primera vez que aparecen, y se describen con detalle en el Glosario al final del libro. Para destacar un texto se emplea la cursiva.

Para más ayuda

Para que tengas una ayuda extra mientras practicas BAT 2.0, he creado un cupón especial gratuito para mi escuela online (sólo disponible en inglés en el momento de esta traducción). Usa el código BATBOOK en:

http://grishastewart.com/coupon-trial

CAPÍTULO 1

Entendiendo BAT: Conceptos Clave

Mi misión es ayudar a que los perros puedan tener voz en su propio cuidado. El **Entrenamiento para el Ajuste del Comportamiento** (BAT) reduce la reactividad canina haciendo que los perros tengan un mayor control sobre su propia seguridad. Reconozco que puede sonar a locura, porque parece que dijéramos que el perro tendrá el control incluso sobre nosotros. Existen programas de televisión enfocados a sugerir diversas maneras de ser más "dominante", basándose en la suposición de que la única manera de tener más control, es arrebatárselo al perro. Décadas de estudios científicos nos muestran que eso no es necesario. De hecho, irónicamente es mucho más eficaz y saludable permitir que los perros tengan algo de control sobre su propia seguridad. Los perros necesitan tener modos eficaces de satisfacer sus necesidades.

Si estás leyendo este libro, es por algún motivo. Quizás tu perro ladra demasiado, se lanza sobre otros perros o personas, o sale despavorido. Quizás seas un profesional que quiere conocer más estrategias para ayudar a los clientes con los problemas de reactividad de sus perros. A lo mejor te gustaría saber cómo utilizar BAT para socializar adecuadamente a cachorros o a perros rescatados que tienes en acogida, porque ya sabes el miedo y el aislamiento que sufre quien tiene un perro con reactividad.

Sea cual sea el motivo por el que estás leyendo ahora, probablemente estés de algún modo relacionado con la reactividad, como yo misma cuando diseñé por primera vez el Entrenamiento para el Ajuste del Comportamiento. Mi relación con la reactividad surgió al querer disponer de una mejor manera de ayudar a mis clientes. Más importante aún, necesitaba alguna manera de poder ayudar a un perro que yo misma tenía en mi propia casa. Conocerás a Peanut más adelante, después de que te muestre una visión general de BAT, y así su historia tendrá mucho más sentido.

Con BAT, creas oportunidades para que tu perro interaccione con su entorno de un modo física y emocionalmente seguro. Es particularmente útil cuando los detonantes de su frustración, agresividad, o miedo, son seres vivos, como otros perros o personas.

Cualquiera que sea el detonante:

• BAT permite a los perros un máximo control sobre su propia seguridad y cualquier evento significativo en sus vidas.

• BAT prepara escenarios seguros, en los que los perros pueden socializar de un modo natural con los detonantes, y ofrecer comportamientos socialmente aceptables.

Existen algunos conceptos más que conviene entender sobre BAT. Este capítulo servirá como una breve introducción. El resto del libro ofrecerá mas detalles y ejemplos, incluyendo el próximo capítulo, sobre la historia de cómo yo misma empecé a emplearlos cuando trabajaba con Peanut.

Peanut, mi Musa.

Control y empoderamiento

Si tu perro ofrece algún comportamiento que te disgusta, seguramente te habrás preguntado: "¿por qué hace eso?" ¿Es que no te aprecia? ¿Está tratando de dominarte? Si sabe que no te gusta lo que está haciendo ¿por qué continúa haciéndolo? ¿No es tu mejor amigo, después de todo?

La conducta existe para producir un determinado efecto en una situación dada a la que se expone el animal. En Análisis Conductual Aplicado (ACA, o ABA por sus siglas en inglés: Applied Behavior Analysis) se denominan **Antecedentes Potenciales** a las señales provenientes del entorno físico (externo o interno) que predicen respuestas potenciales en forma de conducta. Tu perro se comporta del modo en que lo hace, simplemente porque existe un objetivo que esa conducta ayuda a cubrir, no porque ya no te quiera. Ése es el objetivo de cada conducta. Y ni siquiera tiene por qué ser agradable para él, como en el caso de la reactividad.

Pero si tu perro ha aprendido, que un determinado comportamiento le proporciona una manera de conseguir lo que necesita o quiere, entonces es muy probable que lo repita de nuevo. Aunque tú pienses que es una conducta problemática, él sólo piensa: "esta conducta es útil". Probablemente no piense exactamente eso con esas palabras. Pero a cierto nivel, percibe la **contingencia**: la relación entre la conducta y su consecuencia inmediata.

El nivel de **controlabilidad** es la medida en que el comportamiento del perro influye en las consecuencias de su entorno, especialmente el grado de control conductual sobre los agentes estresores. Que tu comportamiento pueda afectar a los eventos que te rodean es una necesidad básica de todo ser vivo. Ése es el objetivo fundamental del comportamiento.

Los entrenamientos basados en el empoderamiento, maximizan la controlabilidad al crear oportunidades idóneas para que el animal cumpla sus objetivos. Obviamente existe un equilibrio, no se trata de dejar a nuestros perros correr haciendo lo que quieran. Debemos asegurarnos de que nuestros perros y familiares están a salvo. Sin embargo, siempre que nos sea posible, debemos darle a los animales el poder de controlar sus propias consecuencias.

Desafortunadamente, incluso en el adiestramiento libre de coacción y dolor, se hace gran énfasis en que el guía debe tener control sobre la conducta del perro. Ejerciendo un exceso de control sobre el alumno se perjudica su empoderamiento, ya sea trabajando con amenazas o con premios. Pero tiene sentido que actuemos así. Nosotros también somos animales, y el control ¡es una necesidad básica para nosotros! Sólo tenemos que tener cuidado de que nuestro control no perjudique a nuestro perro. Cuando necesito detener un determinado comportamiento, prefiero modificar el entorno sin hacerme notar, en lugar de ponerme en medio y actuar sobre cada pequeño detalle de la conducta. Eso les enseña a tomar buenas decisiones, sin depender de la intervención humana.

Por ejemplo, si tenemos un cachorro en casa, podemos empezar poniendo en la habitación sólo juguetes masticables adecuados. Pasado un tiempo, añadiremos artículos que no son adecuados para morder, pero los haremos menos deseables para el perro: difíciles de alcanzar, con un sabor amargo, etc. Otra opción es seguir al cachorro por la casa e ir retirando de su boca cada cosa valiosa que coja. En el primer caso, le empoderamos y tiene un elevado nivel de controlabilidad (aunque siempre en un entorno supervisado). El cachorro desarrolla así el hábito de morder los juguetes que tiene a su disposición y aprende a través de las consecuencias de sus conductas. Morder los juguetes apropiados se convierte entonces en su **conducta por defecto** en ese contexto.

De la segunda manera, su comportamiento es saboteado en cada momento, mientras le sigues por la casa retirando cosas de su boca. Tus objetos de valor están igualmente a salvo, pero el nivel de controlabilidad del perro es bajo. Incluso empleando el reforzamiento positivo se puede desempoderar al cachorro en esta situación. Por ejemplo, si le das la señal de "Suelta" o "Déjalo" y refuerzas esa conducta con un premio, tiene cierto grado de controlabilidad, pero su conducta sólo le permite acceder a un premio, lo cual no aborda el problema real: que se lastime las encías. Puede que el ejercicio le resulte divertido, pero no está dando salida a su necesidad de morder. Además corres el riesgo de enseñarle a encadenar las conductas de [coger juguete → soltar juguete] para conseguir el premio.

Un refuerzo para una conducta, es cualquier consecuencia que hace que en el futuro sea más probable que esa conducta se repita. Entre otros, pueden ser refuerzos los premios comestibles, los juguetes, o el alivio tras desaparecer algo desagradable, como la presión social.

Modificación de conductas con BAT

La **conducta objetivo**, es como llamamos al comportamiento cuya frecuencia de aparición queremos aumentar mediante la modificación de conductas. La conducta objetivo es un comportamiento que puedes medir, que quieres ir construyendo para que cada vez se muestre con mayor frecuencia y puedas reemplazarla por la conducta que el animal ofrece ahora. Por ejemplo, en lugar de ladrar y gruñir, quizá te gustaría que el perro olisqueara, o se diera media vuelta, etc. Ésas son nuestras conductas objetivo.

Debemos pensar creativamente para averiguar qué beneficio obtiene tu perro cuando realiza la conducta inadecuada. En otras palabras, descubrir cuál es el refuerzo funcional de esa respuesta estándar. Un **refuerzo funcional** es cualquier consecuencia del entorno que el comportamiento reactivo de tu perro pretende provocar. ¿Habrá aprendido que ladrando hace que los desconocidos se alejen? Puede que los desconocidos le intimiden y aumentando la distancia a la que están crea un "colchón de seguridad". Ése es el refuerzo funcional para la conducta de ladrar (en el libro original de BAT 1.0 la distancia aparece como el principal refuerzo funcional). Cuando te preguntes: ¿por qué mi perro hace esto? lo más útil es buscar los refuerzos funcionales, en lugar de pensar que "es un perro malo". Si has descartado problemas fisiológicos, debes buscar las consecuencias que refuerzan ese comportamiento. Si lo hace es por un motivo.

¿Qué función tienen sus ladridos?
¿Qué trata de conseguir?

¿Por qué son tan importantes los refuerzos funcionales? Son la clave para modificar conductas. Una vez que descubres cuál es el refuerzo funcional de la conducta de tu perro, el siguiente paso es encontrar conductas objetivo que tu perro pueda realizar, y que presumiblemente le llevarán a obtener el mismo refuerzo funcional. A esta nueva conducta la llamamos **conducta sustitutiva**. Es decir: ¿cómo puede el perro conseguir el mismo refuerzo, realizando otra conducta aceptable con la que nos sea agradable convivir? ¿Qué conducta te gustaría ver más a menudo, en lugar de su reactividad? Puedes reforzar, por ejemplo, cada vez que decida apartar su mirada de los desconocidos que se le acercan, en lugar de ladrarles. Para reforzar esa nueva conducta usarás el mismo refuerzo que obtenía al ladrar, es decir aumentar la distancia entre el perro y los desconocidos (alejándote y/o esperando a que ellos se alejen siguiendo su camino). Es una estrategia en la que todos ganan, porque el perro consigue lo que quería, y tú también.

Olisquear el suelo, bostezar, sentarse, o mirarte a ti, también son posibles conductas sustitutivas adecuadas para un comportamiento reactivo. En BAT 1.0 reforzábamos las conductas sustitutivas con el mismo refuerzo funcional que el perro había obtenido anteriormente con su comportamiento reactivo. Por ejemplo, cuando apartaba la mirada del detonante (conducta sustitutiva), nos alejábamos alegremente del desconocido, y de ese modo aumentábamos la distancia entre el perro y el desconocido (refuerzo funcional). Cualquier consecuencia por la que el perro ofrecería una conducta alternativa es válido como refuerzo para la conducta sustitutiva, pero yo prefiero utilizar el refuerzo funcional. En lugar de darle un premio comestible cuando el perro realiza la conducta sustitutiva, puedes ofrecerle el mismo refuerzo funcional que actualmente mantenía la conducta inadecuada. De este modo, el perro sigue consiguiendo su objetivo. El concepto de refuerzo funcional es una de las técnicas fundamentales del Análisis Conductual Aplicado y puede ser empleado en una gran variedad de problemas de comportamiento. Para más detalles, puedes leer mi guía general de entrenamiento *"Manual Oficial de Ahimsa Dog Training"* (ver Bibliografía).

En BAT 2.0 existe una evolución importante respecto a BAT 1.0: ya no es necesario que seamos nosotros los que aportemos el refuerzo funcional para consolidar la conducta. De hecho, en algunos casos es mejor si no proviene de nosotros. En BAT 2.0 seguiremos empleando el concepto de evaluación funcional que vimos en la anterior versión, pero ahora el refuerzo funcional será, por lo general, un refuerzo espontáneo proveniente del entorno. No será entregado directamente por el entrenador tras la conducta. En BAT 2.0 la mayoría de las veces el refuerzo para la conducta adecuada no vendrá por medio de un guía que le marca o le indica al perro que puede alejarse. El refuerzo será una consecuencia natural del entorno por el propio movimiento del perro. El hecho de no ser tú el único proveedor de información y refuerzos puede ser difícil de entender al principio. Uno siente que debería intervenir más, ayudar más. Pero eso termina por distraer al perro y no es tan útil como piensas. Es mejor preparar el escenario para que el perro se sienta a gusto y la conducta correcta simplemente surja.

Con BAT 2.0 sólo daremos nosotros el refuerzo en determinadas situaciones, como describiré cuando veamos "Marca y Muévete" en el Capítulo 7. En la nueva versión BAT tiene un enfoque más de trabajar desde "detrás de las cámaras", enfocándonos en los refuerzos espontáneos del entorno y la **desensibilización sistemática**. Sé que esto puede sonar muy técnico, pero en realidad es bastante sencillo. Al dejar que el perro explore desde una distancia segura, tiene la confianza para elegir una conducta adecuada y observar la consecuencia natural correspondiente. Eso le ayuda a ir acostumbrándose gradualmente a situaciones que anteriormente le hubieran provocado reactividad. BAT 2.0 permite que el aprendizaje en el perro sea más rápido y consistente que con BAT 1.0 u otras técnicas, enseñando a los guías a observar mejor a sus perros y mantener su nivel de estrés bajo.

Vamos ahora a visualizar cómo sería una sesión BAT. Alguien que lo viera desde fuera, vería simplemente a un perro deambulando, olisqueando arbustos, etc., junto a su guía, quien está utilizando una correa larga hábilmente para proporcionar seguridad y libertad suficiente.

En el ejemplo anterior del perro que ladraba a los desconocidos, necesitaríamos a un ayudante que representara el papel del desconocido, también llamado "señuelo" o "figurante". Yo empleo el término "ayudante" si es un ser humano, y si no, añado la especie, como en "perro ayudante".

Trabajaremos a cierta distancia del ayudante, en la que el perro pueda olfatear la zona, mostrar un ligero interés por él, y después continuar su camino haciendo lo que le interese a continuación, consiguiendo por sí mismo el refuerzo funcional. Con el tiempo, el perro irá progresando acercándose poco a poco, pero tú no le guiarás hacia el desconocido, y tampoco debería ser necesario que le dieras una señal para alejaros. En BAT 2.0 le das al perro la libertad para aprender, y prácticamente estás ahí para intervenir y ayudarle sólo en caso de emergencia, como un paracaídas.

Como vimos en el ejemplo del cachorro que muerde cosas, nuestra tarea consistirá en diseñar un entorno que permita al perro adquirir nuevos hábitos. Trata siempre de trabajar de tal modo que tu perro pueda aprender por sí mismo acerca del desconocido mientras construye confianza en sí mismo, sin necesidad de ser "rescatado". Cuando se les deja a su libre albedrío, los perros recurrirán a las conductas que les han servido antes, como ladrar. Una forma de abordarlo sería esperar a que el perro ladrase y entonces intervenir para corregirle. De hecho es como se solía entrenar. Pero desde hace más de medio siglo, los analistas del comportamiento han indagado a fondo sobre el reforzamiento, y ahora podemos actuar de un modo mucho más inteligente. Un buen monitor de esquí no empieza con un niño descendiendo desde la cima más alta, ni le enseña castigándole cuando falla. Un buen coach prepara todo para que el alumno obtenga un completo éxito, para que el refuerzo pueda construir nuevos patrones conductuales sólidos. Al poner a los perros en condiciones de triunfar, adquieren práctica en satisfacer sus necesidades por ellos mismos empleando las conductas que nos agradan. Todos salimos ganando.

Permanecer por debajo del umbral

Para usar BAT tendrás que hacer micro-ajustes temporales en el entorno del perro. Esto significa diseñar rutinas para que no se vea frente a situaciones que disparen su conducta reactiva de ladrar, gruñir, embestir, etc. Los entrenadores llamamos a esto permanecer o trabajar "por debajo del umbral".

Un perro puede recurrir a la agresión si sus opciones se ven reducidas.

El umbral es la línea que separa ambos lados de una puerta—es lo que cruzas cuando entras en una casa. También se utiliza para definir el límite superior de algo. Como "umbral" tiene varios significados e interpretaciones, según a quién estés hablando, dejaré claro qué acepción emplearé: a menos que diga lo contrario, cuando hable de "umbral" me estaré refiriendo a la línea que separa un estado de calma de otro en el que se pierden los nervios. Cuando trabajamos por debajo del umbral, resulta fácil captar la atención de tu perro si lo necesitas: apenas tendrá estrés. Si en ese estado empieza a atender al detonante, su estrés no aumentará mucho (lo cual en otra situación sí podría activar su estrés). Será capaz de emplear estrategias activas de gestión, como mostrar señales de apaciguamiento (darse media vuelta, olisquear el suelo, etc.) que le permitirán además rebajar sus niveles de estrés. y así mantenerse en un nivel bajo de activación. El detonante (un desconocido acercándose, por ejemplo) se mantiene apenas en un segundo plano para un perro que está bajo el umbral, es decir que siquiera ha empezado a sobresalir del entorno que percibe el perro. Si cometes algún fallo y permites que el perro supere su umbral, reaccionará con agresión, pánico, ladridos por frustración, cualquier otra muestra de reactividad, o una combinación de ellas.

Reactividad: respuestas de miedo, agresividad o frustración más allá de lo que serían razonables, en una situación "normal".

Para entenderlo mejor te presento una analogía, la Escala de Reactividad que puedes ver en la siguiente página.

ESCALA DE REACTIVIDAD

CUANDO EL PERRO ENCUENTRA UN DETONANTE

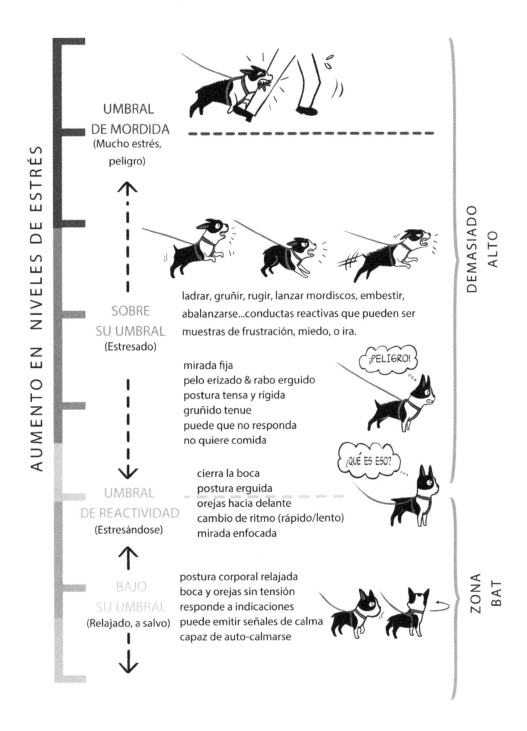

AUMENTO EN NIVELES DE ESTRÉS

UMBRAL DE MORDIDA
(Mucho estrés, peligro)

SOBRE SU UMBRAL
(Estresado)

ladrar, gruñir, rugir, lanzar mordiscos, embestir, abalanzarse...conductas reactivas que pueden ser muestras de frustración, miedo, o ira.

mirada fija
pelo erizado & rabo erguido
postura tensa y rígida
gruñido tenue
puede que no responda
no quiere comida

¡PELIGRO!

UMBRAL DE REACTIVIDAD
(Estresándose)

cierra la boca
postura erguida
orejas hacia delante
cambio de ritmo (rápido/lento)
mirada enfocada

¿QUÉ ES ESO?

BAJO SU UMBRAL
(Relajado, a salvo)

postura corporal relajada
boca y orejas sin tensión
responde a indicaciones
puede emitir señales de calma
capaz de auto-calmarse

DEMASIADO ALTO

ZONA BAT

Metafóricamente, tu perro está tras el umbral de una puerta, sintiéndose a salvo y seguro. Si traspasa ese umbral, encontrará un mundo amenazante que le hará ladrar, jadear, salivar, gruñir, o mostrar cualquier otra conducta descontrolada—normalmente lo que queremos evitar. Si tu perro permanece dentro de los límites de ese umbral, será capaz incluso de cerrar esa puerta por sí mismo, y recobrar su estado de calma. Pero en cuanto supere el umbral, se quedará paralizado tras la puerta. Si no tenemos un pulsímetro u otras maneras de monitorizar su nivel de estrés, sólo podemos confiar en las conductas que podemos observar a simple vista (humana claro).

Con BAT, crearás situaciones en las que tu perro esté en su zona de confort, donde pueda mantenerse a un nivel bajo de activación: postura corporal relajada, músculos relajados (orejas, boca, cara, patas, etc.), receptivo a las señales del guía, y capaz de realizar señales de apaciguamiento. Las conductas que indican que está por encima del umbral, son distintas para cada perro, porque cada perro tiene un nivel diferente de activación que es capaz de soportar. Dicho esto, la dilatación de las pupilas, quedarse enfocado en el otro perro o persona, y un ligero aumento del ritmo de la respiración, son en general indicativos a tener en cuenta para saber que tu perro está, o va a estar próximo a superar su umbral de reactividad. Profundizaré sobre el lenguaje corporal en el Capítulo 4.

Puestas en escena

Lo que a la mayoría nos gustaría es que nuestros perros se mostraran menos escandalosos, y pasaran inadvertidos cerca de los detonantes. Y ahora quizá tu perro llama demasiado la atención, con sus ladridos y embestidas. La gente se queda mirándole o incluso le señala. En BAT, preparamos **puestas en escena** que son "simulacros" de la vida real, por debajo del umbral, para que pueda practicar cómo pasar inadvertido cerca de sus detonantes.

He dicho inadvertidos, no indiferentes. La gente no advertirá su conducta, pero él si será consciente del entorno. La zona de entrenamiento debe ser algo interesante, para que le motive explorar y comportarse como cualquier perro "normal". BAT desemboca generalmente en una reducción significativa de la intensidad en la reacción a los detonantes. Más aún, el miedo va dando paso a cierta curiosidad por el detonante e incluso llegado un punto, a solicitar interacción con él. He trabajado con perros que solían ladrar a desconocidos, y que ahora les dan con el hocico en sus manos y se apoyan en ellos para pedir caricias. BAT construye confianza en el perro a través de experiencias positivas y la libertad de controlar el nivel de exposición a los agentes estresores. Como resultado, si un perro entrenado con BAT se siente eventualmente asustado o sorprendido, es muy probable que simplemente dé media vuelta. Si su reactividad original provenía de la frustración, ahora tendrá más autocontrol y podrá aproximarse al otro perro o persona más lentamente. En ambos casos es una respuesta mucho mejor que el ladrido.

Debes asegurarte de preparar muchas puestas en escena diferentes. Afrontar un tipo particular de detonante puede ayudar, pero las repeticiones son las que crearán un nuevo camino neural en el cerebro de tu perro. Igualmente le dará soltura para realizar la nueva conducta sustitutiva que queremos ver, y hará que la antigua respuesta se presente con menos probabilidad cada vez.

En el teatro, los actores ensayan sus guiones tal y como están escritos, aunque eso signifique que tengan que llevarlo consigo o hacer que alguien les dé el pie a su intervención. Para que tu perro tenga la oportunidad de practicar las conductas que nos gustan—y mantener un nivel bajo de estrés—permítele ensayar en una versión "light" del escenario que normalmente dispararía su conducta reactiva. Todas tus puestas en escena BAT son ensayos generales de las obras de teatro que tu perro interpretará en el futuro. Hablaré en detalle sobre las puestas en escena en el Capítulo 6, pero éste es un buen resumen: normalmente necesitarás ayudantes para que hagan el papel del detonante. Si tu perro normalmente se enfoca en los hombres a 20 metros y es capaz de ignorarles y proseguir su camino, entonces comienza tus sesiones BAT con un ayudante a 30 metros o más, en un parque atractivo para tu perro, para estar seguros. Permite que olfatee la zona y que elija si quiere acercarse un poco o no. Es muy tentador intentar avanzar, porque seguramente tu perro te seguirá. Pero déjale dirigir el paseo. Tener el control tanto de as aproximaciones como de las retiradas le enseñará que es capaz de controlar su nivel de seguridad, sin tener que recurrir a morder. BAT le empodera para tomar decisiones seguras. Cuando aprenda que puede alejarse o acercarse a su gusto, desarrollará seguridad en sí mismo, y una curiosidad confiada.

Entrenamiento con Clicker/Marcadores

En las distancias cortas o para gestionar emergencias, utilizaremos algo llamado "Marca y Muévete", que describiré ampliamente en el Capítulo 7. "Marca y Muévete" es una técnica dentro de BAT que emplea un marcador de eventos, como por ejemplo un sonoro click, para que el perro sepa exactamente qué conducta se ha ganado un refuerzo. Un marcador de eventos señala una conducta en el tiempo. Pero también es un arma de doble filo, porque atrae su atención hacia ti, y la retira del detonante. La mayoría de veces en BAT, maximizamos el aprendizaje manteniéndonos al margen. Dándole al perro la opción de atender al detonante o mirar para otro lado, según decida, le ayudará a ser más confiado y autónomo. Sin embargo en algunos casos, trabajamos bastante cerca del detonante y el perro necesita un plus de motivación para darse la vuelta y alejarse. Y ahí es donde entra en juego "Marca y Muévete".

Si estás familiarizado con el clicker, ya empiezas con ventaja. Verás muchos conceptos del clicker training en BAT, particularmente "Marca y Muévete". En las puestas en escena BAT, sin embargo, deberás contenerte para permitir que tu perro tenga más control durante todo el proceso. Las leyes del aprendizaje animal siguen funcionando aunque no estés dándole premios tú mismo. Concéntrate en observar a tu perro y mantenerte al margen, para empoderarle y que pueda tomar sus propias decisiones. Si para ti el clicker training es algo nuevo, lee el Apéndice 1 sobre las formas de utilizar este eficaz modo de enseñar conductas, que puede ser empleado en situaciones en las que de otro modo podría provocarse reactividad (gruñidos, huidas, o saludos impetuosos). El clicker también será muy útil cuando usemos BAT para los paseos.

Hay mucho más por descubrir sobre BAT, como verás en los siguientes capítulos. En este libro verás una gran variedad de ejemplos sobre cómo funciona BAT, relacionados principalmente con perros que ladran, embisten, o muestran otras reacciones exageradas. La mayor parte de BAT consiste en diseñar puestas en escena seguras en las que el perro pueda explorar y recoger información sobre los detonantes. Experimentar esos detonantes desde una nueva perspectiva, crea confianza en él y cambia el modo en el que habitualmente interacciona con su entorno.

CAPÍTULO 2

El Regreso del BAT-dog: Las Lecciones de Peanut

Antes de diseñar BAT, cuando paseaba con Peanut y mis alumnos trataban de saludarle, yo no podía oírles debido a los ladridos. Te puedes imaginar lo embarazoso que resultaba para mí, siendo además una ¡adiestradora profesional certificada! Peanut no tendría hoy las habilidades sociales que tiene, de no ser por el Entrenamiento para el Ajuste del Comportamiento. Peanut ha sido mi musa, y también mi conejillo de indias para elaborar ambas versiones de BAT. Quizá nunca hubieran existido de no ser por él.

Ésta es la historia de Peanut:

Peanut: edad 12 años, macho esterilizado, mezcla de perro pastor.

Problema observado: ladrido por miedo a personas.

Peanut tuvo un comienzo difícil. Cuando apenas tenía ocho semanas de vida, justo tras las Navidades, fue llevado junto con sus cinco hermanos de camada y su madre a la protectora. El personal de la protectora separó a la madre del resto de cachorros, y la catalogaron como "demasiado agresiva para darle cobijo". Fue eutanasiada. Los cachorros fueron esterilizados, vacunados, y ofrecidos en adopción cuando ya tenían diez semanas de vida. Desafortunadamente para Peanut, el sistema de defensa en cualquier cachorro para percibir y detectar amenazas se desarrolla especialmente entre las ocho y las diez semanas. Eso significa que él y sus hermanos estaban justo en pleno período de desarrollo sensitivo, cuando sufrieron todo el estrés asociado al traslado a la protectora. Eso explicaría por qué su respuesta estándar a cualquier pequeña alarma era pegar un salto, y luego indagar. El otro día se me cayó un zapato en la cocina, y Peanut, que ya es un perro senior, salió disparado huyendo como un trueno.

Peanut en Otoño de 2009

Pero las buenas noticias son que ahora es capaz de recuperarse más rápido de los sobresaltos. Mi trabajo con él a lo largo de estos años ha modificado físicamente la respuesta de su sistema de defensa, disminuyendo el tiempo que le lleva recuperarse cuando se asusta. Sin BAT, Peanut habría estado aterrorizado durante horas y probablemente habría empezado a evitar entrar en la cocina. En lugar de eso, lo que hizo fue darse media vuelta y volver a la cocina para recibir un masaje de consuelo.

Nota: si yo tuviera el hábito de dejar caer los zapatos al suelo constantemente, podría hacer que dejara de percibirlo como una amenaza. Usaría la desensibilización a los sonidos en el apartado de cachorros del Capítulo 13 para habituarle a su detonante.

Peanut probablemente percibía el mundo como un lugar lleno de amenazas durante esas dos semanas críticas de desarrollo neurológico—le separaron de su madre, le trasladaron a un nuevo lugar, fue esterilizado, y estuvo inmerso en un entorno lleno de feromonas de perros atemorizados, justo cuando su cerebro era especialmente receptivo para captar a qué estímulos debía reaccionar su sistema de defensa. Probablemente la camada completa de Peanut acabó con una triple dosis de sensibilidad al peligro: por herencia genética (predisposición de la madre), química (el estrés en el útero de la madre), y ambiental (el estrés del traslado a la protectora y estar allí durante el periodo sensible junto con la falta de socialización temprana).

Aún así Peanut era una adorable bola de pelo de diez semanas de edad y apenas 1kg de peso. No me pude resistir. Yo colaboraba como voluntaria en la protectora y en ese momento estaba buscando un nuevo perro. Observé su camada y enseguida me

19

enamoré. Elegí a Peanut porque no era ni el más extrovertido ni tampoco el más tímido de la camada, pero no era consciente de que probablemente toda la camada estaba traumatizada.

Llevé a Peanut a dos cursos de seis semanas de clases para cachorros, y luego a dos cursos de seis semanas para adolescentes. Estaba decidida a erradicar el miedo de Peanut. Utilicé básicamente la desensibilización sistemática y el **contracondicionamiento** clásico para ayudarle a superar sus miedos, empleando la técnica de "puerta abierta/puerta cerrada": mantenía su nivel de estrés bajo, y cada vez que veía una persona, un perro, o algo sospechoso, yo le daba sabrosos premios o jugábamos con algún juguete. Cuando el elemento sospechoso desaparecía, paraba la diversión. También le enseñé un "mírame" consistente y automático: aprendió a girarse y mirarme cada vez que encontraba alguno de sus diversos detonantes. Si no estás familiarizado con estas técnicas, puedes encontrarlas en los libros: *Feisty Fido* de Patricia McConnell, *Control Unleashed* de Leslie McDevitt, *Help for Your Fearful Dog* de Nicole Wilde, y *Focus Not Fear* de Ali Brown's (ver Bibliografía). Técnicas básicas y avanzadas de contracondicionamiento pueden encontrarse online en www.GrishaStewart.com, y también en el Capítulo 14 de este libro.

En cierta ocasión hubo un par de incidentes desagradables con un compañero de clase de Peanut en las clases de cachorros. Otro cachorro acosó a Peanut con un comportamiento inapropiado durante una clase de socialización para cachorros jóvenes. Estaba continuamente embistiendo a los otros cachorros, se abalanzaba sobre ellos y no dejaba de gruñirles fieramente hasta que el instructor le apartaba. A Peanut sólo le hicieron falta un par de repeticiones, boca arriba y con su cuello en la boca del otro perro, para confirmarle que los demás perros eran una amenaza.

Peanut nunca jugaba en las clases de cachorros, y ladraba a los niños que había en el aula. Recuerdo claramente a Peanut con tres meses de edad, y sus ladridos ahogados hacia un niño que le había lanzado una pelota de tenis. Ojalá me hubiera dado cuenta antes de que esas clases para cachorros no eran adecuadas para él. Incluso aunque Peanut era un auténtico campeón en los ejercicios de obediencia de las clases para cachorros jóvenes, los supuestos beneficios de la socialización pasaron desapercibidos para él. Podría haber sido diferente si hubiera conocido BAT, pero asistimos a esas clases y nos explotó en la cara. Era algo demasiado abrumador para él, así que el hecho de interactuar con otros perros y personas no fue una experiencia nada positiva.

Para empeorar las cosas, cuando cumplió cuatro meses de edad, también le tocó ser el perdedor en una refriega de otros dos perros contra él. Si pudiera volver al pasado, habría tenido más cuidado en las clases de cachorros (dedicando más tiempo a la socialización, dándole más espacio). También habría evitado por completo los parques para perros, especialmente aquellos en los que la gente está simplemente charlando mientras los perros "juegan". Además habría entablado amistad con mis compañeros de clase, y con los padres de los niños pequeños, para proporcionarle a Peanut experiencias más relajadas fuera de las clases para cachorros.

Peanut desarrolló varias fobias debido a su predisposición genética y los vacíos en su etapa de socialización temprana, que activaron su amígdala. Tenía miedo de los humanos (de cualquier edad y tamaño), de los objetos con ruedas, de otros perros, de las pelotas de baloncesto... y así una gran lista. En cierta ocasión, se nos acercó un hombre con los esquís a su espalda. Peanut tiró de la correa y se me escapó corriendo, huyendo como el mismísimo diablo. Peanut era extremadamente sensible a los ruidos intensos y las cosas que se movían rápido. Empleando el contracondicionamiento clásico en los paseos, llegué a conseguir que Peanut venciera muchos de sus miedos, incluido el miedo a las bicicletas, los frisbees y las pelotas de baloncesto. Fue capaz de ganar en competiciones de agility. Nunca ladró en el ring y muy rara vez durante la pista. Pudimos caminar junto a más gente haciendo senderismo o paseando por la ciudad, siempre que le diera señales de obediencia, premios, juguetes, o simplemente mi atención cuando veía personas y perros. Incluso después de cinco años de entrenamiento consistente con contracondicionamiento en los paseos, la distancia límite de Peanut sin intervenir yo con micro-ajustes era de unos 24 metros para personas adultas, y más de 30 metros para niños. Cualquier distancia menor sin que yo estuviera pendiente de él, le suponía un problema. En las pocas ocasiones en que no estaba suficientemente atenta y dejaba de hacer micro-ajustes, su cola y su pelo se encrespaban, y erguía su cuello para empezar a ladrar alarmado: ¡Guau!, ¡guau!, guau!, paso atrás, ¡guau!, guau!, ¡guau!, paso atrás.

Peanut parecía no recordar a las personas que ya habíamos conocido, y nadie fuera de nuestra familia podía acariciarle. Le llovían premios cada vez que estaba cerca de desconocidos, pero aún así su lista de "Humanos Confiables" nunca sobrepasó las siete personas con las que había tenido un contacto prolongado durante su etapa de cachorro. Ahora creo que es porque nunca prestó demasiada atención a los humanos, salvo para entender que eran la señal para girarse hacia mí y recibir su premio. Como ya dije antes, tenía un "mírame" fantástico.

"BATeando" con Peanut

Los problemas que tuve para reducir la distancia límite frente a personas adultas y niños me llevaron a investigar cómo tener mejores resultados de los que había conseguido con las técnicas habituales. Así es como nació BAT. Cuando Peanut tenía ocho años, empecé a usar humanos adultos como ayudantes para mis primeras sesiones BAT con Peanut. El objetivo era trabajar a suficiente distancia para que Peanut no tuviera una mala reacción, y disponer de ayudantes humanos y caninos que yo pudiera controlar era de gran ayuda para él.

> Consejo para Pros: los ayudantes humanos y caninos son un elemento crítico en BAT. Ellos, de manera segura, hacen el papel de los detonantes que en situación normal provocarían una sobre-reactividad en el perro-alumno. Como tu coordinas sus movimientos, puedes hacer que el perro se entrene en permanecer relajado.

Como la mayoría de perros que ladran por miedo, Peanut se sentía más seguro cuanto más lejos se encontrara de la gente. Había aprendido que su ladrido era efectivo, porque le proporcionaba el resultado deseado: la gente se alejaba de él, o yo le guiaba alejándonos de la gente. Con BAT 1.0 utilicé el aumento de distancia como recompensa para enseñarle conductas sustitutivas, como mirar hacia otro lado si se acercaban personas, sacudirse (como al estar mojado), olisquear el suelo, y otras.

Éste era el aspecto de una sesión: en mis puestas en escena, los ayudantes posaban como "personas de aspecto amenazante" merodeando por la acera, y Peanut y yo nos acercábamos justo hasta el límite de su zona de confort de manera que era muy improbable que ladrara. Si en lugar de ladrar, miraba a otro lado o husmeaba el suelo, o hacía alguna conducta que yo le pedía, le decía "Muy bien" (mi marcador de eventos) y le guiaba alejándonos de la gente (el refuerzo funcional). Practicábamos esto una y otra vez en diferentes lugares.

Si alguna vez por casualidad acercaba a Peanut demasiado cerca y empezaba a ladrar, le ayudaba a calmarse, llamándole para alejarnos o usando alguna señal más tenue como cuando tiras un beso al aire, o incluso más sutil como cambiar mi postura corporal. Una vez alejados del detonante, desde esa posición le daba otra oportunidad de intentarlo y ofrecer una conducta sustitutiva para conseguir la recompensa de volver a alejarse. Nunca usé comida durante las puestas en escena con Peanut, y así prestaba más atención a los ayudantes de la que ofrecía cuando usábamos contracondicionamiento y clicker training. Te aconsejo practicar BAT sin comida o juguetes siempre que puedas, especialmente en las puestas en escena. Trabajar sin esas distracciones permitieron a Peanut a enfocarse más en el contexto social y así recoger más información sobre los ayudantes o los perros-señuelo.

Muy pronto se hizo evidente que Peanut no tenía problemas de memoria cuando nos encontrábamos personas de este modo.

Mis ayudantes actuaban en mis puestas en escena apenas unas pocas veces antes de que entraran a formar parte de la nueva y expandida lista de Humanos Confiables. Después de veinte sesiones BAT 1.0 con diez personas diferentes, Peanut llegó al punto en que ¡parecía que iba buscando las caricias de las personas adultas en los paseos! Cuando le ignoraban, iba hasta ellos y se recostaba en sus piernas. Se quedaba para recibir sus caricias y luego se alejaba cuando terminaba. Peanut progresó tanto que juntos empezamos a trabajar como voluntarios en terapia asistida en unas residencia para personas sin hogar. Los niños pequeños eran aún un problema para Peanut, pero afortunadamente no había muchos alrededor del asilo que visitábamos. Yo sonreía de oreja a oreja cuando los residentes comentaban que Peanut era ¡el perro perfecto! Fue un perro de terapia excelente—se interesaba en ellos, correspondía a su atención educadamente y sin ímpetu. ¡Qué tremenda mejoría en la calidad de vida desde antes de hacer BAT! Para él, para mí, e incluso para los ancianos de la residencia.

Tras el éxito con los adultos, estuve un año y medio sin entrenar formalmente con Peanut antes de volver al trabajo para ayudarle a superar su miedo a los niños. Tras hacer una sola repetición de BAT 1.0 (acercarse/alejarse) con un niño que ocasionalmente veíamos en los paseos, vi que la distancia límite de Peanut con los niños se había reducido, de modo que ahora podía estar a unos 7 metros de ellos en un lugar concurrido. Sin embargo, aún necesitaba una distancia de 30 metros si no había nada más que un niño con nosotros en el mismo área, salvo si yo misma distraía su atención. Si tienes mis antiguos DVDs, habrás visto lo alajados que empezamos la primera sesión de Peanut con niños.

No estaba segura de cuánto habría generalizado Peanut su entrenamiento previo con adultos, al caso de los niños como detonantes. Los perros suelen ser muy buenos discriminando, es decir, percibir que entre el estímulo X y el estímulo Y hay diferencia. La **generalización** es el proceso de aprender que X e Y son suficientemente similares como para provocar el mismo comportamiento ante la presencia de ambos. Claramente Peanut no puso aún a los niños en la misma categoría que los adultos, pues ladraba y se alejaba de los niños pero aún solicitaba la atención de los adultos. ¿Necesitaría otras veinte puestas en escena para entender que lo que había aprendido era igualmente aplicable a los niños? Resultó que la respuesta fue un rotundo no. Aprendió a confiar en los niños en menos de la mitad de sesiones que habíamos necesitado para los adultos.

Mi lado científico me dice que no puedo sacar muchas conclusiones de este espectacular resultado, por muchos motivos. Por ejemplo, Peanut había entrenado con BAT entre el trabajo con adultos y las sesiones preparadas con los niños, cada vez que encontrábamos casualmente algún niño en los paseos. Aunque no habíamos hecho tantas repeticiones como habríamos entrenado en una puesta en escena BAT preparada. Es más, yo afiné las técnicas de BAT durante el año que pasó aproximadamente entre su trabajo con adultos y con niños. Aún así, y aunque de manera anecdótica, ¡su progreso fue una gran señal!

Las ocho puestas en escena de BAT 1.0 con niños se distribuyeron durante cinco meses e incluyeron a un total de nueve niños diferentes (en algunas sesiones había dos niños). La primera sesión BAT con una niña comenzó con una distancia de unos 30 metros y terminó con Peanut olfateándola mientras estaba sentada en el regazo de su madre, quien estaba acariciando a Peanut. Durante esa primera sesión, me volví demasiado ambiciosa y accidentalmente le acerqué demasiado al ayudante, pero pude interrumpir sus ladridos y se recuperó bien cada vez. Creo que habría hecho mayores progresos si hubiera sido tan cuidadosa como lo soy con mis clientes. Ya he visto a muchos entrenadores trabajando con sus perros y pienso que es difícil ser cuidadoso ¡con el umbral de tu propio perro! Afortunadamente, grabé en vídeo la sesión para observar algunos de mis errores y corregirlos para la siguiente sesión.

Al principio de la segunda puesta en escena, un mes después, con una niña distinta, Peanut pudo comenzar a tan sólo siete metros de distancia si estaba sentada, y unos quince metros si estaba de pie deambulando. Esa sesión concluyó con la niña acariciando a Peanut mientas estaba sentada al lado de su madre. La tercera sesión se hizo con dos niños, comiendo en una terraza de un restaurante, así que estuvieron sentados todo el tiempo. Peanut progresó bastante rápido y acabó a su lado y recibiendo algo de su comida. Esa comida no era parte de su entrenamiento BAT, pero siempre es bueno terminar, de un modo u otro, con algo agradable. La cuarta puesta en escena comenzó a siete metros de un niño que estaba de pie, y terminó con ambos paseando juntos. En la quinta sesión añadimos un poco de movimiento y trabajamos un poco más cerca de nuestra casa. Las últimas tres puestas en escena BAT 1.0 (de la seis a la ocho) fueron más informales, algo como una reunión casual en lugar del enfoque puramente formal de acercarse y alejarse que habíamos trabajado en las sesiones anteriores. Los niños y Peanut pudieron interactuar de modo natural mientras yo estaba atenta a qué conductas reforzar. Por ejemplo en las sesiones seis y siete, Peanut iba sin correa en un entorno exterior acotado y seguro, paseando junto a dos niños (uno ya conocido, y otro nuevo). Vio conductas infantiles más realistas, como alguna carrera, un lloro desconsolado, y muchas risas alegres. Durante la octava sesión, Peanut pudo ir sin correa e interaccionar calmadamente con dos niñas en sus casas, sin necesidad de usar premios ni micro-ajustes. No ladró ni una sola vez. Sólo había hecho BAT 1.0 con una de las niñas con anterioridad.

> Consejo para Pros: a diferencia de la mayoría de perros con los que hago BAT, Peanut no tiene un historial previo de mordiscos o mordeduras, y además tiene un sistema de aviso muy bueno, así que decidí no emplear bozal. Si el perro con el que trabajas ha mordido con anterioridad, o no estás seguro de lo que podría pasar, habitúale a llevar un bozal, y úsalo durante la sesión. Lee el Capítulo 3 sobre seguridad para más consejos.

Como ya he mencionado, en las últimas puestas en escena BAT 1.0 con niñas, Peanut se acercó a ellas pidiendo caricias, pero aún parecía algo incómodo cuando ellas eran las que se acercaban. La buena noticia es que ahora, en lugar de ladrarlas como habría hecho en el pasado, simplemente se apartaba a un lugar más seguro. Las niñas podrían haber seguido molestándole pero no lo hicieron porque yo estaba observando y les pedí que dejaran de seguirle.

Así Peanut pasó de ladrar a los niños desde una distancia de 30 metros, a una interacción real. Yo estaba entusiasmada (y aún hoy en día lo estoy). Todavía en ocasiones tengo que ayudar a los niños que Peanut se encuentra, a reforzar sus intentos de sentirse más seguro. Por ejemplo, si veo que Peanut está tratando de alejarse un poco de los niños, atiendo su necesidad diciendo a los niños que se alejen. Según pasa el tiempo cada vez se hace menos necesario que yo intervenga, pero creo que forma parte de ser un cuidador responsable, el traducir sus mensajes a otras personas cuando no entienden su necesidad de espacio. Cuando me mudé a Alaska estuve mucho tiempo sin pasearle cerca de niños. Como era de esperar, tuvimos que hacer unas pocas puestas en escena más para ayudarle a sentirse cómodo cerca de los niños, que resultaron ser muy eficaces.

BAT evoluciona

Como ya he comentado, BAT está en continua evolución. Cada año me tomo un periodo sabático de las sesiones con clientes, para revisar algún aspecto de mi trabajo. A finales de 2013 me concentré en BAT y la manera en que lo enseñaba. Un cambio respecto a la primera versión de este libro, ya estaba en marcha antes de tomarme el descanso: la introducción de un módulo específico sobre técnicas de manejo con correa de cinta larga. Las técnicas de correa te ayudan a mantener la seguridad en la sesión mientras que al perro le das la sensación de libertad que buscamos. Este apartado lo he

En BAT 2.0, damos al perro plena libertad para explorar y aprender

refinado aún más y lo veremos en detalle en el Capítulo 5.

Las habilidades de correa están diseñadas para minimizar el estrés y optimizar la efectividad del protocolo BAT. Existen otros cambios con ese mismo objetivo. Después de enseñar durante tantos años a entrenadores y clientes cómo usar BAT, me di cuenta de que era bastante fácil que la gente terminara permitiendo al perro acercarse demasiado al detonante. Incluso entrenadores profesionales que habían realizado el curso BAT, seguían poniendo a los perros en situaciones estresantes. Como profesora, soy consciente de que si todos mis alumnos están cometiendo errores similares, entonces tengo que revisar lo que estoy enseñando, o el modo en que lo estoy enseñando. Así que indagué en las publicaciones de investigación y revisé mis vídeos de BAT. Paseando a Peanut empecé a observar su comportamiento con otros ojos. Más allá de unas pocas puestas en escena, durante bastantes años no me había vuelto a concentrar en volver a trabajar los problemas de Peanut con los perros, así que volver a tener perros ayudantes como detonantes era una buena oportunidad para ponerme a refinar el procedimiento BAT.

Durante este intenso período de reflexión e investigación, me di cuenta de que los perros se beneficiarían más si tuvieran más control de todo el proceso. De hecho, comprendí que *BAT crea perros que parecen tener una mejor comprensión sobre cómo funciona el mundo, lo cual les hace a su vez sentirse más a salvo.* Debido a ello, los protocolos de puesta en escena de BAT 1.0 fueron reajustados.

Peanut libre y feliz en el bosque

En BAT 1.0 hacíamos que los perros volvieran a dirigirse al detonante una y otra vez. No le tentábamos ni le forzábamos, simplemente caminábamos. Si no nos seguía, no le obligábamos. Pero aún así influíamos más de lo que me hubiera gustado: los perros normalmente seguían al guía. Probablemente no es lo que habrían hecho por propia decisión, y eso aumentaba el riesgo de sobrepasar su umbral. Con BAT 2.0 ahora simplemente acompañamos al perro mientras explora la zona, salvo que se dirija al detonante. Así le damos más opciones de actuación al perro y no le ponemos en situación de sentirse obligado a seguir a su guía en dirección al peligro. Una excepción a la idea de seguir simplemente al perro, es que hacemos que se detengan si vemos que se dirigen al detonante y muestran ciertos signos de activación. En caso contrario, nos mantenemos al margen.

También me di cuenta de que si trabajaba a la distancia adecuada, incluso el uso de un marcador era innecesario. De hecho, usar un marcador entorpecía el proceso del perro intentando recoger información sobre la situación. Una de las fortalezas de BAT 1.0 es que el perro puede por fin tener la oportunidad de aprender cosas sobre el detonante, sin distracciones por parte del humano. BAT 2.0 da un paso más, permitiendo que el perro-alumno explore la zona, incluyendo al detonante, desde una distancia segura. Esto también me permitió a mí simplificar las instrucciones. Ya no existen las "Etapas", tan sólo dos principios básicos—acompañar a tu perro empleando las habilidades de correa, o usar el "Marca y Muévete" si estás cerca del detonante. Te enseñaré más sobre esta valiosa herramienta en el Capítulo 7.

Peanut sigue siendo mi inspiración. Cuando estaba desarrollando BAT 2.0 él tenía 11 años y aún tenía un detonante con el que practicar: los perros. En lugar de usar el primer enfoque de BAT 1.0 de acercarse-alejarse, empecé a acompañar a Peanut como he descrito antes. Permitiéndole "decidir con sus patas" tuve una una imagen mucho más clara de su nivel de confort: él deseaba estar mucho más lejos de los otros perros de lo que yo antes había pensado. Durante toda su vida, tanto si estaba haciendo agility, obediencia o alguna conducta que yo le pedía, podía trabajar cerca de otros perros, pero realmente prefería tener más espacio. Al practicarlo con otros perros he descubierto que incluso a aquellos que se acercan corriendo para atacar, o para jugar, les beneficia tener la oportunidad de mostrar con claridad su distancia umbral de este modo.

Eso fue hace ya dos años, y hoy cuidadores y entrenadores de todo el mundo están practicando BAT 2.0. La gente me comenta que les gusta más, porque incluso aunque necesites empezar a una distancia mayor, progresa más rápidamente, es más fácil de explicar, y es más relajado que BAT 1.0. Cuando fui a por mi nuevo cachorro Bean, de cuatro meses de edad, ladró e hizo amago de morder a Fiona, la perra que habíamos llevado para testarle. BAT 2.0 fue esencial para reducir su reactividad hacia los perros y socializarle con personas.

Cuando trabajo con mis clientes, siempre están entusiasmados con empezar a solucionar los problemas de sus perros. Imagino que tú también lo estás. Quiero que entiendas toda la información sobre BAT que necesitas, pero los buenos entrenadores son como auténticos cirujanos—primero debemos salvar la vida del paciente, y después puedes dedicarte a los pequeños detalles del tratamiento.

Quiero que te conviertas en un hábil entrenador, y que puedas ayudar con éxito a tu perro. Por eso en el siguiente capítulo veremos los consejos para hacer que todo el entorno sea lo más seguro posible para tu perro, antes de entrar en detalle sobre el protocolo BAT.

Consejo para Pros: si eres un adiestrador experimentado en problemas de reactividad, seguramente ya estés asesorando a tus clientes en muchas de las estrategias de gestión del siguiente capítulo, pero aún así merece la pena su lectura.

Peanut haciendo agility con saltos y slalom humanos, tras usar BAT.

CAPÍTULO 3

Ajustes Rápidos: Fundamentos sobre Gestión y Seguridad

Gestión del Entorno es un tecnicismo para referirnos al conjunto de modificaciones que hacemos sobre el entorno del perro, para que sea prácticamente imposible que algún detonante le provoque la conducta que estamos tratando de eliminar. El Entrenamiento para el Ajuste del Comportamiento y la gestión del entorno son dos conceptos que van de la mano. Cuando usas BAT para rehabilitar a un perro reactivo, tienes que implementar además gestión del entorno para evitar que tu perro se meta en problemas. Es algo esencial para mantener al perro bajo el umbral de reactividad en relación a los detonantes ambientales—es decir, su vida debería estar preparada para ayudarle a permanecer calmado, tranquilo y a salvo. El gran conductista B.F. Skinner lo llamó **Ingeniería del Entorno** (ver Apéndice 2) y es conocido como **disposición de antecedentes** en el libro "Jerarquía Humanitaria" de Susan Friedman (ver Apéndice 3). En este capítulo, hablaré sobre las estrategias de gestión del entorno que son especialmente útiles para trabajar con la reactividad.

Las soluciones de la gestión de entornos pueden crear escenarios seguros en cuanto se aplican, ya que no requieren un entrenamiento específico para el perro. En su lugar, realizando algunas modificaciones ambientales se puede predisponer al perro para el éxito. Generalmente se trata de añadir algún tipo de accesorio al escenario, o modificar la manera en que exponemos al perro al entorno. Cerrar la puerta de tu casa o del patio, es un ejemplo de gestión del entorno. Una valla es un elemento muy sencillo que evita que los perros se escapen, y no requiere un entrenamiento previo. Colocarle una portezuela para bebés y darle un kong al perro antes de que lleguen los invitados son también herramientas de la gestión del entorno, como lo es pasear al perro con una correa. La mayoría de ciudades disponen de una legislación sobre llevar a los perros atados, así que la vida de tu perro casi siempre estará sujeta a cierto tipo de gestión del entorno.

Si descubres que tu perro ladra, embiste, gruñe o se atemoriza con frecuencia, lee por favor este capítulo con detenimiento. *Crear un entorno seguro es un elemento crítico para rehabilitar la reactividad canina.* Las propuestas de gestión como las portezuelas para bebés o las puertas con pestillo pueden parecer restrictivas, pero son inmediatas, efectivas, y no necesariamente son medidas permanentes. Mi objetivo con la mayoría de estas estrategias es implementarlas en el momento para evitar problemas, y entonces cambiar la respuesta del perro a los detonantes usando BAT y otras técnicas para que luego las medidas de gestión puedan retirarse o minimizarse.

Si BAT va a ayudar tan bien a tu perro, ¿por qué necesitas saber previamente siquiera algo sobre gestión del entorno? Porque el perro necesita sentirse a salvo tan a menudo como sea posible para progresar. Quizá esta analogía sirva: en la famosa serie de la HBO "Los Soprano", el mafioso Tony Soprano visita asiduamente a su psicoterapeuta para tratar de reducir sus ataques de pánico. Mientras tanto, las bandas rivales tratan de asesinarle, él estrangula a sus enemigos, su matrimonio se tambalea, sus hijos siempre están en líos, y hasta con su amante tiene problemas. Así que aunque su terapeuta fuera un genio, la recuperación de Tony, en el caso de darse, sería muy lenta, porque es completamente consciente de que en el mundo hay mucho más peligro del que puede sobrellevar y no muestra una voluntad real de modificar su entorno. Desafortunadamente éste es el tipo de situación a la que la gente expone a sus perros constantemente. *Queremos que nuestros perros cambien su conducta, sin cambiar nuestro comportamiento ni el entorno en el que viven.* Queremos que se sientan a salvo mientras hay perros sueltos corriendo por la acera hacia ellos, niños que se abalanzan para entrar en el ascensor, y motocicletas atronadoras que pasan a su lado. En su cabeza, la mafia va a por ellos, es demasiado para poder gestionarlo, y lo saben.

Para que cualquier plan de entrenamiento basado en el reforzamiento positivo funcione, es necesario atenuar la intensidad de la estimulación ambiental que predispone al perro a fallar, como la exposición a ruidos fuertes o ventanas con vistas al exterior. Al igual que pondrías una pequeña valla para mantener al bebé lejos de la piscina, las barreras físicas pueden mantener a los perros lejos de las situaciones que aún no se han entrenado en afrontar. Si BAT y la gestión de entornos se utilizan apropiadamente, tu perro tendrá muchas probabilidades de triunfar, y pocas o ninguna probabilidad de entrenar conductas indeseadas o entrar en pánico.

Si tu perro puede ver los detonantes por la ventana, su activación de partida se mantendrá alta, proporcionando un escenario óptimo para fallar.

¿Por qué es tan importante prepararles un escenario para triunfar? Tanto si las aprovechas intencionadamente como si no lo haces, las consecuencias afectan a las conductas. Si la reactividad de tu perro es tan evidente como para que estés leyendo este libro, es muy probable que tu perro haya descubierto que esa conducta resulta efectiva. Es importante que evitemos que tu perro sea recompensado por realizar conductas indeseadas, como saltar sobre ti o tirar de la correa, pero *es incluso más crítico para tratar la reactividad preparar escenarios en los que pueda triunfar y puedas prevenir que falle, porque la reactividad tiene un origen emocional y puede tener consecuencias peligrosas.*

En este capítulo, analizaré algunos elementos de gestión del entorno, que aumentan la seguridad y reducen el nivel de estrés general en tu perro. Entre ellos están:

- Reducir la estimulación visual

- Prevenir encuentros cara a cara

- Evitar problemas en los paseos

- Usar distracciones

- Empleo de bozales y otro material de seguridad

Ojos que no ven (y oídos que no oyen), corazón que no siente—Reducir la estimulación visual

Empezando en casa, una sencilla solución para reducir los detonantes visuales para tu perro, es retirar cualquier soporte desde el que tu perro pueda espiar a los perros o las personas de fuera. Los perros con oteaderos en casa, pueden practicar perfectamente el ladrar durante todo el día, y lo que tú puedas entrenar para corregirlo no es nada en comparación con estar ¡nueve horas defendiendo el hogar! Los perros necesitan entretenimiento, pero trabajar para una empresa de seguridad todo el día no es algo divertido, es estresante. Además, los niveles de cortisol elevados de manera crónica pueden provocar un montón de problemas de salud, que probablemente acortarán la vida de tu perro.

*Defender el hogar durante todo el día elimina
cualquier efecto positivo de una sesión BAT.*

Veamos cómo se entrena desde el punto de vista de una perrita. Ella ladra, el niño o el perro que pasaba sigue caminando y desaparece, y ella cree que su conducta ha funcionado para proteger la casa—y así ocurre ¡una y otra vez! Su ladrido se convierte en un hábito más consistente cada día que pasa.

Consejo para Pros: un hogar con un oteadero, es como una caja de Skinner gigante (una cámara de aprendizaje operante). Entrena automáticamente a tu perro a ladrar. Si tus clientes no están dispuestos a realizar cambios ambientales para evitar que la reactividad se refuerce y se entrene, sería mejor que te paguen la visita y se despidan de ti sin importar el resto de lo que tengas que explicarles. No les dejes tirados, lógicamente, pero debes convencerles de que deben modificar su hogar y sus hábitos para evitar un aumento de estrés y el auto-entrenamiento de las conductas indeseadas. Una manera de conseguirlo es hacer que graben un vídeo de su perro cuando se queda solo en casa.

Para deshacernos de los oteaderos, puedes mover los muebles y emplear portezuelas para bebés o jaulas para cachorros para bloquear zonas de la casa, y/o instalar visillos en la zona inferior que permitan a los humanos ver por encima. Durante nuestros inviernos oscuros en Alaska, he descubierto que estos visillos que dejan entrar luz solo por arriba me hacen sentir mucho mejor que los que están completamente cerrados de arriba a abajo. También venden láminas de plástico que se ponen en las ventanas y les da un aspecto translúcido o ahumado, con nubes esponjosas y otras plantillas. La nieve artificial que viene en spray elimina de inmediato las distracciones y es muy fácil de limpiar de las ventanas para los clientes. Además esta nieve puede retirarse gradualmente limpiándola poco a poco y haciendo cada vez un poco más visible el mundo exterior. Como solución económica, puedes pegar papel vegetal en la ventana. El papel vegetal en la parte inferior de mis ventanas correderas es la solución anti-ardillas que yo uso para evitar los ladridos. Necesito mi tiempo para entrenar, y apagar la "TV del patio trasero" fue un arreglo rápido para esos ladridos en mi casa.

El papel vegetal es una rápida solución para evitar que ladren a las ardillas.

Si vives en un apartamento, deberías encontrar maneras de evitar que tus perros puedan oír (y ladrar) a la gente en el descansillo o los pasillos de la comunidad. Para prevenir que perciban y ladren a los sonidos de fuera, puedes dejar la televisión encendida o una música que sea más bien monótona, con algunos cambios ocasionales—como las olas del mar con algunos graznidos de gaviotas. Como los cambios súbitos de sonido suelen ser lo que capta la atención del perro y le hacen ladrar, es importante que haya algunos cambios en la música, así se habituará al cambio ambiental. Si bajas el volumen según pasen las semanas o meses, el perro empezará a escuchar más los sonidos del entorno real.

También hay mucho que modificar en el exterior. Por ejemplo, a mí me encantan las puertas para perros, pero tienen que estar cerradas salvo que haya una persona en casa que supervise al perro.

Estas puertas para perros pueden provocar el mismo problema de entrenamiento de la reactividad que los oteaderos. Las vallas deberían ser firmes, y lo ideal es que no permitan al perro mirar a través de ellas. Mi opción favorita para delimitar un jardín es un vallado opaco que rodee por completo el área del perro. *El criterio principal para un vallado es que sea capaz de prevenir intrusos y escapadas.* Aunque parezca una obviedad, no lo es. Un alumno de mis clases para "Perros que Gruñen" se quejó en una ocasión de que su perro seguía escapándose para perseguir a otros perros calle abajo. ¿Cómo pudo escaparse? Porque existía una preciosa valla alrededor de la casa, pero ¡no había puerta! Otro cliente se lamentaba del mismo problema, salvo que en esta ocasión el perro saltaba por encima de una valla de apenas un metro de alto. Era un perro de unos 15 kg, bastante atlético, y estoy segura de que hubiera sido capaz de saltar una valla de 1,5 metros sin problema.

Asegúrate de que la valla mantiene a tu perro dentro, y a los detonantes fuera...

He visto incontables casos de clientes con casos de agresión y miedo, cuyas vallas eran inadecuadas. Tenían agujeros en la parte inferior, listones rotos, zonas delimitadas por arbustos que el perro podía atravesar, vallado eléctrico, todo lo imaginable—de algún modo la gente espera que su perro comprenda el concepto de un espacio delimitado y lo respete, incluso cuando no sea 100% seguro. Yo siempre aconsejo a mis clientes la instalación de una valla física real. Al margen de consideraciones éticas sobre los vallados eléctricos, una valla "invisible" que ni siquiera tú puedes casi ver, no va a prevenir que otros perros, o niños, inciten, ataquen, o sean mordidos por tu perro, ni ayuda a que los que pasean cerca se sientan seguros.

Incluso aunque tengas instalada una valla sólida, no dejes a tu perro solo en el jardín ladrando alarmado cuando salgas de casa.

Una valla de 1,20 metros, no es rival para un perro atlético.

Aunque no pueda ver a través de la valla, seguro que puede escuchar lo que ocurre al otro lado. Pasar un tiempo extra en el jardín es un privilegio, no un derecho, y puedes hacer que al ladrar se acabe ese privilegio y entre a casa hasta que se tranquilice un poco. Cualquier beneficio que obtenga de disfrutar de un poco de ejercicio en el jardín quedará anulado con la oportunidad de practicar conductas reactivas. Si le dejas solo en el jardín, sin nadie que desde casa pueda oírle y hacer algo al respecto, le estarás entrenando a ladrar. Al igual que ocurría con los oteaderos de interior desde los cuales pueden ladrar a los transeúntes, el jardín es como una perfecta gran máquina de auto-entrenamiento para el ladrido, con el mismo refuerzo funcional de conseguir que el otro perro o persona se alejen caminando. Si tu perro tiene este problema, no olvides leer el Capítulo 11 sobre Peleas en Vallas.

Consejo para Pros: si usas un cuestionario, pregunta a tus clientes sobre la existencia, estado de conservación, y visibilidad que permite su valla, así como el nivel de supervisión del perro cuando se encuentra en el jardín.

Si necesitas pruebas de que dejar a un perro solo en el jardín puede realmente entrenarle a ladrar, basta con que des un paseo por las afueras de la ciudad cualquier día laborable. Por ejemplo, en nuestro primer paseo en el nuevo vecindario, Peanut y yo pasamos por siete fincas con perros que no tenían supervisión. Cada uno de ellos nos ladró, lo cual fue reforzado porque inmediatamente nos alejábamos. Eso mismo es lo que le ocurre a tu perro cuando le dejas solo en el jardín al irte de casa (aunque exista una valla). En una de las fincas que vimos, de hecho se produjo un enfrentamiento. Primero, una hembra dóberman y un macho de Corgi empezaron a ladrarnos, después la dóberman se tranquilizó, seguida por el Corgi. Repentinamente el Corgi volvió a ladrar, y la dóberman redirigió su agresión hacia el Corgi, ¡apresándole el cuello contra el suelo! El Corgi chilló y yo les grité lanzándole una pequeña piedra a la dóberman. Afortunadamente se separaron antes de que me preparara a utilizar mi spray de citronella para detener peleas entre perros. Me pregunté cuántas veces les habría pasado lo mismo. Sustituir su reactividad por comportamientos más adecuados requiere práctica y no servirá de nada si volvemos a dejarles solos en el jardín durante el día.

Consejo legal (EEUU): Una señal de "PELIGRO" puede usarse
como autoinculpación. Es mejor usar una neutra, que diga: "Perro dentro".

Rebajar el nivel de estimulación en el entorno de tu perro puede ayudarle a relajarse y atenuar el alboroto, lo cual también debería mejorar drásticamente la calidad de vida de tu familia. Sin embargo, darle a tu perro un respiro de su empleo de Jefe de Seguridad, requiere más que poner un parche al problema. *Preparar su entorno para prevenir que ladre es algo esencial para un entrenamiento exitoso.*

Prevención de los encuentros cara a cara

Además de eliminar la posibilidad de que tu perro practique su excitación y los ladridos a distancia causados por una vallado deficiente o la existencia de oteaderos, debes proteger a tu perro de conflictos fortuitos con sus detonantes a distancias cortas. No hay nada infalible, pero *hay que reducir al máximo las posibilidades de que pueda morder a otra persona o perro.* La puerta de tu casa se abre probablemente más de mil veces al año, así que una probabilidad de tan sólo un 1% de escaparse, supone que tu perro pueda fugarse más de diez veces cada año. Es bastante preocupante.

Una de las soluciones más efectivas consiste en crear una "cámara estanca" previa a la puerta de salida a zonas abiertas, para evitar las fugas aunque la puerta interior quede entornada. Aunque se quede abierta, habrá otra que bloqueará la salida. Puedes hacerla con un vallado permanente o usando las conocidas jaulas para cachorros que venden en las tiendas de mascotas. Cuando viajes con tu perro, puedes llevarla contigo para extenderla en la habitación del hotel, o junto a la salida de tu caravana.

La mayoría de residencias caninas, parques para perros y centros caninos, disponen de "cámaras estancas" en cada salida, para que los perros no se escapen. Poniendo una en la puerta exterior de tu casa, podrás recibir a las visitas sin que los perros se escapen ni aborden a los invitados. Si pides una pizza, el repartidor no tendrá que encontrarse con tu perro. Y como la diversión ya no es exclusiva del exterior, también hacen menos el loco cuando está fuera. ¿Qué sentido tiene, si es como otra habitación de la casa?

Las cámaras estancas junto a las salidas previenen fugas.

Si realmente quieres sentirte a salvo y mantener a tus perros calmados, coloca un pestillo en la puerta, para evitar que la gente se acerque a ella. Tendrás que colocar un timbre inalámbrico y un buzón fuera, para el cartero y las visitas, pero incluso aunque no pongas el pestillo, poner el buzón fuera evitará que tu perro practique a diario una agresión al cartero. Un timbre exterior junto con algún cartel explicativo ayudará a reducir encuentros indeseados.

Consejo para Pros: una ventaja interesante de poner un nuevo timbre, es que suena diferente. No tiene una asociación previa negativa con él, y puedes usarlo como cambio de señal para la conducta de "Ve a la Cama". Ahorrarás tiempo adquiriendo un timbre (como el iChime) que te permite directamente grabar tu voz diciendo: "Ve a la Cama".

Sustituir el timbre por una grabación te permitirá grabar una señal para la conducta que quieres reforzar.

Hasta un niño puede aprender a usar herramientas de seguridad, como las cámaras estancas, con un poco de práctica. Una vez trabajé con un cliente cuyo perro, Roxy, había mordido al hijo de un vecino. El motivo de su primera llamada fue que la hija de los dueños había abierto la puerta y Roxy salió ladrando y embistiendo y mordiendo al niño en la parte alta del muslo, provocando un feo moratón a través de la ropa. Ahora han instalado una cámara estanca y un sistema de puertas en su casa, con lo que Roxy tiene que pasar por una puerta interior, otra portezuela, y finalmente la puerta del porche, antes de llegar a un visitante.

Instrucciones que explican cómo proceder con esta puerta con pestillo.

Siempre aconsejo añadir unas medidas extra de seguridad con los niños, porque no podemos confiar en que recuerden perfectamente las normas en todo momento. El sistema de seguridad tiene que estar hecho a prueba de niños, y en este caso más aún. En el ejemplo anterior, Roxy sólo podía estar en la cocina y el salón. Es muy útil disponer de un área de la casa en la que pueda estar, alejada de la puerta principal. Se diseñó ese área con ayuda de puertas para bebés, pero se puede hacer igualmente con jaulas para cachorros. Vimos que cuando más feliz se sentía Roxy era cuando podía interaccionar con la familia, así que las puertas para bebés le permitía compartir espacio, manteniéndola lejos de la entrada.

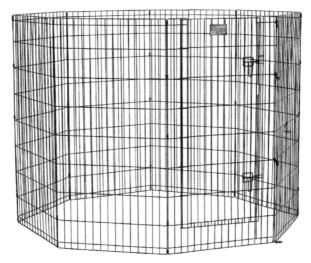

Las jaulas para cachorros son herramientas muy versátiles.

Se supone que cuando suena el timbre, los niños deben pedir permiso a mamá o papá para que les abran la puerta. Mientras, el invitado espera fuera de la puerta exterior, no en la entrada principal, porque el pulsador del timbre está fuera. Entonces mamá puede comprobar si Roxy está en su cerco para cachorros, y entonces abrir la puerta de la casa, salir, y abrir la portezuela de la "cámara estanca", e invitar al visitante a entrar. Si por algún motivo los niños olvidan el protocolo y abren sin más la puerta de la entrada, el invitado está igualmente protegido gracias a la "cámara estanca". Si los niños abren la jaula de Roxy mientras mamá está ya con el invitado en la cámara estanca, sabrá por los ladridos que aún no debe entrar. Si el invitado ignora las indicaciones en la portezuela exterior y entra sin ser invitado, seguirá estando a salvo, porque Roxy estará en su jaula dentro de casa. De modo que para que el entorno ponga a Roxy en condiciones de morder a un invitado, deben fallar tres sistemas de seguridad simultáneamente, lo cual es muy poco probable.

Nota: en este caso se puede grabar en el timbre alguna frase de aviso como: "Guardad a Roxy en la jaula" o "¿Está Roxy en su jaula?" para que suene cuando un visitante presiona desde fuera el pulsador.

Estas medidas parecen complejas de implementar, pero ir a urgencias con un niño, o la eutanasia para el perro, son opciones terribles. Es muy poco probable que haya una mordedura, pero las consecuencias son tan demoledoras, que la prevención es de vital importancia. No esperamos que las familias con niños empleen estas medidas de seguridad extrema de manera permanente. Muchas familias con niños pequeños simplemente no pueden realizar los cambios oportunos para garantizar la seguridad de todos, y el perro debe finalmente buscar otro hogar, o en el peor de los casos ser eutanasiado. Contrariamente a lo que puede pensarse, no hay muchas casas (o fincas) que estén dispuestas a acoger a un perro con un historial previo de agresión, y en ese caso estas medidas pueden mantener su historial sin más agresiones mientras realizas algunas sesiones BAT y buscas un nuevo hogar para el perro. Este protocolo además le ayuda a relajarse en casa hasta que el entrenamiento consiga modificar su respuesta emocional ante los detonantes.

Informa a los invitados y/o aparta a tu perro a un lugar tranquilo,
para evitar situaciones de inseguridad.

Poner al perro en un transportín, o tras una sólida y puerta de bebés alta, dentro del dormitorio, o atado con una correa corta a un elemento firme con un hueso masticable o algún juguete interactivo, puede ser eficaz si el nivel de reactividad de tu perro es leve. Tener visita en casa es algo estresante, y puede ser poco seguro tenerle suelto por la casa. Un lugar que le permita a tu perro acostumbrarse a las visitas es el mejor lugar para atarle o poner el transportín, salvo que esté expuesto a demasiada estimulación. Puede que hayas intentado alejarle un poco, pero eso no es suficiente. Sin un entretenimiento (comestible) adecuado, es muy probable que tu perro se estrese más y sobre todo con las visitas, y así tu entrenamiento se verá perjudicado. Yo tengo juguetes especiales con comida en el congelador, así que están disponibles siempre que lo necesito.

Si tu perro va a seguir ladrando aunque tenga snacks o juguetes interactivos, llévale a un lugar apartado antes de la visita. Algunas opciones son: en el coche dentro del garaje si hay una temperatura controlada (baja), con algún amigo, o algún otro lugar fuera de casa. Sacarle de casa ayudará a que no haga más asociaciones negativas con las visitas. Continua llevándole a otro lugar hasta que las sesiones BAT y el resto del entrenamiento le permita afrontar las visitas. Ten en cuenta lógicamente, una posible ansiedad por separación, y no le dejes en un lugar si va a añadir más distrés a tu perro o va a hacer que destroce cosas.

Ten en cuenta que los sabrosos premios y los juguetes suficientemente atractivos como para distraer a tu perro de la visita de un extraño, son por definición algo muy atractivo. Esto podría ocasionar peleas en casas si hay varios perros. Si tienes más de un perro, quizá tengas que darles sus huesos masticables dentro de sus respectivos transportines, en habitaciones distintas, o mantenerles separados de un modo seguro para evitar conflictos.

Para evitar problemas por territorialidad, cierra el transportín cuando cojan sus huesos. No permitas que los invitados se acerquen a saludarles o molestarles mientras están comiendo. Incluso aún cuando estén quietos, siguen teniendo la excitación acumulada por la visita de los invitados, así que lo mejor es pedirles que ignoren a los perros a menos que un perro intencionadamente solicite interaccionar. En el Capítulo 12 verás más consejos para cuando hay visitas.

Afrontando el mundo exterior—sin problemas en el paseo

Como ya sabes, el hogar no es el único lugar donde tu entrenamiento puede ser saboteado por una sobreexposición a estímulos detonantes. Los paseos son un gran desafío para los perros con problemas de reactividad. El aspecto más importante para tener un paseo sin problemas, es estar seguro de poder tener a tu perro físicamente junto a ti. Yo recomiendo usar una correa que pueda sujetarse y también deslizar cómodamente. Eso implica deshacerse de las correas retráctiles, de cadenas, o cualquier correa que pueda causarte heridas al deslizar. La correa debería ser larga, de unos 5 metros, y estar enganchada a un arnés para que tu perro pueda sentirse libre, y aún así puedas ajustar la longitud según necesites. Acorta la longitud al acercarte a una esquina, para que puedas comprobar que no viene nadie. Usa una correa sencilla, sin accesorios. Es muy difícil usar una corra retráctil sin que tu perro se meta en problemas (¡piensa en la inercia que puede coger corriendo en 3 metros!) así que por lo general recomiendo usar una correa suave y sin filos, de fibras de polipropileno con núcleo sólido. Hay quien prefiere el cuero o el cuero sintético por su tacto, pero no vibra de igual manera cuando la deslizas por tu mano, y la vibración puede ser muy útil cuando quieres comunicarle información a tu perro. Normalmente todo el mundo se adapta bien a una correa de 5 metros, pero hasta que te sientas seguro usándola, puedes emplear una de longitud estándar.

En la actualidad existen multitud de buenos arneses en el mercado. Mis favoritos hoy en día son el PerfectFit (Reino Unido), XtraDog (Canadá), el Balance Harness (EEUU), Haqihana (Italia), y varias marcas alemanas Camiro, Stake Out, y Anny•x. Rechaza arneses que estrangulen al perro, le dañen las axilas, o le hagan imposible correr cómodamente. Cada perro es único, así que lo que funciona para el perro de tu amigo puede no resultar confortable para el tuyo. Es como los pantalones vaqueros, se ajustan a cada individuo de modo diferente ¡y la talla correcta cambia con el paso del tiempo!

Me gustan los arneses que tienen un enganche en el pecho y otro en el lomo (con el PerfectFit usa el enganche frontal sólo si también usas el trasero) Un arnés no debería entorpecer los movimientos naturales de tu perro, y permitirle un rango completo de movimiento en piernas y hombros. El Balance Harness es ligero y fácil de poner, y además queda lejos de las axilas. el PerfectFit y el XtraDog también pueden ajustarse para no tocar las axilas y disponen de un acolchado de lana que evita que al moverse raspen la piel. PerfectFit viene en tres piezas regulables independientemente por lo que es perfectamente ajustable a la medida exacta de un perro de cualquier tamaño. Pero esa modularidad también complica un poco más las cosas la primera vez que lo ajustas. Las marcas alemanas son estupendas para la libertad de movimiento, sin ninguna presión en la garganta. Quedan bien detrás de las axilas y pueden ajustarse igualmente.

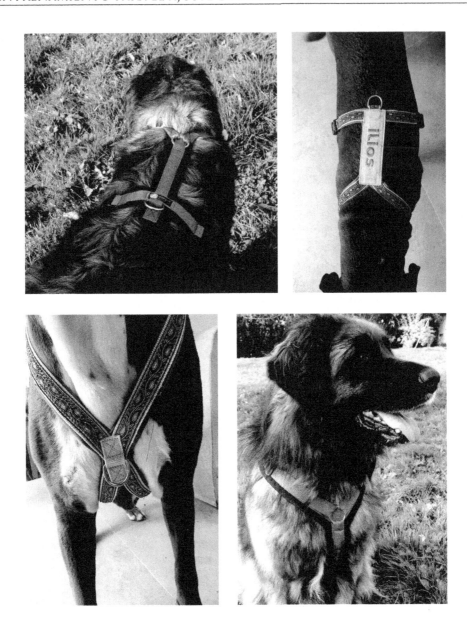

Un buen arnés permite un completo rango de movimientos

Siempre que es suficiente, prefiero usar el enganche trasero. A diferencia de los ronzales que sujetan la cabeza, los arneses de enganche frontal le dan a tu perro la libertad de elegir cómo mover su cabeza, pero tienen menos control de la dirección en que pueden moverse respecto a los arneses de enganche trasero, así que ten cuidado de no abusar del enganche frontal si quieres darle máxima libertad.

Una ventaja que tiene es que puedes redireccionarle y sacarle de un conflicto potencial si por accidente le pones en una situación estresante que le hace querer huir aterrorizado o abalanzarse y ladrar.

Las técnicas de correa BAT ofrecen muchas maneras de comunicarse con un perro, por lo que generalmente con un arnés es suficiente para entrenar.

Correa Simétrica enganchada a las anillas frontal y trasera de un arnés Perfect Fit

El mosquetón trasero es por seguridad, en caso de que la anilla frontal se rompa.

Independientemente de lo que uses, tu objetivo será maximizar la libertad de tu perro y la seguridad de todos. Sólo recomiendo ronzales para perros que son mucho más fuertes que sus cuidadores, y usándolo siempre combinado con un arnés. De este modo: emplea dos puntos de enganche, así la correa irá sujeta al arnés y al ronzal. Puedes enganchar el mosquetón de un extremo en una correa tipo europea al ronzal y el mosquetón del otro extremo al arnés. De esa manera, usarás principalmente el arnés, pero tendrás el ronzal en caso de necesitar mayor control. Mi Correa Simétrica es una correa larga con varias posiciones, con ella puedes colocar el mosquetón fijo a la parte trasera del arnés, y el mosquetón móvil más cercano al ronzal. Debes permitir que tu perro se acostumbre a llevar un ronzal, realizando el mismo protocolo que con el bozal (ver Capítulo 3).

Nota: es habitual que al recibir un tirón de correa, el perro se gire a morder al guía. Ese tipo de manejo es totalmente opuesto al que empleamos en BAT. Si estás usando un collar de ahogo, de púas o de castigo, o cualquier otro accesorio correctivo, echa un vistazo de nuevo al material recomendado arriba para elegir la alternativa más adecuada. Los accesorios correctivos pueden crear asociaciones negativas, un aumento de estrés considerable, y provocar dolor y secuelas físicas en el cuello y las vértebras. Podemos evitar todas esas complicaciones y mantener un alto grado de control usando un arnés y las técnicas de correa BAT.

Para los perros en zonas urbanas, salir de casa puede ser ya peligroso, especialmente si vives en un edificio con pasillos interiores o ascensores. Y cuanto más alto vivas en el edificio, más probable es que tu perro se sienta atrapado en un espacio reducido con su detonante, sin posibilidad de escapar.

Puedes ayudar de varias maneras a que tu perro evite los detonantes en pequeños espacios, equilibrando intereses y seguridad. Para mayor libertad de movimientos y reducir los encuentros repentinos típicos de los ascensores, puedes elegir las escaleras. Si tienes un perro pequeño puedes cogerlo y alejarlo del detonante. Si tu perro sólo está algo inquieto por la presencia de otro perro o persona, puedes sentarle y ponerte tú entre medias como barrera. Ir dándole premios durante ese tiempo, puede ayudar a distraerle un poco más y al mismo tiempo hacer los momentos en el ascensor más agradables. Para atenuar los estímulos visuales, puedes usar una Calming Cap, un antifaz semitransparente que cubre sus ojos reduciendo la nitidez con la que percibe las figuras de personas o perros que estén en el ascensor. A algunos perros la Calming Cap les ayuda a ir en ascensor sin mostrar agresión. Otra opción, especialmente indicada para perros pequeños, es llevarle en un carrito, lo que ayudará a mantenerle en alto, fuera del alcance de otros perros. Y también puede cubrirse, incluso poner música tranquilizante para minimizar la estimulación exterior. Al igual que un transportín, el carrito debería ser un lugar de refugio y seguridad para el perro. No permitas que nadie meta la mano para saludar a tu perro.

Un panel de césped u otros medios de facilitar que tu perro evacúe en casa, reduce el número de paseos necesarios, que se pueden usar exclusivamente para las sesiones de entrenamiento. Mudarse a una casa con un jardín correctamente vallado, o al menos un apartamento en un primer piso, es el óptimo en "ingeniería de entornos" para perros reactivos. Cuando esto es imposible y el resto de modificaciones son insuficientes, la medicación o el empleo de otros reductores de estrés pueden ser necesarios para permitir que los perros de apartamento puedan sobrellevar su rutina diaria sin tener ataques de pánico cada vez que se disponen a salir de paseo.

Los perros en zonas semirurales disfrutan de paseos más relajados que sus parientes urbanos porque no se quedan atrapados en ascensores o recibidores, ni sufren paseos agobiantes con perros y personas por la acera. Pero como ya he mencionado, cuando salen de paseo tienden a recibir una lluvia constante de ladridos de los perros que están sueltos en los jardines colindantes. Imagínate que tus vecinos te gritaran groserías cada vez que pasaras junto a sus casas. ¿Cuánto tiempo tardarías en desarrollar cierta reactividad hacia ellos?

Si tus vecinos caninos se vuelven locos cuando tu perro pasa cerca, observa qué casas tienen perros ladradores, y crúzate de acera. Si puedes, modifica tu ruta, para que tu perro no tenga que pasar cerca de ellos. También puedes reducir las posibilidades de que le ladren si silencias el tintineo de las chapas y anillas de tu perro. Eso hará que los perros que están dormidos en sus jardines no perciban la presencia de tu perro. Una manera de hacerlo es fijar las chapas directamente el collar haciendo un segundo agujero en ellas y cosiéndolas al tejido del collar. Otra opción es poner algo que las silencie. Una tira de plástico funciona bien a tal efecto, y existen versiones comerciales en el mercado.

He conseguido entrenar con éxito a la mayoría de los perros en los jardines de mi vecindario para que cesen sus ladridos a mis perros cuando pasamos cerca, y al resto de perros los evitamos. Les entreno usando simplemente contracondicionamiento. Cuando paso cerca entono un "¡Tengo Premios!" o el nombre de cada perro, de un modo alegre, como si les invitara a saludarnos, y entonces lanzo unos pocos premios realmente sabrosos. Normalmente algunos premios van a parar a la cabeza o las orejas de los perros por lo que fácilmente perciben que cae comida. También dejo caer algunos premios al suelo para que mis perros los busquen, repitiendo "¡Tengo Premios!" y lanzando algunos más al perro en el jardín, seguidos de más para Bean y Peanut por su contribución a la sesión. Si tu perro no puede acercarse lo suficiente a un perro que ladra al que puedas premiar, puedes dedicar tiempo aparte para hacerlo sin tus perros, o simplemente enfocarte en tu perro y evitar esas situaciones, dejando que el resto de perros en sus jardines sigan ladrando cuando quieran. Cuando hablo a los perros que ladran en sus patios en un tono de voz tranquilo, parece que ayudo a mis perros a entender que no había mayor problema. "Esa que ladra es Ginger", les digo, inventándome su nombre mientras caminamos, "tiene una valla". Empleo el mismo tono de voz que usaría con un amigo para indicarle algo interesante mientras paseamos, como: "parece que Sally tiene un nuevo encargado de la piscina", o "Max es un jardinero genial, ¡mira esos tontainas!"

A veces cuando lanzo premios a los perros de las fincas, dejan de ladrar de inmediato, engullendo los premios, o incluso ofreciendo un sentado. Otros perros ignoran los premios y ladran frenéticamente, pero luego se comen los premios en cuanto pasamos de largo. Pero cada vez que digo: "¡Tengo Premios!", la mayoría de perros van ladrando menos y menos. Llegado un momento, cuando escuchan "Premios" aguardan en silencio (aunque con cierta excitación) sus snacks. Gradualmente voy dejando de darles premios una vez que ya no ladran, a lo largo de varias semanas o un mes.

Debo prevenir sin embargo sobre entrenar a otros perros mientras paseas. Primero, es una buena idea pedir permiso previamente, ya que hacerlo sin permiso puede ser ilegal o incómodo para tus vecinos. Si no consigues su permiso, es elección tuya, pero por tus propios perros, prepárate a irte enseguida o a dar alguna explicación en caso de que salgan gritándote. Todos los que he encontrado han estado de acuerdo, pero en Seattle, donde vivía antes, y en Alaska donde vivo ahora, son lugares muy acogedores y amables. En segundo lugar, debes tener cuidado de no usar premios con pollo, cereales, o nueces, porque el perro del vecino puede tener alergias alimenticias. En tercer lugar, puede que el perro esté a dieta, así que trata de usar premios bajos en grasa, pero sin rebajar su gusto o aroma. Cuarto, si hay más de un perro, los premios podrían hacer que se pelearan por ellos, así que sólo lo empleo con perros que están solos en sus jardines (en mi ejemplo anterior de la dóberman y el Corgi no usé premios). Por último, ten cuidado con dar premios en la mano a través de las vallas. El perro podría decidir morder tu mano en lugar de coger los premios. Yo suelo lanzar los premios por encima de la valla (o a través de ella) hasta que estoy muy segura respecto al perro. Algunos perros acaban recostándose sobre la valla para pedir caricias, pero ¡no es así como empezó en un principio!

Incluso si los otros perros no ladran a tu perro tras las vallas, puede que esté abrumado por su proximidad o la intensidad de los detonantes que va encontrando. Por ejemplo, un perro suelto corriendo a toda velocidad hacia tu perro es equivalente a una tarántula cayendo en la cabeza de una persona que sufre de aracnofobia. No ayuda nada que te digan que el perro que viene (o la araña) es "amigable". Si me dieran un dólar por cada vez que me han gritado eso mientras un perro venía directo hacia mí, ¡podría comprar todos los libros que hay sobre adiestramiento!

Los perros sueltos son una gran amenaza en los paseos. Si te encuentras a menudo perros sueltos en tu paseo, deberías considerar cambiar tu recorrido, a menos que sepas cómo hacer para convencer a todos los guías para que aten a sus perros. Yo tuve unos clientes que vivían junto a un hermoso parque en Seattle. Disfrutaban paseando por el parque con su perro, pero encontraban perros sueltos bastante a menudo. El progreso de su entrenamiento había sido lento, y finalmente vimos que la razón era una sobre-exposición a perros sueltos en ese parque.

Imagina que sales a tu paseo diario, en un lugar donde te asaltan a punta de cuchillo varias veces cada la semana. ¿Te ayudarían a relajarte esos paseos?

Afortunadamente se dieron cuenta de lo que esos "apacibles" paseos estaban provocando en su perro, y en su lugar empezaron a dar sus paseos diarios por el vecindario. Evitar los encuentros con perros sueltos ayudó al perro a ganar confianza en sí mismo, y gracias a las sesiones BAT ahora puede encontrarse con otros perros durante los paseos. Para evitar a los perros sueltos, algunos de mis clientes ejercitan a sus perros en casa, o les pasean por caminos junto a carreteras con tráfico.

Algunos consejos para practicar en casa:

- Juegos de olfato en los que el perro te busca a ti, o algún juguete/premios/objeto (mi favorito). Por ejemplo, puedes esconder pequeñas porciones de su ración de comida por toda la casa, para que tenga que "cazarla".

- Llovizna de premios: básicamente es buscar premios, pero usas pedazos muy pequeños, como migajas de queso parmesano. Tu perro olfateará intensamente y se fatigará. Para más información sobre este gran juego de Sally Hopkins, mira el apartado "Recursos"

- Enseñar con Clicker algunas habilidades ligeramente exigentes a nivel físico o mental, incluyendo el "Toca" a distancia o entre dos targets, aprender a dejarse cortar/limar las pezuñas, caminar a tu lado, o a pasear sin tirar de la correa (ver el Apéndice 1).

- Puzzles de comida.

- Cintas para correr: las cintas para correr normales de humanos o una para perros (siempre sin correa, usando premios para reforzar el permanecer en la cinta y mantener el equilibrio)

Los puzzles de comida son ideales para descargar la energía acumulada y ejercitar el cerebro de tu perro. Puedes fabricar uno tú mismo o adquirir los más conocidos como los de Nina Ottoson.

- Fitness canino: alternar Sentado, Tumbado, y/o En Pie.

¡Los perros nacieron para olfatear!

Si los perros sueltos son un riesgo potencial en los paseos, te recomiendo llevar alguna ayuda como el SprayShield de citronela, una botella de agua pequeña, o el típico spray de confeti. No recomiendo el empleo de este tipo de aversivos para entrenar, pero uso todos los recursos disponibles para detener una pelea. Como ya he mencionado, tuve la suerte de tener un SprayShield cuando la Dóberman se lanzó a por el Corgi. Para detener una pelea con él, basta con rociar el hocico del perro(s) que esté(n) más obcecado(s), lo que normalmente provoca estornudos. Un entrenador amigo mío una vez se roció él mismo la cara con SprayShield accidentalmente y comentaba que aunque produce picor, no es tanto como el spray de gas pimienta, y desde luego es mucho mejor que una pelea entre perros. Hasta la fecha yo he detenido 5 peleas gracias al SrpayShield—auténticas peleas en las que un perro apresaba al otro y no le dejaba ir. Sobre el spray de citronela hay diversidad de criterios entre los entrenadores. Yo lo reservo para cuando otros métodos para evitar los conflictos han fallado, pero otros lo utilizan como primer recurso.

SprayShield ofrece un modo seguro para detener peleas.

Provocar un impulso reflejo que sea incompatible con morder es un modo efectivo para que los perros dejen marchar al oponente. Yo he empleado agua para separar perros enganchados y me ha funcionado bien. Lanza un chorro de agua en la garganta del perro que esté apresando al otro para elicitar el reflejo de toser. Arrojarles agua por encima no suele tener mucho efecto, pero si consigues que el perro tosa, no tendrá más remedio que soltar la presa por un momento. Inmediatamente separa a los perros y átales en lugares separados.

Los sprays de confeti se usan mucho en las fiestas infantiles. Lanza un cordón de color compuesto de una disolución no tóxica. No está garantizado que funcione, pero es una idea—Yo sólo lo he empleado una vez y no era una pelea realmente. Asusté a un perro suelto y evité que viniera directo hacia Peanut, pero igualmente nos siguió durante un rato en la distancia. Otras maneras de repeler a perros sueltos que se aproximan son un pulverizador de agua, o una bocina (de gas), que emite un ruido estridente. No suelo recomendárselo a los clientes porque no quiero que lo malinterpreten y empiecen a usarlo para entrenar a su propio perro. Reprimir conductas lleva a multitud de problemas que es mejor evitar.

La mayoría de perros sueltos no están buscando pelea, simplemente se acercan a olfatear a tu perro, pero debido a la reacción de tu perro, puede ser peligroso. Ésta es mi jerarquía para repeler a perros sueltos (o con correas retráctiles largas). Si un método no es útil, prueba con el siguiente. Algunas técnicas no son siempre seguras, pero las menciono porque igualmente podrían funcionar aunque deberás aplicarlas bajo tu propia responsabilidad.

1. Cuando veas a un perro suelto a mucha distancia, haz un giro de emergencia en U (ver Apéndice 1) y cruza la calle, o aléjate en dirección opuesta.

2. Si el perro suelto está demasiado cerca para alejarte sin provocar un conflicto, grita: "¡Coge a tu perro!" levantando la mano hacia el perro. Realiza el giro en U y repite la frase en respuesta a lo que sea que la otra persona diga. Dar explicaciones es perder un valioso tiempo, aunque a veces ayuda si dices que tu perro tiene una enfermedad.

3. Si el otro perro está solo, o su guía no ayuda, lánzale un buen puñado de premios. Si es suficiente con eso, mejor, porque el perro estará contento por mantenerse alejado y no aportarás estrés ni riesgos añadidos.

4. Si no basta con los premios, puedes lanzarle pequeñas piedrecitas o el spray de confeti. No es lo ideal, pero es mejor que una pelea.

5. Si el perro suelto continúa acercándose, pon tu cuerpo rápidamente de barrera entre él y tu perro avanzando hacia el perro suelto para hacerle retroceder. Si tu perro sabe permanecer sentado, ¡pídeselo! Al perro suelto que viene dile también, con voz autoritaria y un expresivo gesto con la mano, que se siente. Puede que no se siente, pero el tono de voz quizá le haga retroceder. Si tu perro se ha sentado, ¡recuerda reforzarlo!

6. Mientras sujetas la correa para mantener la cara de tu perro a salvo del perro que se acerca, usa tus pies para mantener al otro perro alejado (esto puede ser peligroso para ti, así que ten cuidado si lo haces)

7. Si se inicia una pelea, usa el SprayShield, agua, etc. Si eso no funciona y ves que es más serio que unos simples gemidos y ladridos, usa otros medios para detener la pelea. Agarradles de la cintura desde atrás y tirad de los perros en cuanto podáis. Espera a tirar cuando dejen de morder para tomar aire o para intentar morder de nuevo, si no sólo conseguirás que muerdan más fuerte y quizá desgarren tejido. Esto puede ser arriesgado, pero es más seguro que agarrarles del collar. Procura mantenerte lejos de las mandíbulas.

Yo prefiero ahorrar el SprayShield para cuando otras técnicas me fallan, porque es bastante aversivo. Pero también es más seguro, por lo que si tienes un perro con agresión redirigida (te muerde cuando tratas de interferir) quizá te interese usarlo como primera opción en lugar de reservarlo. Dicho esto, si tu perro redirige la agresión, seguramente te interese llevarle con un bozal durante los paseos, de modo que todo el mundo esté a salvo.

También puedes coger a tu perro en brazos y dar media vuelta. Entiende que esto puede poneros en serio peligro tanto a ti como a tu perro. Una vez oí la historia de una mujer que perdió un dedo de este modo, así que estás avisado. Pero podría mantener a tu perro a salvo. Evitar encontrarse con perros sueltos es mucho más seguro que cualquier técnica de las expuestas, así que lo repetiré una vez más: *si sueles encontrarte perros sueltos en tus paseos, ¡toma la iniciativa y cambia la ruta de tus paseos!*

Incluso encontrarse con un perro atado justo al lado puede ser peligroso, pero es mucho más sencillo salir de la situación. Lo primero y más importante es evitar encuentros cara a cara entre perros, haciendo que espere mientras observas la posible presencia de otros perros (o personas) en las esquinas, callejones sin salida, en los bordillos, en los coches o saliendo de ellos, y en las casas o saliendo de ellas. Practica permanencias cortas con una señal de liberación al final como "Libre", y añade tiempo gradualmente. Como recompensa puedes usar un premio, un elogio, o simplemente permiso para proseguir de nuevo. Cuando te sorprenda la presencia de un detonante, es útil haber enseñado el giro de emergencia en U que he mencionado antes. Es útil con los perros sueltos, niños saliendo de automóviles, y cualquier cosa que repentinamente saque a tu perro de su zona de confort.

El giro de emergencia en U es como un salvavidas que le das a un niño que se está ahogando en la zona más profunda de la piscina. Está desarrollado en detalle en el Apéndice 1.

Observa los posibles peligros mientras paseas, pero no muevas frenéticamente tus ojos y cabeza porque probablemente asustarás a tu perro. El perro percibe tu nerviosismo si estás constantemente vigilando todo, así que asegúrate de estar relajado, respira tranquilamente, y mira alrededor sin que tu perro te note nervioso.

Lo mejor sería ir con un amigo que vaya vigilando por ti. Podéis usar palabras clave para saber enseguida si hay algún perro suelto, niños, o un objeto acercándose, y desde dónde. Si estás paseando solo, puedes ir premiando a tu perro por pasear educadamente y observar tú el entorno mientras el perro está ocupado comiendo el premio.

Te aconsejo que des un paseo por la ruta habitual, sin tu perro. Comprueba tu nivel de estrés y piensa si los problemas de tu perro han podido influir. Tómate tu tiempo para aprender sobre técnicas de respiración para relajarte, mediante un curso de yoga, clases de meditación, o libros sobre el asunto. Personalmente me gusta el audiolibro "Respirar—*la Clave Maestra de la Suto-Curación*" (*Breathing—the Master Key to Self-Healing*) de Andrew Weil (ver Bibliografía). Tiene buenos consejos sobre cómo respirar para mejorar la salud y relajarse.

Otra manera útil de evitar el peligro en un paseo es saber por qué zona caminas— dónde están los parques con perros, dónde vive el que siempre lleva a los perros sueltos, etc. Da paseos cortos por rutas que ya conozcas, pero progresivamente sal de tu zona de confort y toma caminos ligeramente distintos, para que el paseo siga siendo interesante. Si quieres probar con una ruta nueva, hazla primero sin tu perro, anotando los posibles detonantes que veas durante el camino. Presta atención a los detonantes que podrían aparecer en un determinado tramo. Muchos perros son sensibles a los ruidos, por lo que pasear por una calle concurrida con automóviles le haría más propenso a reaccionar a otros detonantes que se encuentre de camino.

Muchos perros parece que gestionan mejor las áreas ruidosas si llevan puesto algún tipo de camisa compresiva, como el "Anxiety Wrap" o la "Thundershirt". El tejido compresivo calma físicamente a los perros del mismo modo que cuando arropamos a un bebé. Para afrontar el hecho de vivir en las ciudades, algunos perros pueden necesitar medicamentos, suplementos nutricionales, o incluso mudarse a un vecindario más apacible.

En una ocasión, trabajé con una mestiza de bulldog que vivía en pleno centro de Seattle. Me sentía fatal por la pobre perrita. Una enorme cacofonía impactaba en nuestros oídos cada vez que salíamos del edificio de apartamentos: enormes autobuses turísticos con forma de pato y altavoces, tres camiones de bomberos, cientos de peatones hablando, coches haciendo sonar el claxon, y un perro ladrando. Y no puedo imaginarme los olores que se añadían a ese escenario para un perro. Apenas caminaba un poco para evacuar, y ya estaba tirando desenfrenada de su collar de ahogo (!) para regresar a su apartamento. No tenía problemas con los perros en la guardería o los perros en los paseos por las calles más tranquilas, pero con tanta estimulación en pleno centro de la ciudad, empezó a reaccionar con agresividad a los perros que se encontraba. Había sido tratada con una combinación de medicación ansiolítica, la camiseta Thundershirt, sesiones BAT, y sustituir el collar de ahogo por un arnés de enganche frontal. También acabaron por mudarse a una zona más tranquila, donde la perra y su cuidador podían relajarse.

Thundershirt

Algunos perros están más a gusto paseando cerca de su hogar, otros necesitan alejarse para evitar sentir territorialidad, y otros son tan reactivos a cualquier cosa, que tienen que pasear dentro de la finca. Para esos paseos, puedes distribuir olores interesantes alrededor o entrenar algunos ejercicios durante el camino. También puedes esconder algunos premios dentro de casa para que los busque, activando el circuito de búsqueda de su cerebro. Muchos perros llevan mejor encontrarse con otros perros y personas de manera constante a lo largo del paseo, en vez de ver sólo uno o dos desconocidos en todo el trayecto. Para un perro que reacciona ante cambios repentinos en el entorno, un paseo por una calle urbana muy transitada puede de hecho ser más fácil que un paseo por su vecindario, especialmente si en el vecindario hay multitud de perros sueltos que quieren saludarle y perros "guardianes" ladrando tras las verjas.

Anxiety Wrap

Y acerca de los ladridos, pararte a hablar con personas cuando paseas, puede provocar que tu perro empiece a ladrar. ¿Por qué? No lo sé, pero quizá sea porque piensa que tú estás ladrando a ese desconocido. Piénsalo desde la perspectiva del perro: te encuentras de frente con otra persona, la miras, y has detenido repentinamente la marcha justo para empezar a emitir ruidos en lo que hasta ahora iba siendo un paseo silencioso. A veces incluso empiezas a luchar (lo que los humanos llamamos "abrazo" o "apretón de manos"). ¿Qué puede hacer el perro? Así que yo encuentro muy útil normalizar el hecho de hablar durante los paseos saludando tranquilamente a los que me voy encontrando, e incluso diciendo "hola" al aire sin motivo aparente, a nadie en concreto. Si ves que esto es un problema para tu perro, tenlo en cuenta como un detonante cuando prepares tus sesiones BAT.

Presta especial atención a tu perro cuando le pasees. Si no responde a tus cambios de dirección o cuando le llamas, puede ser debido a que has estado ignorándole. Tendrás que darle un buen motivo para prestarte más atención. Deja tu teléfono móvil en el bolsillo. Si quieres hacer ejercicio y no puedes atender a tu perro, ¡no lo lleves contigo! Puedes pasear con él para calentar y después irte tú solo a entrenar o a correr en la cinta si quieres. Cuando digo que tu perro debería prestarte atención, no me refiero a que debería estar mirándote fijamente o caminar pegado a ti durante todo el trayecto en posición de "Junto". Si quieres practicarlo en algún tramo, perfecto, pero yo prefiero permitirles ser perros. Para mí, más de la mitad de la diversión de ir de paseo con Peanut y Bean consiste en observar lo que ven o husmean, y verles brincar con su júbilo perruno. Dejarles usar el olfato en los paseos es importante como enriquecimiento ambiental, y además les permite recabar información sobre el mundo que les rodea. Pienso que permitirles olfatear es muy útil para su autoconfianza. A veces también necesitan olisquear tras encontrarse con algo que les da miedo, para tranquilizarse y obtener más información de la situación.

Si alguna vez tu perro actúa como si no existieras, refuerza cada ocasión en la que consigues que se enfoque en ti durante los paseos. Piensa que la clave es lo que quieres que haga. Ve construyendo su atención, y pronto no tendrás que preocuparte con que desconecte de ti. Observa a tu perro, y cuando veas que está a punto de desconectar, llámale y/o cambia de dirección, y premia cada vez que te preste atención. Eso le ayudará a aprender a tener al menos un poco de atención siempre puesta en ti. Hacer que camine un poco en la cinta de correr antes de salir a pasear puede ayudarle a cansarse un poco y así estar más preparado para caminar a tu lento paso humano. Existen cintas de correr especiales para perros, pero puedes enseñarle a usar una de humanos con el clicker.

Cuando pasees a un perro con problemas de reactividad, deja a tus otros perros en casa, para que puedas estar atento y evitar detonar su reactividad por el comportamiento de otro perro. La reactividad puede ser contagiosa, así que si tienes un perro que se lleva bien con perros y personas desconocidas, haz que siga igual paseándole por separado, lejos de la influencia de tu perro con problemas. Paseándoles por separado también previenes la agresión redirigida, en la que tu perro ve un detonante y dirige su reactividad hacia tu otro perro por no poder alcanzar su primer objetivo.

Dicho esto, existen beneficios derivados de la facilitación social. Si tu perro ve y huele a otro perro que le es familiar, disfrutando y saludando apaciblemente a otros perros o personas, puede hacerle sentir más confortable. Si sois dos personas paseando, uno puede llevar al perro con problemas, y el otro al perro con más habilidades sociales. Si se mantienen niveles de activación bajos, el perro más confiado puede servir como modelo a seguir por el otro perro. Mantenle siempre a una distancia prudencial para permitirle estar calmado.

Cada perro es único: pasearle por separado te permite atender sus necesidades de espacio.

Una vez conocí a una familia que tenía dos Rat Terriers con multitud de problemas de autocontrol. Sophía, la perra a la que yo iba a visitar, era muy reactiva con otros perros, incluso a varias calles de distancia. ¡La gente pensaba que sus cuidadores la maltrataban! Al pensar como humanos, los propietarios estaban convencidos de que debían pasear a los dos perros juntos, por justicia, aunque el otro perro también tuviera problemas de reactividad. Un perro no debería pasear sin el otro ¿verdad? Cuando les paseamos por separado, la reactividad de Sophía cayó aproximadamente a un 30% de lo que era anteriormente, así que primero hicimos sesiones BAT con ella a solas, y después cuando mejoró añadimos a su hermano de camada. Gracias a ello, la reactividad del segundo perro se redujo prácticamente a cero y pudieron disfrutar todos de los paseos ¡sin siquiera tener que adiestrarla!

Usar distracciones

Las distracciones no son parte de BAT, ni tienen necesariamente un fin educativo, pero lo he incluido en este apartado de Ajustes Rápidos porque a veces nos encontramos situaciones en las que no podemos hacer BAT. Por ejemplo cuando no podemos alejarnos del detonante, y el perro no está aún preparado para esperar hasta que éste se aleje. En estos casos, puedes darle premios súper sabrosos, uno tras otro (distrayéndole) hasta que el detonante se desaparezca. Si es necesario, colócate entre tu perro y el detonante. Lo ideal sería que incluso percibiera al detonante y justo después tú le dieras la comida. De ese modo, estarás empleando el contracondicionamiento del modo más eficiente, y tu perro podrá establecer una asociación positiva con la aparición del detonante.

En el contracondicionamiento, la idea es asociar un detonante con valor negativo, a otro estímulo que tiene una asociación positiva, o que es inherentemente positivo, como la comida. Si presentas los estímulos en el orden inverso, es decir, primero le das una salchicha y justo después le presentas el detonante, puede acabar ¡teniendo miedo de las salchichas! Y esto es bastante fácil que ocurra, porque tendemos a buscar los premios en cuanto vemos un detonante, aunque nuestro perro no lo haya percibido aún. La suma de contracondicionamiento y desensibilización podría ser perfectamente un plan de terapia completo. Pero mi experiencia me ha demostrado que BAT es más eficaz para enseñar habilidades sociales. Recomiendo usar distracciones más como un método de emergencia para evitar que el perro entre en pánico si no vemos otra salida. Pero haz todo lo que esté en tu mano para no volver a verte de nuevo en una encerrona similar. Si vives en un apartamento con ascensor y usas las distracciones a diario, ¡vigila tu timing!

Si ni siquiera llenando la cara de tu perro de sabrosos snacks es suficiente para evitar que estalle, tómate un tiempo tras el suceso para pensar cómo evitar que suceda en el futuro. Sé creativo e imagina cómo evitar encontrarte con el detonante otra vez. Hasta que puedas preparar escenarios BAT que preparen a tu perro para afrontar ese tipo de situaciones, tu mejor aliado es evitar los conflictos. A veces, la respuesta es simplemente usar comida más sabrosa, o salir a pasear antes de la cena, cuando tu perro está más hambriento. A veces hay que mejorar las estrategias. Puede que tengas que usar las escaleras en lugar del ascensor, o meter a tu perro en una habitación con un kong congelado cuando esperas visita en casa. No puedes pedirle mucho más por ahora. Es como un niño que se cae a la piscina. Para evitar que ocurra de nuevo, puedes gritarle o explicarle el concepto de la muerte, pero ninguna de esas propuestas parece que vaya a ser efectiva. Para una rápida solución, los padres colocan una barrera en torno a la piscina para evitar problemas hasta que las lecciones de natación empiecen a hacer efecto y el cerebro madure. En ocasiones, simplemente es necesario un poco de "ingeniería ambiental" para prevenir una sobreexposición a los detonantes.

Los Bozales pueden ser herramientas útiles de seguridad

Los bozales son como esa barrera de seguridad alrededor de la piscina, salvo que rodea los afilados dientes de tu perro. Pueden dar un poco de miedo, pero son un método realmente fácil de prevenir mordeduras con eficacia. Creo que mucha gente es reacia a emplearlos porque eso les obligaría a admitir que su perro tiene un problema. Y también dan un aspecto "feo" al perro, junto con el estigma que automáticamente hace que un perro con bozal sea peor que uno sin él. Realmente es irónico, porque puedes estar seguro de que un perro con un bozal bien colocado ¡es imposible que te muerda! Si tienes una especie de fobia a los bozales, te propongo lo siguiente: imagina que yo tuviera una varita mágica con la que pudiera hacer que tu perro nunca mordiese a otra persona o a otro perro. Visualiza un encuentro con amigos y lo tranquilo que estarías, sabiendo que aún en el peor de los casos en que tu perro explotara, no podría morder a nadie. El bozal es esa varita mágica, porque hace que le sea imposible morder.

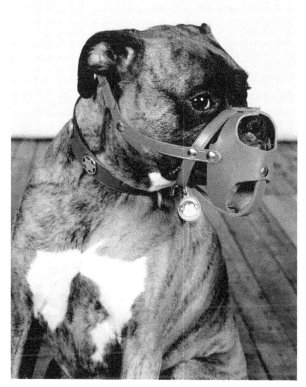

*"Hot Dogs All Dressed" tiene bozales muy coquetos
con accesorios ornamentales.*

Si aún no te gusta mucho la idea, atrévete a hacer un rápido ejercicio de contracondicionamiento ¡sobre ti mismo! No estoy bromeando. Coge entre 30 y 50 de tus golosinas o snacks favoritos, en trozos pequeños. Durante el transcurso de un día, imagínate a tu perro con un bozal puesto, y después cómete una golosina. Relájate y repítelo.

Recientemente me mudé de ciudad, y el nuevo veterinario tiene una política de seguridad que obliga a los perros a ser manipulados exclusivamente por personal veterinario, por motivos legales. Al parecer hay personas que han sido mordidas por sus propios perros en Estados Unidos y después demandaron a su veterinario, por lo que mi nuevo veterinario no quería arriesgarse. Anulé el análisis de sangre porque había trabajado muy duro para habituar a Peanut a los desconocidos como para arruinarlo todo ahora. De hecho le he enseñado a participar proactivamente en la toma de sangre, manteniendo su cabeza en posición (con un target de barbilla) y yo le doy soporte con mis manos.

Pero en esta nueva clínica no me permitían sujetarle aunque yo estaba segura de que se sentiría mucho más confortable en mis manos. Yo no quería traicionar su confianza y, afortunadamente, tuve una idea para ayudarle a reducir su estrés. Peanut jamás ha mordido, pero aún así le he enseñado a llevar el bozal . Cuando pregunté al veterinario si estarían dispuestos a permitirme sujetarle a cambio de llevar puesto un bozal, aceptaron el trato felizmente. De hecho, dado su nulo historial de agresiones, ni siquiera cerraron el enganche. ¡Problema resuelto! Realmente ahí no acaba la historia. Al poco tiempo encontré un veterinario ambulante que viene a nuestra casa para extraerle sangre, de modo que Peanut participa voluntariamente, sin necesidad de usar un bozal. Iremos de nuevo a la clínica si es necesario, sabiendo que ahora tengo la opción de sujetarle yo misma en lugar de un veterinario, pero prefiero invertir en veterinarios que tienen como prioridad reducir el estrés del animal.

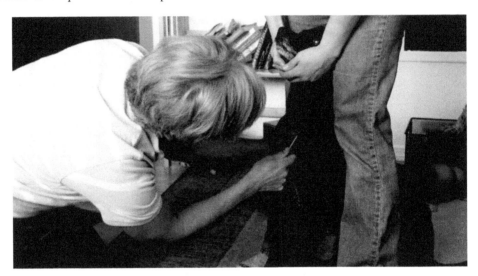

Peanut se coloca en posición para su extracción de sangre.
Esto es mucho mejor que el que simplemente nos permita bloquearle.

Consejo para Pros: pónselo fácil a tus clientes para encontrar el bozal adecuado para su perro, dirigiéndoles a sitios concretos para su adquisición. Ya es bastante esfuerzo superar la aversión a los bozales, como para hacerles recorrer la ciudad buscando en diez tiendas el bozal correcto.

Para saber qué tipo de bozal usar, mis preferencias son el tipo de bozal italiano de cesta, y el Baskerville Ultra Muzzle, porque permiten al perro respirar, mover sus belfos, beber, y comer premios (metiéndolos entre los huecos o usando un tubo de pasta comestible). Además no pueden morder por descuido la oreja de otro perro como ocurre con los bozales de tubo de nylon. Una anécdota desagradable me convenció. Conozco a un perro que llevaba un bozal de nylon durante una presentación con correa a otro perro, cuando estalló una pelea y de algún modo la oreja del otro perro acabó dentro del bozal, y como esos bozales están bastante ajustados no pudo hacer mucho más que terminar de morderla...y tragársela. ¡Ups! Así que los bozales de cesta con la mejor opción. Los bozales de goma Baskerville Ultra, son más blandos que los rígidos de plástico o metal, por lo que si te embisten a ti o a su detonante, no dolerá tanto.

Tengo 3 reglas para los bozales: 1) habitúa a tu perro a llevar un bozal en lugar de ponérselo directamente; 2) consigue que siempre esté por debajo de su umbral de reacción; y 3) supervisa siempre a tu perro con el bozal para evitar accidentes. Puedes olvidar las dos primeras reglas sólo por un motivo urgente de seguridad y no habrá manera de evitar el estrés. Por ejemplo, si un perro que es reactivo hacia personas se autolesiona y necesita ser inspeccionado por un veterinario, ponle directamente el bozal.

Bozal italiano de cestilla con un collar de brida K9

Para trabajos en distancias cortas, cuando tengas la más mínima duda, pon una valla entre el perro y el detonante o usa un bozal. Piensa que aún así tu perro podrá embestir con el bozal, es decir, que puede abalanzarse corriendo a gran velocidad impactando en un perro pequeño o en un niño. Asegúrate de que el bozal está bien ajustado, para que ni el perro ni el contrario puedan sacarlo por accidente.

Nunca le pongas un bozal a tu perro sin el entrenamiento previo oportuno. Imagina que eres un perro que nunca ha llevado un bozal antes, y de repente te encuentras con un bozal en la sala del centro veterinario. Por un lado esa cosa extraña de plástico se ha adherido repentinamente a tu cara. Pero va a peor: además de llevar eso puesto, el veterinario procede a ser mucho más brusco contigo que de costumbre, zarandeándote, empujándote, y en general causando un caos en tu sistema nervioso. Y ahora algo que empezó siendo simplemente algo incómodo se ha convertido en una señal contextual que te avisa de que van a pasar cosas muy desagradables. Si ya le has puesto alguna vez el bozal y ha tenido una mala respuesta, llevará más tiempo acostumbrarle a llevarlo de manera cómoda, pero dedícale tiempo porque merece la pena.

Existen muchas maneras de habituar a un perro al bozal, pero quizá enseñarle con el clicker a introducir su propio hocico en él, es la solución más elegante. Puedes empezar por premiarle simplemente al mirar al bozal, y progresivamente ir subiendo el criterio (siendo más exigente para avanzar en la conducta que premias) Pronto tu perro estará buscando activamente el bozal para tocarlo, y eventualmente mantener su hocico dentro del mismo. Se vuelve una especie de juego para tu perro.

Aquí os muestro una sugerencia para entrenarlo. Puede que necesites añadir más pasos o saltarte algunos para tu propio perro.

1. Con el bozal en una mano y los premios en la otra, muestra el bozal a tu perro. En cuanto lo mire, dile "Bien" y dale un premio. Cuando se lo coma, esconde el resto de premios y el bozal tras tu espalda. Repítelo hasta que tu perro mire alegremente el bozal. También puedes usar un clicker con tu pie como marcador, en cualquier caso no uses un clicker de caja cerca de su cara.

2. Sujeta el bozal en la palma de tu mano, para que puedas meter premios en él sin que se caigan, y retira las cintas de ajuste. Repite el paso anterior (premiándole cuando mire el bozal), pero ahora pon cada premio dentro del bozal para que lo coja, y retíralo en cuando lo alcance para que no le moleste notar el bozal junto a su hocico, y para que tenga que ir tras él de nuevo a coger el siguiente premio. Repítelo diez veces.

3. Aumenta la dificultad esperando a que tu perro se acerque hacia el bozal antes de marcar con el "Bien" y premiar en el bozal (retirándolo cuando se coma el premio). Repite hasta que veas que quiere acercarse al bozal al menos ocho de cada diez veces.

4. Sube el criterio esperando a que tu perro meta la nariz en el bozal antes de marcar y premiar en él. Repite hasta que toque el bozal con el hocico ocho de cada diez veces.

5. Trabajando en bloques de diez repeticiones, empieza a premiar sólo cuando tu perro mantenga la nariz en el bozal por lo menos un segundo. Repite hasta que sea capaz de estar dentro un segundo al menos ocho de cada diez veces. Después aumenta la dificultad a 2, 4, 8, 10, 15, 20, 25, y 30 segundos. Si le resulta muy difícil a tu perro, te recomiendo que le enseñes un target de nariz en un post-it o similar, y a mantenerlo durante varios segundos. Después puedes meter el postit en el bozal para enseñarle a tocarlo y mantener el hocico en el bozal durante más tiempo.

6. Ahora aléjate un poco, para que tenga que venir de más lejos a tocar el bozal con su hocico. Ya tenía que hacerlo cuando retirabas el bozal de su nariz tras comer cada premio. Empieza ahora alejándote 1 metro cuando coma cada premio, y ve subiendo el criterio hasta los 2 metros cuando veas que avanza. Cuando subas la distancia, tendrás que reducir otro criterio. Por ejemplo, reforzar de nuevo sólo por tocar el bozal en diez ocasiones, y después volver a pedirle que meta el hocico por completo en el bozal, y si todo va bien, empieza a pedirle más duración con bloques de 10 repeticiones manteniendo 2, 8, 15, y 30 segundos.

7. Ahora que has conseguido que tu perro meta el hocico en el bozal cuando se lo muestras, puedes fingir que enganchas las cintas de ajuste, simplemente sujetándolas con tus manos durante medio segundo. Marca y premia en el bozal Repite unas diez veces.

8. Aumenta gradualmente el tiempo que sujetas las cintas tras su cabeza, y empieza a unir los enganches. Seguirás marcando y premiando por mantener. Si empieza a usar sus patas, probablemente significa que le has pedido demasiado, y demasiado pronto. En ese momento, pídele que realice cualquier conducta, como un Sentado, y entonces prémiale en el bozal, aprovechando para retirárselo mientras come.

9. Practica en lugares diferentes, y con distintos tipos de distracciones. También puedes dejar el bozal colgando sujeto al collar y jugar un rato a traer la pelota, o hacer una sesión de búsqueda con premios por el suelo.

10. Sigue premiando a tu perro cada vez que lleve puesto el bozal, ya sea con comida, juguetes, atención, o cualquier cosa que le haga feliz.

Nunca olvides que los perros son extraordinariamente buenos para aprender qué cosas pueden predecir la aparición de una amenaza o preservar su seguridad. Así que no seas brusco con él la primera vez que le pongas el bozal durante 30 segundos. Me refiero a cosas como cortarle las uñas, llevarle a un chequeo veterinario, empezar a presentarle perros (si eso le asusta), o salir de paseo si es algo que le hace sentir inseguro. Aún cuando el bozal sirve para evitar mordeduras, pónselo en cualquier otra ocasión en la que simplemente estés pasando un buen rato con tu perro, para que así se convierta en otro elemento habitual de su vestuario. Para aquellos que aprendáis mejor de un modo visual, podéis ver mi video sobre cómo entrenar al perro para llevar el bozal en Youtube. Chirag Patel y Emily Larlham también tienen sus propias técnicas en Youtube (DomesticatedManners y Kikopup, respectivamente).

Uno de los modos que se me ocurrió para ayudar a que el bozal fuera algo muy positivo para el perro, fue convertirlo en un "Bozahelado". Cubre la parte frontal del bozal con plástico y mete comida húmeda para pero, aproximadamente un centímetro de grosor, apretando hasta el fondo, de modo que el bozal es ahora un bol de comida. Mételo en el congelador. Cuando esté congelado, retira el plástico y ponle el bozal a tu perro una vez que ya esté entrenado en ponérselo. También es un buen sistema para cuando esperas visita en casa. Tu perro debería estar a gusto en un 99,99% junto a los visitantes, pero el bozal es una ayuda extra. El Bozahelado distrae a tu perro cuando llega la visita y convierte ese 99,99% en un 99,999999%. Puedes ponérselo por lo menos 30 segundos antes de que perciba la presencia de desconocidos, o justo después de que (de manera segura) sienta su presencia. Yo sólo haría éste último caso si tu perro realmente adora su Bozahelado.

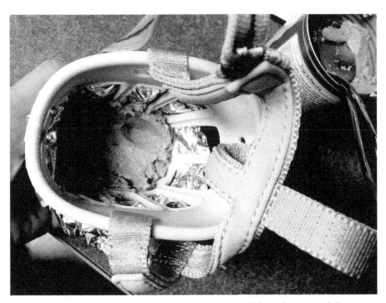

Bozahelado recién salido del congelador. Convierte el bozal en un delicioso manjar.

En caso de que aún lo dudes, yo creo que las mordeduras de perro deben ser rigurosamente prevenidas. Como sabiamente dijo Yoda en *Star Wars:* "Hazlo, o no lo hagas. Pero no lo intentes". Diseñar un entorno de seguridad para tu perro es esencial cuando decides acoger en tu casa a un perro con un historial de agresiones, y es igualmente importante aunque no haya mordido nunca. Cualquier perro morderá, con la suficiente provocación. Muchas regiones permiten legalmente "una primera agresión", pero incluso una única mordedura puede ser suficiente para llevar al perro a eutanasiar, dependiendo de las leyes locales, y la gravedad de la mordedura.

Por ejemplo, un perro en Seattle que cause una herida que requiera dos o más puntos de sutura a una persona, sería automáticamente clasificado como "peligroso" y debe ser autanasiado o expulsado de la ciudad (ver Bibliografía). Dada la severidad de las consecuencias, prevenir mordeduras es algo crucial. Entrenar lleva su tiempo, pero una buena gestión del comportamiento les da a los perros una oportunidad para cambiar sus pautas de conducta.

Productos útiles para tratar la reactividad canina

- **Calming Cap:** se coloca sobre los ojos para calmar al perro, es especialmente útil para reducir la estimulación visual, como cuando el perro está en el coche o en el ascensor. Diseñado por Trish King.

- **Clicker:** una pequeña cajita que emite un sonido, al que siempre le sigue la aparición de un reforzador. Yo sólo uso el clicker con refuerzos tangibles como comida o juguetes.

Clicker de caja

- **Cerco para cachorros:** es una jaula portátil, como una puerta para bebés con paneles adicionales. Se emplea para delimitar áreas de las que quieres mantener al perro alejado, o como barreras para presentaciones entre perros y señuelos. Pueden ser metálicas o de plástico.

- **Arnés de enganche frontal:** es un arnés con un anillo en el pecho donde se engancha el mosquetón, dándote una buena palanca para frenarle si tu perro tira de la correa o se abalanza sobre algo (visualízalo). Sin embargo, siempre que sea posible, utiliza un arnés de enganche trasero, para facilitar su equilibrio y libertad de movimiento.

- **Ronzal:** son collares con un lazo alrededor del hocico, y otro en torno al cuello, como las bridas de un caballo. Hay multitud de modelos y diseños, como el K9 bridle, Comfort Trainer, Halti, o el Gentle Leader. Te ayudan a controlar el movimiento de la cabeza de tu perro, lo cual puede ser útil en caso de emergencia, pero son demasiado restrictivos para las sesiones BAT. Debes habituarle a llevarlo puesto, como harías con un bozal. No es la herramienta de paseo más amable que existe, pero siguen siendo mejor que un collar de ahogo, y deberían emplearse sólo si aún con buenas técnicas de correa, las otras herramientas son insuficientes. Utiliza una correa de doble mosquetón enganchada también a un arnés u otro punto de apoyo.

- **Correa:** usa una de 5 metros junto con una buena técnica de manejo para las sesiones BAT. Todo perro debe estar bajo control en espacios públicos, y desde luego atado si se asusta fácilmente, muerde, o asusta a alguien poniéndose demasiado amistoso. En zonas donde estés tentado de soltarle, una correa de 5 a 15 metros atada a un arnés de enganche trasero le da una gran libertad de acción sin comprometer completamente la seguridad.

- **Móvil:** te permitirá llamar en caso de necesitar ayuda. Atiende a tu perro, en lugar de chatear cuando estáis de paseo, pero lleva un móvil por seguridad y para grabar algún vídeo.

- **Bozal:** enseñando a tu perro a llevar un bozal, aumentas drásticamente la seguridad en los trabajos a corta distancia. Úsalo con supervisión y entrénalo previamente.

- **Spray de Seguridad:** un spray de citronella que pueda repeler a perros sueltos que vienen descontrolados, y detener la mayoría de las peleas. En algunos países es ilegal por ser un aversivo. Agua o el confeti pueden servir igualmente.

- **Camisetas Anti-Estrés:** las camisetas Thundershirt y Anxiety Wrap reducen la ansiedad envolviendo al perro. Especialmente útil para perros sensibles a los ruidos

- **Bolsa de Premios:** una fuente accesible de premios, siempre útil en los paseos.

Las bolsas de premios son esenciales para tener un acceso instantáneo a los reforzadores. Busca que sean fáciles de abrir, con cierres seguros, lavables, y con bolsillos extra.

- **Arnés/Peto/Correa/Chaleco/Cinta:** al llevar puesto un elemento amarillo tu perro muestra que necesita espacio, por motivos físicos o emocionales. Aún así, no es una norma universalmente conocida, por lo que un chaleco con la frase: "Necesito Espacio" es mejor que "Cuidado Muerdo", por ejemplo.

Creo que ahora ya ¡sí estás listo para empezar a trabajar con BAT!
Empecemos con una detallada exposición sobre lenguaje corporal.

CAPÍTULO 4

Cómo Prevenir los Problemas

La mayoría de perros que se abalanzan, ladran o muerden, no son unos asesinos desequilibrados que salen buscando otros perros o personas a los que agredir por diversión. Si pudiéramos traducir lo que significan sus embestidas o ladridos a ciertos detonantes, sería por lo general un "¡Vete de aquí!" (ira), "¡Ven, corre a jugar conmigo!" (frustración), o "¡Déjame alejarme hasta un lugar seguro!" (miedo).

Así que cuando se abalanza, ladra, etc. su intención normalmente se reduce a aumentar o reducir la distancia entre él y el detonante. Cuando trabajamos a la distancia correcta, el perro es capaz de moverse con más libertad y recabar información. Puede prestar atención a su entorno y no necesita salir huyendo o arremeter contra el detonante. Aunque suelo hablar de perros que tienen miedo del detonante, BAT también funciona para perros que salen disparados para atacar al detonante, o los que simplemente quieren jugar.

¿De dónde vino esa reacción? ¿Por qué respondió así?

En cierto sentido, es irrelevante. Debemos observar en cada momento para analizar lo que el perro necesita, y mantenerle a una distancia a la que pueda aprender de manera natural. Existen algunas sutiles diferencias sobre cómo elegir las consecuencias que reforzarán al perro. Recuerda que en BAT generalmente queremos que el perro provoque sus propias consecuencias, pero habrá ocasiones en las que tendremos que intervenir para ayudarle.

Este perro está claramente intentando evitar algo que le preocupa.

- **Miedo/Evitación:** "¡Quiero irme de aquí!" Alejarse del detonante es el mejor refuerzo funcional, aunque hacer que el detonante se aleje también es reforzante. Cómo observarlo: el centro de gravedad del perro baja y se aleja del detonante (con la parte trasera encogida, patas semiflexionadas) o el perro alterna embistiendo y alejándose.

- **Ira/Furia:** "¡Quiero que te vayas!." Que el detonante se aleje, es lo más reforzante. Sin embargo, yo hago que se aleje mi perro "alumno" igualmente, como refuerzo funcional, porque es una buena estrategia tanto para el cuidador como para el perro, y sigue siendo efectivo porque reduce el estrés al aumentar la distancia con el detonante.

- **Frustración:** "¡Quiero acercarme más a ti!" Irónicamente, en este caso, parece igual de reforzante acercarse como alejarse del detonante. Cómo observarlo: el perro está muy inquieto, vocaliza, y finalmente saluda sin pelearse cuando se le permite acercarse lo bastante, aunque su forma brusca de presentarse puede provocar que el otro perro inicie una pelea.

Los perros también pueden mostrar una combinación de las emociones descritas. Por ejemplo, un perro que normalmente evita a las personas, podría mostrar agresión territorial cerca de su domicilio, de modo que su conducta es una muestra de miedo e ira. Esa ira es una reacción a una supuesta violación de las normas aceptadas, por ejemplo "esto es mío, eso es tuyo", es decir que tanto la territorialidad como la posesión de recursos responden a casos de ira. Aunque la ciencia ha evitado tradicionalmente emplear términos antropomórficos como el miedo o la ira, estudios recientes parecen indicar que realmente los perros sí tienen esas emociones primarias. Puedes leer el excelente libro de Patricia McConnell's: "*Por el Amor de un Perro*" o el de Alexandra Horowitz's: "*En la mente de un Perro*" para más información sobre las recientes investigaciones respecto a emoción y cognición caninas. (ver Bibliografía).

"Aléjate colega, me estás molestando" Enseñando así los dientes muestra una combinación de miedo y enfado.

¡VETE! Inclinarse adelante mostrando los dientes, es una conducta para aumentar la distancia con el detonante.

El Campo Magnético

En cualquier situación social, el detonante tiene una especie de "campo magnético" que atrae a ciertos perros que muestran una conducta agresiva, independientemente de la emoción que la motive. Yo lo llamo "el efecto imán". Con ello me refiero a que cuando el perro se acerca mucho, parece quedar atrapado en ese campo magnético y no puede escapar. Preferiría alejarse del *monstruo* y poner distancia de por medio, pero es como si antes quisiera ponerse a ladrar, gruñir, o incluso agredir. Probablemente es porque así se asegurará de que el monstruo le permitirá escapar después, o se mantendrá lejos la próxima vez que le vea. Cuando ladrar, gruñir o morder le sirven para sentirse seguro, está obteniendo un refuerzo funcional, y será más probable que repita esa conducta en próximas ocasiones. Por ese motivo he dedicado tanto espacio a explicar a fondo la importancia de una buena gestión en el Capítulo 3—tienes que evitar que tu perro practique su reactividad, porque tiene todas las de perder.

Los detonantes pueden atrapar a tu perro como si fueran un imán.
Mantén a tu perro a distancia cuando los detonantes tengan un gran "campo magnético".

En cierta ocasión, durante la primera consulta, expliqué el concepto de los refuerzos funcionales a una pareja que cuidaba a Gigi, un boyero australiano mestizo con miedos y problemas de territorialidad. Mis clientes dijeron que les era difícil creer que Gigi quisiera poner distancia entre ella y el resto de perros, porque siempre era ella la que corría persiguiéndoles. Se había escapado del jardín una vez y corrió tras un perro por toda la avenida para finalmente atacarle, provocándole heridas que requirieron atención veterinaria. Entonces les pregunté si deducían que lo que quería Gigi era que el otro perro estuviera más cerca de ella, persiguiéndole para poder estar a su lado. Se rieron y respondieron: "¡por supuesto que no, ella quería quitarse de en medio al perro!". Creo que Gigi estaba mostrando de una manera muy clara, que no quería ver al otro perro cerca de su casa. Como suele decirse: "La mejor defensa es un buen ataque".

Aún así no parecían muy convencidos de que Gigi pudiera encontrar beneficioso alejarse del detonante, hasta que fuimos a la calle a practicar. Siempre existe una distancia, lejos del umbral de reactividad, donde los perros no se sienten atrapados por el "campo magnético", y en la que son felices de poder moverse libremente y poner la distancia que necesitan entre ellos y el detonante. Con Gigi encontramos rápidamente esa zona. Apenas miraba a nuestro perro señuelo y enseguida miraba a otro lado. Esto fue cuando aún enseñaba BAT 1.0, en el que el propietario decía "Muy Bien" y se alejaba del otro perro. El lenguaje corporal de Gigi era relajado y feliz cuando se alejaba. La pareja comentó cómo Gigi parecía tan orgullosa de sí misma, y que parecía prestarles más atención que de costumbre. Si hubiéramos acercado a Gigi demasiado, seguramente habríamos provocado que empezara a ladrar y embestir al otro perro, y habrían tenido que sacarla tirando de la correa en lugar de permitirla alejarse trotando felizmente con ellos. Nota: en BAT 2.0, habría empezado más lejos con Gigi, a una distancia en la que ni siquiera se hubiera quedado mirando al otro perro, sino que hubiera explorado el entorno, recogiendo información sobre el perro señuelo con algún vistazo casual.

Cuando empezamos a entrenar, el campo magnético es demasiado fuerte a distancias cortas, pero siempre hay una distancia a la que los perros se sienten cómodos de recabar información sobre el detonante sin salir huyendo o lanzarse a atacarle. En el Capítulo 6, te explicaré algunas maneras de preparar puestas en escena, es decir, cómo preparar entornos para que tu perro aún estando interesado en el detonante, se sienta confortable para investigar. Usando BAT, la distancia al detonante con la que tu perro puede sentirse relajado e incluso desinteresado, puede eventualmente reducirse a cero.

Manteniendo las distancias con la Señales de Calma

Los perros disponen de muchas maneras de decir cuándo necesitan más espacio, variando desde la educada versión canina de: "me estás incomodando, por favor sepárate un poco", hasta la más hostil: "¡vete o te mataré!". Lo llamamos señales de calma o apaciguamiento, o conductas para aumentar la distancia. Los perros suelen ir pasando de gruñir, a embestir, y a morder, cuando las señales más sutiles para evitar un conflicto no han surtido efecto. Mirar a otro lado, girarse, o directamente alejarse del detonante, son señales de calma menos amenazantes. Cuando son atendidas, el perro no necesita recurrir a lo que la mayoría de la gente califica como "agresión".

Bárbara Handleman define las señales de calma como: "Señales de corte provenientes de otro animal. Muestras inequívocas de que no se desea más interacción" (ver Bibliografía). Aprender a reconocer las señales de calma más educadas o aceptables, y fomentar las situaciones en las que sean atendidas y respetadas, te ayudará a atender las necesidades de tu perro de seguridad y distancia.

Mi objetivo al entrenar, es ayudar a los perros con problemas de reactividad para que confíen en sus versiones más educadas de las señales de calma, en lugar de conductas que se muestran como una agresión. Con "señales de calma educadas", o "buenas elecciones", me refiero a señales de calma no confrontacionales, que aún siendo más sutiles, son igualmente entendidas por la mayoría de perros. Probablemente debería usar un término menos ambiguo que "buenas elecciones" porque lo opuesto son "malas elecciones" y de ahí a decir "un perro malo" hay una línea muy delgada, y es una expresión que nunca utilizo. Pero los clientes parecen entender las "buenas elecciones" mucho más rápido que "conductas sustitutivas" o incluso "señales de calma educadas", así que lo empleo, con una pequeña punzada interior.

En este apartado, me referiré principalmente a perros que muestran miedo o agresión, pero si tu perro está muy ansioso por jugar con otros perros, el problema no es que el resto de perros ignoren sus señales de calma, sino que él no está atendiendo las necesidades de espacio de los demás. BAT ayudará a tu perro a aprender a acercarse más lentamente y tomarse el tiempo de intercambiar señales de calma. Es importante abordar la frustración de manera que le enseñe al perro que no hay nada que temer ni por qué enloquecer. Usa BAT para ayudar a tu perro a comprender que será capaz de saludar al otro perro, pero que puede hacerlo sin el estado de excitación que normalmente tiene en esa situación.

Para la mayoría de perros que muestran signos de miedo o agresión, la reactividad pudo haber comenzado como fruto de la frustración, pero después una vida llena de presentaciones desastrosas con la correa, y correcciones de correa, les han llevado a tener miedo de lo que pueda pasar cuando están cerca de otros perros mientras están atados.

Con técnicas de adiestramiento confrontacionales, las señales de calma (tanto las sutiles como las más directas) son ignoradas o incluso castigadas. Los perros son obligados entonces a emplear señales mucho más obvias como ladrar y gruñir, lo cual puede derivar directamente en una agresión cuando ya no pueden soportar más la situación.

Las señales de calma más educadas, son prácticamente el mismo conjunto de conductas que tú, como ser humano, harías cuando un completo extraño trata de mirarte al encontraros en el ascensor. Son maneras sutiles de establecer barreras, que dicen: "estás pasando una línea que me incomoda". Quebrantar una barrera puede referirse a un espacio físico, como cuando la persona está demasiado cerca. Pero también puede referirse a lo que la otra persona está haciendo, en lugar de dónde está: mirándote fijamente, insultándote, acercándose a ti, o haciéndote sentir abrumado de cualquier otro modo.

Piensa por un momento qué harías en la situación del ascensor. Personalmente, yo rompería el contacto visual, giraría mi cabeza o mi cuerpo entero, evitaría los movimientos bruscos, y quizá haría algunas **conductas de desplazamiento** sin sentido, como mirarme las uñas, o sacar el móvil. Si el desconocido no respeta mi espacio y da un paso hacia mí, quizá me pondría más asertiva de un modo que algunos podrían calificar de "reactivo" en un perro— erguirme, ponerme en guardia, mirarle fijamente a los ojos, inclinarme hacia él o acercarme, , fruncir mi ceño, agravar mi tono de voz, y decirle que se aparte.

Los perros también necesitan su espacio y emplean muchas de esas señales de apaciguamiento. Encontrarse a otro perro estando atados, en un paseo estrecho, puede parecerse mucho a estar con un desconocido en un ascensor. Si ves que tu perro muestra una señal de calma educada, asegúrate que es atendida por el otro perro o persona, o que tu perro tiene suficiente espacio para apartarse. Si se siente atrapado, ayúdale. Si es tu perro el despreocupado que va por la calle sin darse cuenta de las señales del perro que viene de frente, ayuda y retírale.

Aquí hay algunos ejemplos de las típicas señales de calma educadas que muestran los perros:

- Apartar la mirada del detonante

- Girar la cabeza a otro lado

- Sacar la lengua/lamerse el hocico

- Girar el cuerpo en dirección opuesta al detonante

- Olfatear el suelo

- Suspirar

- Sacudirse (como si estuviera mojado)

Lamerse el hocico puede indicar expectativa o una señal de calma educada que refleja estrés.

BUENAS DECISIONES

SEÑALES DE CALMA EDUCADAS

GIRO DE CABEZA
o quitar la mirada del
detonante

OLISQUEAR EL SUELO

GIRAR EL CUERPO
columna relajada

RASCARSE

LAMERSE EL BELFO
o la trufa

BOSTEZAR
como estresado

SACUDIRSE
libera estrés

MUESTRA CURIOSIDAD

OJOS RELAJADOS
"Soy amigable"

OREJAS NEUTRAS
relajado

ARQUEADO
"Soy amigable"

OLISQUEAR UN RASTRO
donde acaba de estar el otro perro

OLFATEAR EL TRASERO
del otro perro

Las señales de calma más educadas, tales como apartar la mirada, o girar el cuerpo, son unas excelentes conductas sustitutivas para la reactividad, porque son maneras más amigables de conseguir el mismo objetivo que obtendrían ladrando, mordiendo, huyendo...etc. Todas las conductas del listado anterior ayudan al perro a definir sus límites, y sentirse seguro. Si tu perro tiene miedo al detonante, eso indica que un aumento de distancia y seguridad es el objetivo final de realizar las señales de calma, ya sean en su expresión más educada o de aspecto agresivo. Las puestas en escena BAT le enseñan que puede conseguir lo que busca de un modo eficiente, realizando otra conducta más fácil y educada.

Los giros de cabeza y algunas de las demás señales de calma, probablemente ya forman parte del repertorio de tu perro cuando se encuentra algo que le estresa ligeramente, simplemente no las realiza de manera sistemática o quizá ha tratado de usarlas y no sirvieron de mucho, por lo que empezó a usar las expresiones más extremas: la reactividad. BAT prepara situaciones en las que el perro se siente a gusto explorando y cuando necesita más espacio, sus señales de calma son eficaces. Esto construye un nuevo hábito de manera que tu perro comienza a usarlas automáticamente, en lugar de recurrir a la agresión o la huida. Las buenas noticias son que sirven igualmente para fomentar el autocontrol en perros cuya emoción principal es la frustración por acercarse a saludar.

Si tu perro ve a otro perro desde suficiente distancia, comprobará la situación durante un momento, y continuará su camino. El nivel de interés o de miedo, a ciertas distancias, es mínimo. Tu perro realizará señales de calma espontáneas sin que tengas que pedírselo. Eso es lo que entrenamos en las puestas en escena BAT. En distancias más cortas o cuando tu perro necesite una ayuda extra, puedes reforzar específicamente las señales de calma y ayudarle a alejarse como refuerzo funcional y para relajarse. BAT es eficaz porque escoges conductas sustitutivas que ya forman parte del repertorio natural de tu perro, por lo que su cerebro asocia en el acto las conductas sustitutivas con el refuerzo funcional, cuando el detonante es suficientemente tenue.

> Consejo para Pros: Las conductas sustitutivas son específicas para cada especie, pero también pueden variar dentro de una misma especie. Cuando entrenas BAT con otras especies, como pájaros, caballos, o humanos, refuerza las conductas sustitutivas que un ejemplar "normal" de la especie realizaría en esa situación.

Darle al perro la oportunidad de practicar conductas sustitutivas que están asociadas de manera natural con el refuerzo funcional, tiene un gran beneficio adicional. En cuanto tu perro comprende la relación entre su conducta y las consecuencias, el   entorno empezará a entrenar a tu perro automáticamente por ti. Por ejemplo, si le has enseñado que se aleje de una persona si necesita más espacio, esa conducta funcionará en la vida real igualmente. La mayoría de adultos dejarán a tu perro en paz si ven que se aleja de ellos. Lo he comprobado en numerosas ocasiones con clientes, al igual que con Peanut y Bean.

¡Tenemos problemas!

Cuando las señales de calma sutiles no son suficiente para que el perro proteja su espacio del detonante, su siguiente conducta es normalmente una versión más exagerada de esa misma expresión, como alejarse de él. Si las señales educadas no funcionan, o si el perro está demasiado cerca del detonante para mostrárselas, es probable que suba a nivel de amenaza, como yo hacía en el ejemplo del ascensor. Cuando la mayoría de personas piensan que un perro es reactivo, el problema no es que la conducta exista, sino que el perro no ha perseverado lo suficiente en ofrecer las señales más educadas para pedir espacio. Eso normalmente se debe a una falta de refuerzo en esas conductas (nadie las ha atendido) en ese contexto. Si observas alguna señal de calma, presta atención y estate preparado para intervenir si es necesario. Si las señales son educadas y el otro animal o persona responde a su petición de más espacio, simplemente mantente al margen. Si no se lo permiten, puedes ayudarle alejando al detonante, llamando a tu perro (si es seguro hacerlo), o reduciendo la intensidad del detonante. Si tu perro comienza a mostrar signos de amenaza o el nivel de excitación puede empeorar, ayuda a tu perro a escoger una mejor alternativa inmediatamente, indicándoselo con señales como un ligero cambio en tu postura para alejaros, o incluso pedirle alguna conducta que ya conozca. Procura no abusar de pedirle conductas. Trata de usar invitaciones lo menos intrusivas posible que creas que pueden funcionar, para que sea principalmente una decisión de tu perro. Dicho esto, si ves que vienen problemas, no dudes en llamar a tu perro a tu lado o pedirle un Target de mano (ver Apéndice 1).

Indícale la conducta adecuada sólo cuando lo necesite, y si tienes que llamarle para apartarle, revisa después la situación y modifícala para que no tengas que hacerlo de nuevo. El objetivo es preparar escenarios de modo que tu perro pueda practicar el tomar sus propias decisiones sin tu ayuda. Pero en ocasiones tendrás que pedirle conductas, especialmente en el mundo real. En situaciones sorpresivas en las que ves que tu perro traspasará su umbral de reactividad, llámale sin dudarlo. Si ves que tienes tiempo, usa una **señal gradual.**

Señales graduales del guía

Ésta es una lista de señales graduales, que puedes realizar para ayudar a calmar a tu perro si se queda mirando al detonante el estrés va en aumento. Comienza con las señales menos intrusivas y termina con las más asertivas. Intenta usar las primeras, porque le dan a tu perro más opciones de aprender por sí mismo sin depender de tus indicaciones. No tendrás tiempo de usarlas todas, sólo las menos intrusivas que creas que pueden funcionar. Si tu perro lo está pasando mal mientras se aleja del detonante, marca cualquier muestra de desconexión, alejaos, y premia (mira *Marca y Muévete* en el Capítulo 7). Cada perro mostrará una respuesta diferente a cada indicación así que el orden puede ser algo distinto para tu perro.

- Relaja tus hombros

- Cambia el peso de una pierna a otra

- Relajadamente felicita a tu perro por mirar

- Pivota/Gira tus pies

- Suspira o bosteza

- Tose

- Mueve tu mano o tu cuerpo dentro de su visión periférica

  (en perros es de 270 grados, en lugar de nuestra visión de 180 grados)

- Sonido de beso al aire

- Di su nombre

- Señal de "Suelta"

- Señal de "Ven aquí" o "Vámonos"

- Tirar como un mimo (ver Técnicas de Correa en el Capítulo 5)

- Llévatelo con la correa (puede provocar una reacción explosiva)

Conductas que indican que
DEBERÍAS AYUDARLE *

Tu perro podría desencadenar una respuesta reactiva si no le ayudas enseguida a desconectar, o rebajas la intensidad del detonante.

LA COLA ARRIBA COMO UNA BANDERA
podría menearse aún con el cuerpo rígido

PELO ERIZÁNDOSE

EXPRESIÓN "CONGELADA"

"PERRO ERGUIDO"

DE PUNTILLAS

CIERRA LA BOCA
cuando ve al detonante

PIEL ARRUGADA
sobre belfos, tras la nariz, o en la frente

"OJOS DE BALLENA"
Rápido giro de cabeza y se bloquea, pero los ojos siguen enfocados en el detonante

RIGIDEZ y/o CONTACTO VISUAL FIJO
con el otro perro/persona

GEMIR o GRUÑIR
+ piel del morro arrugada

* Si sabes que tu perro podrá calmarse por sí mismo, espera y y alejaos tras desconectar

Las siguientes fotografías muestran ejemplos de señales graduales que animan a un perro a alejarse en lugar de ladrar, cuando va a sobrepasar su umbral de reactividad.

Su cola empezó a levantarse, así que su guía lanzó un beso al aire
para captar su atención, y animarle a cambiar de dirección.

Indicación más intrusiva: un sonoro beso al aire y tocarle ligeramente con el dedo

¡Tocarle funcionó para ayudarle a desconectar!

Marcando el giro con un "¡Muy Bien!"

Refuerza el giro alejándoos y premiando después.

He diseñado un diagrama de estrés para ayudar a entender las diversas conductas que un perro realiza al encontrarse con un detonante. Algunos perros se muestran más grandes/altos, y otros se hacen más pequeños/invisibles. En todo caso un cambio en la posición neutra indica que el perro puede necesitar tu ayuda.

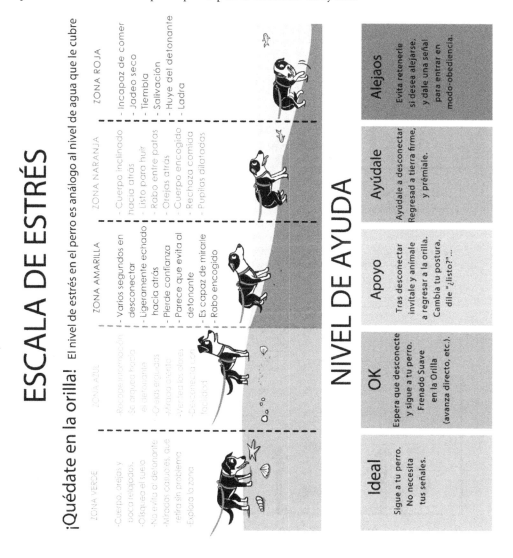

Acumulación de detonantes: "¡¿Otro Impacto?!"

La acumulación de detonantes es una de las razones por las que tu perro puede llegar a parecer impredecible. Eventos que desencadenan una reacción en tu perro, que ocurren muy cerca en el tiempo, pueden acumularse y hacer que tu perro supere su umbral de reactividad. Los diversos estímulos que afectan a tu perro tienen propiedad aditiva, de modo que si por ejemplo a tu perro le estresan un 5% los sombreros, y un 10% los desconocidos, el estrés total no es el mayor de los dos, sino un 15% o incluso más, porque ahora tu perro está preocupado por dos eventos alarmantes

ACUMULACIÓN DE DETONANTES

Ejemplo: algunos detonantes y sus intensidades

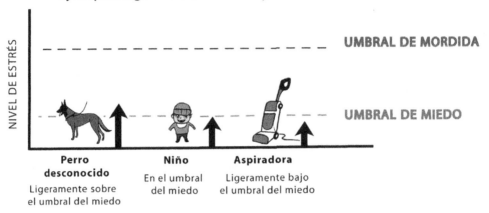

UMBRAL DE MORDIDA

UMBRAL DE MIEDO

NIVEL DE ESTRÉS

Perro desconocido
Ligeramente sobre el umbral del miedo

Niño
En el umbral del miedo

Aspiradora
Ligeramente bajo el umbral del miedo

Cada vez que un perro se expone a un detonante, se produce en su cerebro una liberacion de las hormonas del estrés, que se acumulan conforme pasa el tiempo

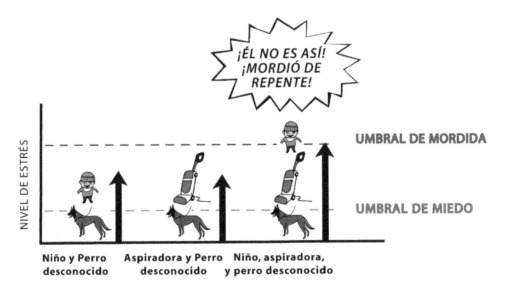

¡ÉL NO ES ASÍ! ¡MORDIÓ DE REPENTE!

UMBRAL DE MORDIDA

UMBRAL DE MIEDO

NIVEL DE ESTRÉS

Niño y Perro desconocido

Aspiradora y Perro desconocido

Niño, aspiradora, y perro desconocido

EL ESTRÉS DE LOS DETONANTES ES ACUMULATIVO, independientemente del "Umbral de Miedo" y el "Umbral de Mordida" particulares de cada perro.

Los perros no muerden sin avisar

Digamos que nuestro perro Charlie muerde cuando su nivel de estrés llega a un 30%. Si pasa cerca de un desconocido con sombrero, es muy probable que Charlie le muerda. Si además se estresa un 10% por alguien que haya en la puerta, y un 10% por el sonido del timbre de la casa, entonces un desconocido con sombrero que llame al timbre de la casa y entre por la puerta hará que Charlie pase de largo su umbral de reactividad y recibirá una buena mordedura de Charlie.

Las gráficas de la página anterior ilustran cómo funciona la acumulación de detonantes. El gráfico superior muestra cómo el estrés es aditivo cuando dos o más detonantes ocurren simultáneamente o muy cerca en el tiempo. Al estar preparado ante eventuales acumulaciones de detonantes, y evitándolo cuando sea posible, podrás reducir el nivel global de estrés en tu perro y aumentar en tu entrenamiento las probabilidades de éxito.

Señales de estrés: aléjate, tómate un descanso, o termina el entrenamiento por hoy.

Las puestas en escena BAT (ver Capítulo 6 para más información) idealmente deberían realizarse a un nivel bajo de estrés, y ciertamente no ser más estresantes que uno de sus paseos rutinarios. Si pudieras preguntarle al perro: "¿te apetece repetir el ejercicio?", la respuesta debería ser "Sí". No podemos garantizar siempre sesiones completamente exentas de estrés, pero sí que podemos preparar un entorno mejor que lo que encuentra habitualmente. Si observas indicios de que tu perro está a un nivel de estrés más alto que su estándar, modifica algo en el "guión". Tomad un descanso, retira al detonante, aléjate más...etc. Hay más trucos en la sección de *Solución de Imprevistos*, pero sé que muchos trataréis de empezar ya mismo a intentar entrenar a vuestro perro, antes de haber terminado el libro, así que muestro aquí las láminas sobre el estrés porque quiero que tengáis una imagen en vuestra mente, de las conductas que delatan que algo empieza a ir mal. Aún así ¡leed el libro al completo!

Si existe algún problema fisiológico que provoque en tu perro dolor o incomodidad, resuélvelo antes de hacer sesiones BAT con un detonante. Si el nivel habitual de estrés de tu perro es alto, también te recomiendo que esperes a practicar BAT hasta que consigas reducir su nivel general de estrés. Puedes conseguirlo mediante un programa antiestrés nutricional (incluyendo posiblemente suplementos de vitamina B), juegos mentales, masajes, gestión del entorno, sesiones de relajación, cambios de rutinas, etc. Puede que tengas que suspender otras clases que realices con tu perro, o trayectos que hagas con él en los que paséis demasiado cerca de detonantes. Te recomiendo firmemente el excelente libro de Anders Hallgren: "Estrés, Ansiedad y Agresividad en Perros", *"Chill Out Fido"* de Nan Arthur y *"Real Dog Yoga"* de Jo-Rosie Haffenden's (ver Bibliografía). Igualmente te recomendaría que aprendas las técnicas de correa para BAT y que realices el *Marca y Muévete* si tu perro se encuentra con algún detonante.

Atiende siempre la necesidad de libertad de movimiento y espacio de tu perro, y ayuda a los demás a conseguirlo también. En las siguientes páginas he incluido una serie de señales de estrés, a observar cuando practiques en las sesiones BAT.

SEÑALES DE ESTRÉS

Siempre existe una lección emocional. Si tu perro está estresado, debes actuar. Haz un descanso, termina la sesión, enriquecimiento ambiental, y/o haz el Frenado Suave

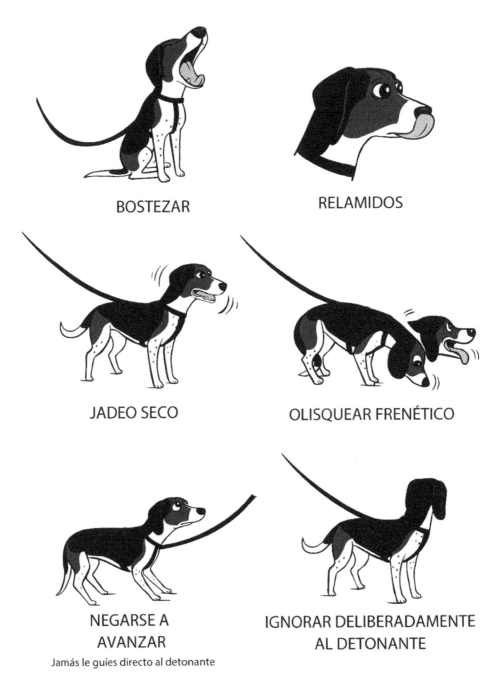

BOSTEZAR

RELAMIDOS

JADEO SECO

OLISQUEAR FRENÉTICO

NEGARSE A
AVANZAR

Jamás le guíes directo al detonante

IGNORAR DELIBERADAMENTE
AL DETONANTE

TEMBLAR ENCOGIDO,
EXPRESIÓN PREOCUPADA

músculos tensos

MIRAR AL DETONANTE
TRAS ALEJARSE

PATAS SUDOROSAS
CASPA & TIRITANDO

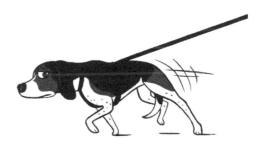

HUIR DEL DETONANTE

BUSCAR ALERTA
EL PELIGRO

LADRAR, ABALANZARSE

CAPÍTULO 5

Técnicas de Correa para Mayor Seguridad y Libertad

Puedes practicar BAT con el perro suelto, usando una barrera para mantener la distancia suficiente con el detonante. Sin embargo, la mayoría de las veces comenzamos con un arnés y una correa larga (15 pies/5 metros) y a partir de ahí avanzamos hasta las sesiones sin correa. Empleando las técnicas de manejo con correa que verás en este capítulo, podrás darle a tu perro la misma sensación de libertad, manteniendo un buen nivel de seguridad. La sensación de libertad le ayudará a tener una experiencia emocional más positiva, y a tomar mejores decisiones. A ti te servirá como transición para aprender a llevar al perro suelto.

> Consejo para Pros: practica las técnicas de correa en una sesión aparte, antes de entrenar con tu puesta en escena BAT. De hecho quizá te interese realizar dos sesiones sobre técnicas de correa: la primera para enseñar al guía las técnicas de correa, y la segunda para que se acostumbre a practicar con el perro en la zona con el escenario BAT ya preparado, pero sin el detonante. Las personas necesitan tiempo para habituarse a esta nueva forma de manejar la correa. Cuando lo enseñes, usa los nombres de las ilustraciones siguientes para cada técnica (o algún término similar que sea fácil de recordar para el cliente). Así después podrás usar esos nombres para indicar al guía que debe realizar una determinada técnica mientras entrenáis.

Siéntete libre de adaptar las técnicas de correa para adecuarse al contexto y a las capacidades físicas del guía. Puedes incluso trabajar sin correa, utilizando vallas en lugar de una larga correa para evitar que el perro se acerque demasiado al detonante. En cualquier caso asegúrate de que sigues la filosofía BAT y que tienes claro el por qué de cada paso. He añadido en cada técnica el objetivo para el que fue diseñada: Seguridad, Libertad y/o Control.

- Seguridad: Útil para emplear la correa larga sin que nadie resulte herido.
- Libertad: Permite al perro elegir en qué dirección quiere moverse.
- Control: Guía al perro provocando un cambio en su forma de moverse.

Las técnicas específicas para garantizar la Seguridad y la Libertad deberían emplearse en todo momento. Las técnicas para obtener más Control no deberían tener que usarse apenas en las sesiones BAT. Si has tenido que utilizar la correa para controlar la conducta de tu perro, probablemente puedas cambiar algo en el entorno para que pueda aprender por sí mismo.

Sigue a tu perro (Libertad)

¿Por qué?: permite a tu perro tomar decisiones y evita que de manera fortuita le expongas a sobrepasar su umbral de reactividad. Si intervienes modificas su comportamiento natural y podrías acercarle accidentalmente demasiado cerca del detonante. Todos necesitamos nuestro espacio personal.

¿Cómo?: Observa cómo tus movimientos influyen en tu perro. Ponte un poco detrás suyo y ligeramente a un lado, para que puedas verle, pero sin atraerle o incitarle a moverse en ninguna dirección con tu presencia. Muévete como si tu perro estuviera olfateando un olor, y tu no le sacaras de la pista de rastro.

Práctica: busca una pequeña zona libre de detonantes, donde el perro pueda pasear tranquilamente sin la correa. El objetivo es dejarle olfatear y explorar sin interferir sobre qué dirección elige seguir. Lanza un puñado de premios en el césped para que los busque. Mantente a una distancia de 1.5-2,5 metros para no guiarle accidentalmente en ninguna dirección. Si avanza rápidamente, simplemente permítele que vaya delante de ti y alcánzale sin prisas la siguiente vez que pare un poco más adelante. Anticipa sus movimientos y apártate cuando veas que va a cambiar de dirección. Presta mucha atención a sus movimientos de cabeza. Si no dispones de un área vallada puedes practicar esto dentro de casa. Cuando hayas aprendido todas las técnicas de correa que veremos a continuación, vuelve a practicar este ejercicio con una correa larga enganchada a su arnés.

Sujetar (Seguridad)

¿Por qué?: soltarle en cualquier lugar es un riesgo para su seguridad.

¿Cómo?: mantén una sujeción firme en una correa sin tensión. Elije qué mano llevará el asa/final de la correa. Yo empleo mi mano fuerte como **mano de anclaje.** Introduce esa mano por el asa y agarra su base. El asa formará un brazalete ajustado, y la correa correrá por la palma de tu mano quedando atrapada en la "V" formada por tus dedos pulgar e índice. Si abres la mano como si fueras a saludar a alguien, la correa debería poder salir fácilmente. Te recomiendo que lo practiques. Si llevas puestos unos guantes, quizá quieras llevar el asa por fuera de la mano, para poder soltarla en caso de ser necesario.

Práctica: Mantén tu mano relajada. La base interior de tu pulgar atrapa la correa cuando necesites el resto de dedos para otras tareas como Tirar como un Mimo.

TÉCNICAS DE CORREA

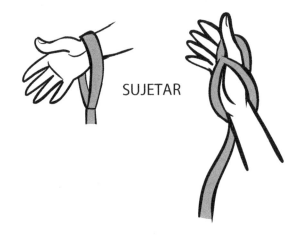

SUJETAR

Distancia de Frenado (Libertad, Seguridad, Control)

¿Por qué?: te permite detener a tu perro suavemente evitando dolor/tirones.

¿Cómo?: La mano de frenado es la que no está sujetando el asa/extremo de la correa (aunque a veces usarás la mano del asa para frenar también). La mano de frenado será la más cercana al perro. Controla la dirección de la correa y haz que no entorpezca el paso del perro. Siempre que sea posible, mantén ambas manos en la correa, como indica la siguiente ilustración.

Práctica: Pon la correa sobre tu mano de frenado. Deberías poder sujetar la correa con las palmas de las manos hacia arriba, y la correa iría desde tu mano de anclaje (1), cayendo frente a ti en forma de U, deslizar sobre la palma de tu mano de frenado (2), y salir desde tu pulgar en dirección al perro. Al sujetar la correa desde abajo, tus articulaciones están mejor alineadas, y te da un control más sutil de los movimientos de la correa mediante el dedo pulgar. La cantidad de corea entre tus manos es tu **Distancia de Frenado**: es la longitud que puedes ir dando mientras vas deteniéndote. Con tus brazos relajados a ambos lados, la correa debería ir desde tu mano de anclaje a tu mano de frenado, dejando un sobrante a la altura de tus rodillas. Ésta es la **Posición Básica.**

TÉCNICAS DE CORREA

DISTANCIA DE FRENADO

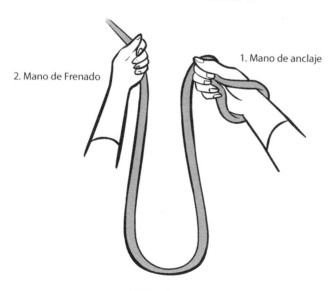

2. Mano de Frenado

1. Mano de anclaje

0,5-1 metro de correa

Acortar (Seguridad, Control)

¿Por qué?: Es más seguro mantener la correa sin tocar el suelo para evitar enredos y confusiones.

¿Cómo?: Acorta la correa para que aún sin tener tensión, se mantenga por encima de sus rodillas. Si el perro se acerca a ti o tú te aproximas a él, recoge la correa sobrante en tu mano de anclaje. Mantén tu mano de freno estable para que el perro no sienta ningún tirón de correa.

TÉCNICAS DE CORREA

ACORTAR LA CORREA

Acorta la correa cuando tu perro se detenga a olfatear o cuando venga hacia ti.

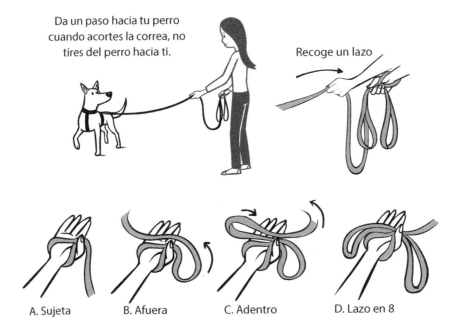

Da un paso hacia tu perro cuando acortes la correa, no tires del perro hacia ti.

Recoge un lazo

A. Sujeta   B. Afuera   C. Adentro   D. Lazo en 8

- **Arco** (recomendado): Recoge la correa con tu mano de anclaje en lazos en forma de 8 por el centro.

- **Lazos:** es como sujetar una manguera de riego, haciendo lazos con la correa. Es más fácil, pero un poco menos seguro. Si tu perro sale corriendo, tus dedos podrían quedar atrapados entre los lazos.

En las siguientes fotografías, observa cómo acorto la correa recogiéndola en forma de ochos con mi mano de anclaje

Cuando tu perro pare a olisquear, acércate y acorta la correa.

Mantén tu mano de frenado preparada mientras sueltas correa con tu mano de anclaje.

Observa cómo mi mano de frenado no se mueve, para que la correa no se balancee.

En la Posición Básica, junto al perro con los brazos relajados y distancia de frenado, puedo prepararme fácilmente para el siguiente movimiento de Bean.

Alargar (Libertad)

¿Por qué?: por experiencia, sé que un perro con el movimiento restringido es más probable que muestre reactividad en forma de agresión, miedo, o frustración. Más longitud de correa le da más opciones y le permite tomar mejores decisiones. A menos que estés frenando a tu perro, la correa debería estar siempre formando una sonrisa. En perros pequeños parecerá más una media sonrisa (como la de la Mona Lisa), y en cualquier caso hará una curva pero será menos probable que se tropiece con ella.

TÉCNICAS DE CORREA

ALARGAR LA CORREA

Úsalo cuando el perro esté moviéndose más rápido que tú,
o cuando quieras animarle a que se mueva.

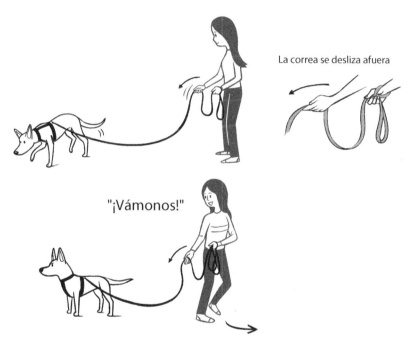

La correa se desliza afuera

"¡Vámonos!"

¿Cómo?: Si el perro se aleja de ti, suelta correa en lugar de frenarle o salir tras él.

- **La manera ruidosa** (más habitual cuando el perro se está alejando de ti): Deja que la correa deslice en tu mano de frenado. A medida que agotas tu distancia de frenado, ve soltando lazos de correa de tu mano de anclaje.

- **La manera silenciosa** (útil cuando tratas de alejarte del perro sin indicarle que te siga, como cuando está evacuando): Usa tu mano de frenado para coger un lazo de correa de tu mano de anclaje. Aléjate y baja tu mano de frenado mientras elevas tu mano de anclaje, hasta que la correa pase de dibujar una "W" a una "U" (o una sonrisa). Repite la secuencia.

Hazlo de modo silencioso, cuando no quieras distraer a tu perro.

Haz que la correa esté recta cuando la dejes salir desde tu mano de frenado.

Para minimizar vibraciones, baja tu mano de frenado y eleva tu mano de anclaje.

Desliza (Control)

¿Por qué?: te permite comunicar a tu perro que vas a detenerte, o que necesitas su atención. Empléalo cuando quieras captar su atención o a medida que vas frenando al perro.

¿Cómo?: Con una mano junto a la otra, sujetando la correa con una mano. Suavemente desliza la otra mano por la correa hacia ti, pero sin tirar realmente de la correa. (Repítelo, cambiando las manos). Ésta es la técnica Ttouch para "acariciar".

Consejo para Pros: Para evitar enredar tu mano de anclaje con un lazo, crea un tramo exterior (como verás en el paso B de la ilustración) antes de empezar a deslizar la correa.

TÉCNICAS DE CORREA

DESLIZA

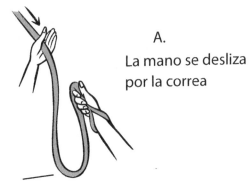

A.

La mano se desliza
por la correa

'distancia de frenado'

B.

La otra mano adelanta
desde abajo

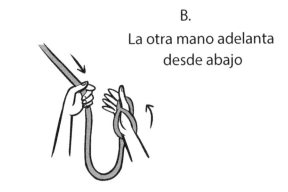

C.

Y desliza por la correa

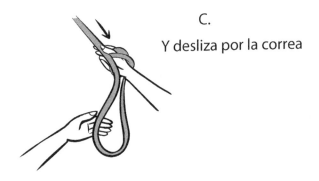

La mano derecha pasa por debajo y desliza por la correa. Mira el tramo exterior en mi mano derecha.

La mano izquierda desliza por la correa.

Frenado Suave (Control)

¿Por qué?: será menos probable que tu perro ladre cuando le ayudes a detenerse lentamente. Y es más agradable tanto para ti como para tu perro.

¿Cómo?: Deja que un tramo de correa de unos 30 cm deslice por tus dedos a medida que detienes a tu perro. Tu movimiento actuará como un amortiguador mientras te detienes lentamente y te inclinas ligeramente hacia atrás. Mantén el equilibrio con tus pies separados algo más que la distancia entre tus hombros. Colocar tu pie frontal en dirección al perro te dará estabilidad. Abre tu pie trasero unos 45º, y reparte tu peso más en este pie para conseguir una postura firme. Experimenta con diferentes posturas haciendo que un amigo sujete el mosquetón e intente desequilibrarte.

TÉCNICAS DE CORREA

FRENADO SUAVE

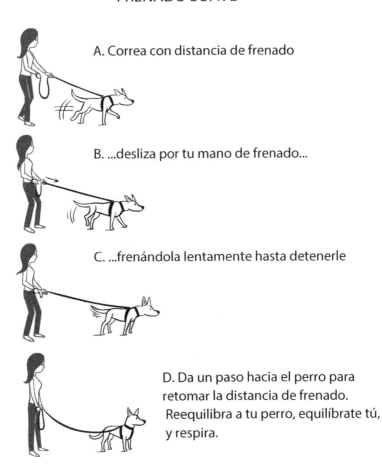

A. Correa con distancia de frenado

B. ...desliza por tu mano de frenado...

C. ...frenándola lentamente hasta detenerle

D. Da un paso hacia el perro para retomar la distancia de frenado. Reequilibra a tu perro, equilíbrate tú, y respira.

Destensa la correa (Libertad)

¿Por qué?: Cuando detienes a tu perro con la correa, normalmente estará desequilibrado porque tiene que contrarrestar la tensión de la correa. Si liberas la tensión sobre la correa tras detenerte, el perro podrá re-equilibrarse y tomar mejores decisiones que generalizará bien a situaciones sin correa. Cuando la correa dibuja una "U", tiene la forma de una sonrisa.

¿Cómo?: Mantén una sonrisa en la correa, y vuelve a formarla una vez que hayas detenido al perro. Lentamente flexiona tu rodilla adelante o extiende tu brazo para que la correa se destense y tu perro vuelva a equilibrarse.

TÉCNICAS DE CORREA

DESTENSA LA CORREA

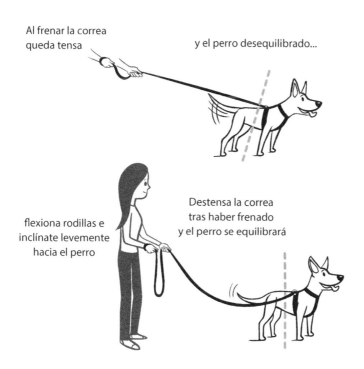

Al frenar la correa queda tensa

y el perro desequilibrado...

flexiona rodillas e inclínate levemente hacia el perro

Destensa la correa tras haber frenado y el perro se equilibrará

Equilíbrate (Seguridad)

¿Por qué?: La correa también te desequilibra a ti. Si no estás estable cuando tu perro tire de la correa puedes caerte. Mantener la tensión en la correa puede favorecer que tu perro rebase su umbral de reactividad.

¿Cómo?: Mantente con tu cuerpo apoyado tranquilamente sobre tus pies, las rodillas relajadas, y los brazos a los lados. Así estarás equilibrado verticalmente, pero aún así mantén un pie ligeramente atrasado, como en el Frenado Suave, y así será más difícil que te caigas si tu perro da un tirón de repente.

TÉCNICAS DE CORREA

EQUILÍBRATE

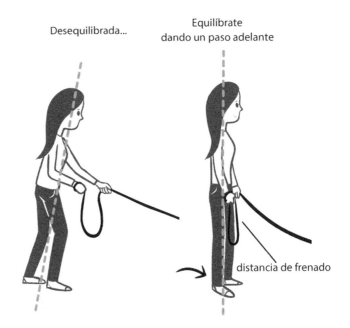

Desequilibrada...

Equilíbrate
dando un paso adelante

distancia de frenado

Tirar como un Mimo (Control)

¿Por qué?: Consigues la atención de tu perro más rápido que Deslizando la correa. Úsalo cuando el perro esté demasiado enfocado en algo y/o quieras cambiar de dirección.

¿Cómo?: desliza correa hasta entrar donde tu perro pueda verte (los perros tienen una visión periférica de 270º) Invítale con la mirada (¡coquetea!) y mantén el contacto visual mientras flexionas tus rodillas y giras tu cuerpo *para alejarte de él* en la dirección que quieras tomar. Es como si con tu postura de juego le invitaras a perseguirte

TÉCNICAS DE CORREA

TIRAR COMO UN MIMO

A. Entra en su campo visual y haz contacto visual

B. Flexiona rodillas y gírate

Aquí puedes ver una serie de fotografías en las que practico Tirar como un Mimo junto a Peanut. ¡Gracias a Carly Loyer por distraerle tan bien con los premios!

Desliza mientras entras en su campo de visión. ¡Pero no tires de la correa!

Gira alejándote cuando te haya visto. Puede que necesites soltar un poco de correa mientras haces que te vas, para no tirar realmente de la correa

Aléjate mientras mantienes la atención de tu perro.

Lanza un premio para que lo busque. Si aún así quiere abalanzarse hacia el detonante, mantén ambas manos en la correa.

CAPÍTULO 6

Puestas en Escena BAT para la Reactividad

Este capítulo te guiará a través de los distintos detalles que necesitas saber a usar el Entrenamiento para el Ajuste del Comportamiento para reducir la reactividad de los perros. Como ya hemos visto, todo el protocolo BAT se realiza bajo el umbral de reactividad, lo que significa que los niveles de estrés se mantienen bajos para así proporcionar una experiencia positiva al perro. Tu perro debería ser capaz de reaccionar apropiadamente, sin tener que volver a ladrar o huir, sino practicando la conducta que quieres entrenar en su lugar. Mantener a tu perro bajo el umbral de reactividad es más fácil de lograr si has diseñado cuidadosamente el entorno, incluyendo ayudantes humanos y/o caninos con los que practicar, aunque también puedes conseguirlo durante los paseos. Ten en cuenta los umbrales constantemente cuando entrenas con tu perro. Si quieres que BAT funcione, debes ser capaz de reconocer cuándo tu perro está claramente bajo su umbral de reactividad o prácticamente lo ha alcanzado, en contraste a cuando lo ha traspasado.

Perro en su umbral: boca abierta, cola algo levantada con meneo lento, centro de gravedad neutro, músculos faciales tensos, mirando al detonante...podría evolucionar en cualquier sentido. ¡Actúa!

Perro sobre su umbral: boca cerrada, ceño fruncido, cola moviéndose rápido, cuerpo enroscado, a punto de reaccionar.

Puntos de elección

Un punto de elección, es una situación en la que el perro tiene que tomar una decisión, como al elegir qué camino tomar en un laberinto. Mientras tu perro pasea, pasa por muchos puntos de elección. Desde "¿debería seguir ese apestoso aroma?", hasta: "¿y si ladro a ese perro?". Las puestas en escena BAT crean situaciones en las que tu perro tiene una gran probabilidad de elección de conductas como olisquear el suelo y explorar la zona, recogiendo información sobre el detonante a una distancia suficiente aunque no lo vea directamente. Así cuando percibe la presencia del detonante, ya no se trata del mismo punto de elección de siempre. Hemos barajado las cartas para que sea muy probable que elija realizar una señal de calma educada en lugar de entrar en pánico o ponerse agresivo. Supongo que debería definir un nuevo término para eso, como "punto de elección favorable", porque las probabilidades de que realice la conducta que queremos están a nuestro favor. En cualquier caso, buscamos empoderar al animal, por lo que todos los puntos de elección que prepare serán favorables. Es importante señalar este simple concepto: cada vez que leas "punto de elección", debes entender "punto de elección favorable". Siempre queremos preparar al perro para que pueda acertar y tener éxito.

En BAT, tu perro entrena la acción de elegir realizar la nueva conducta. Si tu perro no ha percibido el detonante, puedes esperar, hacer algo para atraer su atención hacia el detonante, o deambular algo más cerca. Empezar demasiado lejos, es mejor que empezar demasiado cerca. Si estás muy cerca, puede que tenga una mala experiencia, y tendrás que intervenir, eliminando su oportunidad de decidir.

Una señal evidente de que estáis demasiado cerca del detonante, es que tu perro camine hacia él. Una aproximación directa suelen indicar que tu perro va a traspasar su umbral de reactividad, así que es mejor hacer un Frenado Suave, o cambiar ligeramente de dirección. Tu perro se interesará progresivamente en deambular más cerca del detonante, pero no le permitas ir directamente hacia él a menos que estés completamente seguro de que está por debajo de su umbral. Mantén las probabilidades a tu favor en cada punto de elección, de manera que el perro elija una y otra vez la conducta que tú quieres. El punto de elección no es un lugar fijo. Es un evento cuya ubicación va moviéndose más cerca o lejos del detonante durante las sesiones BAT mientras tu perro se mueve y tu vas vigilando su nivel de estrés. Ésta es una mejora respecto a BAT 1.0 en el que a veces el punto de elección era un lugar predeterminado, y el entrenador practicaba siempre que el perro no estuviera muy agitado. El entorno de entreno se irá volviendo más y más realista según pase el tiempo, y gradualmente irás permitiendo al perro acercarse más al detonante cuando esté preparado para ello. Volvamos a usar la analogía del ensayo en una obra de teatro. Los primeros ensayos son como leer el guión en una cafetería apacible. Los siguientes se realizan con el resto de actores. Luego los ensayos de vestuario hacen que te acostumbres a las distracciones de la ropa y el escenario. Y los puntos de elección finales son como el estreno en Broadway. Por ejemplo, durante la primera sesión BAT de Peanut con un niño, estaba atado con la correa, y había un único niño sentado sobre el regazo de un adulto, tras una barrera, a una gran distancia. En las sesiones finales, Peanut estaba suelto sin correa y dos niños estaban correteando en una habitación con él. Jamás se te ocurriría actuar en Broadway, sin haber antes ensayado mucho. Lo mismo ocurre con el entrenamiento. Una buena actuación requiere mucha práctica, al nivel adecuado de dificultad. En cada uno de los encuentros de tu perro con los detonantes, especialmente los encuentros más arriesgados en los que esté suelto, la probabilidad de una "actuación" exitosa debería ser muy, muy alta.

Éste es otro ejemplo de un punto de elección, tomado del seminario *Yo-Señal* de Kathy Sdao, que es donde por primera vez escuché el término "punto de elección" aplicado al adiestramiento (ver Bibliografía). Kathy mostró un vídeo de ella enseñando a unos criadores de *Guide Dogs for the Blind* (Perros Guía para Ciegos) en el que demostraba cómo preparar puntos de elección para entrenar un paseo tranquilo en torno a distracciones. El cachorro debía caminar sobre una trayectoria recta pintada en el suelo, mientras había alguna distracción a un lado. La distracción estaba suficientemente cerca para captar su atención, pero suficientemente lejos como para que pudiera rechazarlo y seguir su camino. El punto de elección comenzaba en cuanto el cachorro percibía la distracción. En cuanto elegía apartar la mirada de la distracción, el guía clickaba y reforzaba con un premio, elogios, y proseguir la marcha. ¡Genial!

Nota: En BAT 1.0, solíamos marcar siempre cada conducta sustitutiva en el punto de elección y dábamos el refuerzo funcional de alejarnos o acercarnos al detonante. Aún tenemos esa opción (ver Marca y Muévete en el Capítulo 7), pero en BAT 2.0 prefiero hacer algo distinto. A diferencia de entrenar a un perro de asistencia para enfocarse y caminar al lado, no queremos que el perro en BAT esté en "modo trabajo". Le permitiremos elegir el mejor refuerzo en cada instante simplemente siguiendo sus pasos, mientras no se dirija directamente al detonante. Como trabajamos a distancias mayores que en BAT 1.0, seguramente el perro seguirá caminando tras desconectar del detonante. No tendremos que alejarnos. De hecho, puede que no quiera alejarse.

Cuando tu perro da el primer paso tras ese punto de elección, puede que se mueva alejándose del detonante, o hacia algo que encuentre interesante, pero no tenemos por qué saber qué decidirá. Al permitir que el entorno haga su trabajo, el perro obtendrá el refuerzo funcional que quiere. La consecuencia de moverse como lo hizo será exactamente lo que el perro trataba de conseguir en ese momento, por lo que será un reforzador espontáneo que consolidará esa conducta. No es necesario que el entrenador la refuerce, simplemente ocurre. Como no le indicamos que se mueva en ninguna dirección particular tras su elección, evitamos darle un refuerzo funcional equivocado o distraerle mientras procesa lo que acaba de aprender acerca del detonante. Es una interacción mucho más natural con el entorno y el detonante, de la que sale más empoderado.

Cómo saber si ha sido un éxito

Existen muchos factores que pueden influir en el éxito de tu sesión BAT, incluyendo que el perro permanezca por debajo de su umbral. Eso lo veremos después, pero primero pensemos qué significa tener éxito en una sesión.

Todos mis clientes tienen una imagen mental diferente de cómo describirían un éxito a grandes rasgos con su perro. Si no han considerado la realidad, sus objetivos son cosas como: "Quiero que mi perro sea normal". Realmente no es muy cierto. Lo que quieren es un perro que sea mejor que un perro normal, y no les culpo por ello, ¡es lo que yo misma también deseo! Quieren un perro a prueba de bombas, que jamás muestre signos de agresión bajo ninguna circunstancia. Si los niños le tiran de la cola o se caen encima suyo, quieren que menee alegremente su cola y se divierta. Si otro perro le gruñe en la cara, quieren que lo ignore pacíficamente. Y en cualquier caso, ¿podemos obtener ese resultado al final de una sola sesión?

Esto podría parecer una situación sencilla, ¡pero es muy dura para los perros!

Afortunadamente, la mayoría de mis clientes (y espero que tú también) comprenden que la rehabilitación de la reactividad, al igual que la terapia física, la terapia psicológica, o aprender un deporte nuevo, lleva tiempo y esfuerzo. Aún así debería hacer cierto progreso en cada sesión BAT. Sabiendo qué esperar y teniendo un objetivo realista para esa sesión, te facilitará que te aproximes al éxito.

En una sesión exitosa, tu perro debería estar bajo el umbral durante la mayor parte del tiempo, o todo. Explicaré cómo evaluar los datos en tus puestas en escena para saber si realmente es así. Si tiene algunos arrebatos, deberían ser pocos, y muy espaciados. Deberán ser tratados con calma, y tu perro debería tener la oportunidad de relajarse. Debes permitirle tomar descansos cuando lo necesite, tiene que sentirse a gusto con las sesiones de entrenamiento.

En la sesión ideal, has elegido una ubicación en la que las intrusiones son mínimas, o en la que las intrusiones permiten a tu perro mantenerse bajo el umbral. Por ejemplo, si tu perro (sobre)reacciona ante otros perros, y un perro del vecindario se acerca con su dueño, podrías sacar a tu perro de la acera, o cruzar la calle, o meterle en un coche, o darle un puñado de salchichas, lanzarle una pelota, o lo que haga falta para que siga de buen humor.

Para considerar una sesión de entreno como un éxito tu perro debería progresar en alguna o varias dimensiones, como la distancia promedio al detonante, a menos que la sesión sea muy corta, como 2 minutos. La duración de una sesión puede variar desde un minuto hasta 45 minutos, aunque ésta última implica realizar muchos descansos y que el perro esté disfrutando explorando el entorno. Normalmente suele ser de unos 20 minutos. En muchas de las sesiones, el perro realmente termina olisqueando al ayudante humano/canino. A menudo no ocurre en las primeras sesiones, pero es genial cuando ocurre. Creo que el progreso se acelera cuando el perro tiene la oportunidad de aprender que el detonante no es algo tan atemorizante y puede acabar la sesión con una buena sensación. Esta sensación positiva puede crearse rebajando la intensidad con ejercicios más fáciles, como seguir al detonante a una distancia suficiente, o para casos más leves, incluso permitiendo a tu perro pasar un tiempo relajado alrededor de donde está el detonante. Incluso aunque sólo consigas acercarte a 3 metros del detonante en la sesión, puedes dedicar un tiempo al final simplemente variando entre 5 y 7 metros de distancia haciendo que se sienta más confortable. Para finalizar haz que tu perro se aleje primero, porque si antes se mueve repentinamente el detonante, puede reaccionar. Terminar bien es importante. Una vez confundí a una clienta diciéndole que debería emplear a cada ayudante tanto como pudiera, en el sentido de vestirles, cambiar su forma de andar, y hacer cualquier cosa de ese tipo. En cuanto el perro percibe que el ayudante es un amigo y no un extraño, no puedes hacer BAT a menos que seas un poco creativo. Así que realizó una sesión tras otra, poniendo cuidado en que nunca su pero pudiera llegar a conocer al ayudante, y así poder usarlo en otra sesión como detonante. Desafortunadamente, eso ralentizó el progreso. Hacer que hubiera hecho amistad con una persona tras otra habría ayudado a que se sintiera a gusto junto a las personas más rápidamente. No sólo un final positivo de sesión acelera el progreso, también te ayuda a ver ese progreso con mayor claridad. La dueña podría haber acabado con interacciones amistosas con el ayudante, y aún así variar las puestas en escena vistiéndole diferente en sesiones posteriores. Habría evolucionado probablemente de "un extraño raro" a "mi amigo Juan disfrazado", pero hubiera sido eficaz.

La cantidad de tiempo de entrenamiento desde que empieza una sesión hasta el "primer contacto" es un buen dato para registrar. Podríamos definir el "primer contacto" como una determinada distancia del detonante, el punto en el que pusiste a tu perro un bozal por precaución, la primera vez que tocó al detonante o que el detonante pudo tocar al perro.

Ten en cuenta que si tu perro empieza a una distancia del detonante de un campo de fútbol, es poco probable que puedan saludarse en las primeras sesiones. Llegar a conocer el detonante puede llevar un tiempo, y siempre deberías tener en consideración el nivel de estrés de tu perro, su interés en la sesión, y su fatiga.

El proceso avanza rápidamente. Tras cada sesión BAT exitosa, el perro habitualmente puede comenzar su siguiente puesta en escena más cerca que en la sesión anterior, incluso aunque haya una nueva persona o un perro diferente como detonantes, a menos que haya un reto mucho mayor en el entorno o el tipo de detonante. Pero cada perro es un individuo. Tu perro puede que siga un progreso distinto hacia el éxito. Permite siempre que tu perro entrene más lejos del detonante si así lo necesita.

Cómo hacer que tu sesión sea un éxito.

Como entrenadores y cuidadores, nuestra principal misión es preparar situaciones para empoderar a nuestro perro. Esto significa que organizamos escenarios en los que no tenemos que intervenir sobre cada pequeño detalle de su comportamiento. Simplemente es muy probable que lo haga "bien", porque le hemos puesto en un contexto que realmente le es familiar y le hace sentirse confortable. Todos los animales, incluyendo a los perros y los seres humanos, aprendemos a través de las consecuencias de nuestros comportamientos. Aprendemos que determinada conducta es útil en ciertas situaciones. No es que la situación cause una conducta, pero algunos elementos del entorno sirven como señales que indican que cierta conducta será reforzada. Otros aspectos del entorno pueden evocar estados emocionales que favorecen la aparición de un comportamiento determinado.

Por ejemplo, estar cerca del detonante puede asustar a tu perro, y estar a la vez atado con la correa puede indicarle que ladrar es una mejor opción que tratar de huir. Por eso trabajamos muy lejos del detonante y empleamos técnicas de correa BAT para darle sensación de libertad.

De ese modo, puedes crear situaciones en las que tu perro es capaz de ver al detonante y sentirse empoderado para simplemente observarlo y seguir su camino, o incluso mostrar cierto interés en interactuar con el detonante de un modo más prosocial.

Prepara situaciones en las que tu perro pueda comportarse del modo que te gusta, y poco a poco ve haciendo escenarios más realistas. Las sesiones que maximizan el aprendizaje y minimizan los riesgos requieren una cuidadosa planificación. Cuanta más experiencia tengas, más fácilmente podrás evitar o afrontar los imprevistos. Para los entrenadores que son nuevos con BAT o el tratamiento de la reactividad, la manera más ética de aprender es seguir el modelo de supervisión de casos que utilizan los psicólogos: trabaja con un mentor ayudándole a aplicar la teoría a casos de clientes reales.

> Consejo para Pros: Los antecedentes crean el contexto que favorece la aparición de la conducta. Pueden ser antecedentes distales, como el estado de salud, nutrición, nivel de activación previo a la sesión, etc. También pueden ser antecedentes proximales, como moduladores motivacionales (emociones, hambre, etc.) o señales del entorno que predicen ciertas contingencias entre conducta y consecuencia. La intensidad de la reactividad en el perro depende de su historial de reforzamiento, pero igualmente en el contexto en el que ese historial se produjo. El reforzamiento selecciona conductas en relación a un contexto. Lee el Apéndice 3 para más información.

Elige la ubicación. Prepara las puestas en escena BAT en distintas localizaciones para ayudarle a generalizar. Selecciona aquellas con un equilibrio entre seguridad y enriquecimiento de estímulos. Encuentra zonas amplias y atractivas en las que no puedan aparecer detonantes de manera arbitraria. Normalmente entrenamos en exteriores. Aquí tienes algunas consideraciones de seguridad:

- Espacio suficiente para que el perro-alumno pueda alejarse del detonante.

- Áreas lo bastante espaciosa para que el perro-alumno pueda deambular. Lo ideal es que el ayudante también pueda moverse, como en un amplio sendero.

- Fuera cristales, venenos, espinas, y otros peligros.

- Localiza obstáculos que pudieran trabar la correa o hacerte tropezar.

- Diversidad visual: arbustos, árboles, elevaciones...en lugar de un gran campo abierto uniforme. Esto le da al perro más para investigar y elementos para ocultarse.

- Silencio a la altura de sus oídos. Especialmente para perros sensibles a los ruidos.

- Distracciones leves, pero no extremas (ardillas correteando alrededor es demasiado).

- Entrada/Salida amplia. Lo ideal es que el perro pueda entrar deambulando en zigzag, en lugar de pasar por un estrecho pasillo dirigido hacia el detonante.

- El instructor y el asistente debéis poder avistar detonantes imprevistos que entren en la zona de entrenamiento, desde una zona en la que os dé tiempo de modificar el escenario para ayudar al perro a permanecer bajo su umbral de reactividad (alejarse, ocultarse tras alguna barrera visual, etc.).

Busca (o prepara) una zona enriquecida en la que tu perro pueda explorar a gusto. Un entorno aséptico y aburrido hará que tu perro se excite más cuando perciba al detonante, ya que no tiene nada más a qué atender. Cada perro es diferente. Un individuo determinado puede necesitar un mayor o menos enriquecimiento, basado en cómo de excitado o calmado esté por los estímulos del entorno. Aquí hay algunos aspectos a considerar, y ejemplos de maneras en las que puedes usarlos cuando no puedes encontrar zonas naturalmente interesantes:

- Olfato (el sentido principal del perro): queso rallado o en polvo, mantequilla de cacahuete molida, otros perros paseando, estiércol en una caja con agujeros, pelo de gato en una toalla, unos guantes usados, etc.
- Vista: árboles, arbustos, cajas, coches, transportines, colinas (objetos para que los perros deambulen o se oculten).
- Tacto: distintas superficies, elementos a los que subirse o que atravesar.
- Oído: yo no suelo añadir sonidos extra, aunque puede que utilice música relajante o sonido browniano si estamos en zonas pequeñas. El sentido del oído suele entrar en juego cuando el perro se distrae con algo de fuera de la puesta en escena.
- Sabor: a veces escondo algunos premios alrededor para que el perro los encuentre, pero ten cuidado si lo haces porque esto puede distraerle demasiado.

Ten en cuenta que tu perro usará las señales contextuales del entorno para hacerse una idea de lo que está sucediendo. Cualquier estímulo que preceda consistentemente a una determinada situación puede convertirse accidentalmente en una señal de seguridad que le dice que sólo estará a salvo mientras esté ese estímulo alrededor. Si varías el contexto, enseñarás a tu perro que sus nuevas habilidades BAT funcionan igualmente en cualquier entorno. Por ejemplo si siempre esparces queso parmesano en cada puesta en escena, puede terminar sintiéndose confortable en torno a detonantes sólo si hay un aroma a parmesano en el aire. ¡Así que combina ideas!

Entrena en una zona donde tu perro esté relajado.
Para la mayoría de perros, esto significa poder olfatear el entorno.

Evita hacer BAT en zonas donde practiques habitualmente deportes o entrenamiento de competición, a menos que quieras trabajar específicamente esos entornos. Los perros tienden a ponerse en *modo trabajo* en zonas donde suelen entrenar. Cuando esto ocurre, se distraen con nosotros y muestran más conductas entrenadas, y menos señales de comunicación naturales. Están tan ocupados mirándote, que puede pasar de "bien" a "explosivo" sin apenas darte cuenta. En mi experiencia, los perros aprenden menos sobre el detonante cuando están pendientes del guía, así que es más eficiente preparar situaciones en que los perros puedan explorar y no entrar en *modo trabajo*

Planifica la sesión con antelación y comunícalo claramente. Cuando comentes tu plan con tu equipo de ayudantes, mantén a tu perro y al detonante totalmente separados, para que no puedan percibirse antes de la sesión. Ten en cuenta el olor y el viento. Diseña la coreografía en el entorno cuidadosamente, desde la primera oportunidad de avistar al detonante hasta el final de la sesión. Piensa que debes concentrarte en los detalles del entorno, para que tu perro pueda elegir libremente cómo moverse dentro de él. Deberás tener todo controlado, y todas estas preguntas respondidas:

- ¿Qué debería hacer el perro el día que vamos a entrenar? Trata de darle ejercicio mental y físico poco activante, comidas saludables (pero no tanta cantidad que luego no le motive la comida) y evita momentos estresantes (mejor visitar al veterinario otro día).
- ¿Qué ocurre cuando el perro estudiante y el ayudante humano o canino llegan al lugar de entreno? Deben llegar en puntos diferentes, habrás comprobado nuevos detonantes potenciales en la zona, habrás enriquecido el entorno, y cuando salgan atados del coche podrán explorar y olfatear la zona paseando, estando lo suficientemente alejados hasta que el entrenamiento comience.
- ¿Quién lleva el bol de agua? ¿alguna cama de perros? ¿Un coche aparcado con la puerta abierta? ¿Un transportín? ¿Dónde los coloco?
- ¿Quién irá hacia dónde?, y ¿en qué orden? ¿Cuándo hará su primera aproximación el perro estudiante a un punto desde donde pueda avistar al detonante? ¿Cómo se moverá el detonante? (normalmente en zigzag)
- Si el detonante es quien se está moviendo, ¿cuándo entrará en nuestro campo visual? ¿Quién lo decidirá? (el entrenador, el cuidador, su guía, etc.)
- Cómo comunicarás eficientemente:
  o Descansos (perros que necesitan descansar, una aproximación accidental demasiado cercana, acumulación temporal de detonantes, ayudante en problemas, etc.)
  o Detener la sesión (por dolor, fatiga estrés generalizado, demasiado calor/frío, etc.)
  o Hay un perro suelto y otro detonante imprevisto.
- ¿Quién monitoriza el estrés del/los perro/s?

Consulta con frecuencia a ayudante y asistentes. Puedes hacerlo comentando durante la sesión, o parar para descansar y apartando al perro mientras habláis. La primera opción tiene la ventaja de habituar al perro a escuchar conversaciones con desconocidos si aún le supone algún problema. La segunda opción tiene la ventaja de permitirte enfocarte en el perro durante la sesión en lugar de charlar. Usar walkie-taklies o móviles con manos libres, pueden servir para hablar con ayudantes a largas distancias.

Presta atención a las charlas. Las conversaciones, o el silencio, serán parte del conjunto de estímulos, es decir, del contexto que tu perro estará percibiendo y por tanto forman parte del entrenamiento. He tenido algunos clientes cuyos perros empezaban a abalanzarse y ladrar cuando su dueño empezaba a hablar con un desconocido, y también en el caso contrario en que el perro ladra sólo cuando el guía no habla amistosamente cuando se encuentra con un extraño.

Mantén la sesión animada. Haz que la sesión sea agradable para todos los involucrados: perros y personas. Toma varios descansos, especialmente si un perro lo pide alejándose o evitando al ayudante. La mayor parte del tiempo, los perros disfrutan explorando y olfateando, pero también pueden olfatear para drenar su estrés. En ese caso, verás que olfatea un poco frenéticamente y mira en cualquier dirección menos al detonante. Si algo le estresó, o si su comportamiento empieza a empeorar en lugar de mejorar, tómate un descanso para comentarlo. En los descansos mantén al perro y el detonante apartados entre sí y dales algo relajante que hacer (lleva un Kong relleno, suéltale/s en una zona segura, etc.).

Respira. Mantén tu respiración estable y calmada. Intenta respirar normalmente, eso ayudará al perro a relajarse. Si el perro se queda un poco "atascado" mirando al detonante, los guías normalmente paran de respirar esperando a que el perro desconecte de él. Cuando empecé a trabajar como entrenadora, contraté a la extraordinaria escritora y Asociada Certificada en Comportamiento Animal Aplicado, Kathy Sdao, para asesorar en casos en los que aún no me sentía preparada para abordar. Obtuve muchos y buenos consejos de ella, como cantar "Cumpleaños Feliz" para ayudarme a respirar normalmente y así ayudar al perro. Llegué incluso a componer una pequeña canción para Peanut con la melodía de "Soy una Tetera". Y funciona. También consigo que se tranquilice si pienso en comida que adoro como un bol de helado o un plato de comida tailandesa de un restaurante en Seattle que me encanta. Él está muy apegado a mí, y aunque estoy casi segura de que no puede leerme la mente, puedes estar seguro de que presta atención a mi nivel de estrés, a través del olfato u otro sentido. Y al contrario, por accidente he conseguido provocar que se pusiera a deambular en torno a la casa cuando me he puesto a practicar un tipo de respiración vigorosa de yoga. Si ves que no respiras con normalidad, o que tu perro parece estresado, empieza a respirar más lentamente. Si inhalas fuertemente primero parece que les induce más a ladrar, supongo que es porque piensan que respiras hondo y te preparas también para ladrar.

Observa posibles intrusos. Si los perros son un detonante, prepárate para posibles perros sueltos que puedan interferir en tus puestas en escena. Puede ser un desastre si se acercan corriendo hacia tu perro. Es vital para la seguridad y el propio entrenamiento que tu perro esté bajo su umbral el mayor tiempo posible.

Designa a alguien de tu equipo como el "cowboy" de perros sueltos, para que si hay algún perro suelto en el vecindario, tú y tu perro podáis desaparecer entrando en un coche, tras una valla, alejaros calle abajo, o en cualquier sitio, mientras el "cowboy" intercepta al perro suelto y se lo devuelve a su propietario. Si por ejemplo tienes un perro-alumno, su cuidador, y un perro-ayudante con su guía, esto últimos pueden ser designados como "cowboys" de perros sueltos. El propio perro-ayudante puede ser una gran ayuda si no tiene problema con perros, ya que entre ellos se atraen como imanes.

En el caso de que el detonante sean las personas, no es necesario poner tanto cuidado, pero aún así es buena idea designar a alguien que intercepte a los curiosos que se acercan o a niños corriendo y gritando "¡¡¡Un perrito!!!".

Cuando preparo puestas en escena con mis clientes, normalmente aparcamos un coche cerca, sin el seguro echado, para que mi cliente y su perro puedan meterse en caso de que veamos un perro suelto. Otra opción es preparar la puesta en escena en la calle que da a su casa, de este modo es muy fácil meterse corriendo en ella. Si no es posible aparcar un coche cerca, puedes poner un transportín abierto dentro de un parque para cachorros (jaula) cubierto por una manta, para que el guía pueda resguardar al perro rápidamente, cerrar el transportín, y después el parque para cachorros. Si aún así el perro suelto se acerca, no podrá llegar al transportín. El guía podrá arrojar dentro premios para el perro-alumno, y otro puñado para que el perro suelto se entretenga hasta que la situación esté bajo control.

Al meter al perro en el conjunto transportín/jaula, es muy difícil que ni siquiera vea al perro suelto, y su cuidador sabrá que está a salvo y se relajará. Asegúrate de practicar toda la secuencia al menos una vez en cada sesión.

Si estás entrenando en interior, no tienes que ser tan cuidadoso en cuanto a la aparición repentina de detonantes imprevistos, pero suele ser más estresante para el perro debido al tamaño reducido del área de entreno. He tenido algunos casos de perros que eran encantadores y amistosos al entrenar en cualquier edificio en distancias cortas, y después muy escandalosos e impulsivos a mayor distancia en exteriores, pero eso son excepciones. Yo suelo entrenar primero en una zona medianamente neutral en exteriores, como en una calle cercana, o incluso en otro vecindario, a menos que el perro pueda estar bajo su umbral en su propio domicilio. No queremos estresar al perro, pero tampoco perder el tiempo en una situación que el perro gestiona perfectamente bien. Una buena regla general es que *deberías trabajar en el entorno más estimulante en el que el perro se sienta bien*. Las sesiones BAT ¡deben ser agradables!

Graba tus sesiones. Por un lado, grabar tus sesiones parece disuadir a los intrusos casuales, de algún modo la gente es más reacia a interrumpir un vídeo que una sesión de entrenamiento. Tú y el guía del perro detonante, estaréis muy pendientes de vuestros perros, y puede que tengáis problemas para ver todo lo que pasa alrededor. Y hablo por experiencia. Yo suelo presumir de ser bastante observadora de mi entorno cuando entreno, pero desafortunadamente, eso no es completamente cierto. Lo sé porque tengo un vídeo de mí misma siendo totalmente ajena a un peligro presente.

A menudo grabo mis sesiones y después las reviso. Cuando veo de nuevo el vídeo, veo cosas que pasé por alto completamente durante la sesión. En la que he mencionado anteriormente, una clienta y yo estábamos haciendo una sesión BAT con su perro y el mío. Dos perros estaban siendo paseados al otro lado de la calle. Nosotros estábamos haciendo una presentación, pero nos detuvimos al ver la reacción de nuestros perros hacia los perros que vimos. Entonces un tercer perro y su guía se acercaron por la acera hacia nosotros. Afortunadamente, el guía vio la cámara en su trípode y cruzó la calle cuando ya estaban a unos 5 metros de nosotros. Un desastre evitado, pero ¡no gracias a nosotros! Ninguno de nosotros los vio venir en la sesión. Es por eso que recomiendo tener otro ayudante extra, si puedes permitírtelo.

Diseña un entorno que mantenga a tu perro bajo su umbral. Si un perro, una persona, o un ruido interrumpen tu sesión, ten en cuenta la acumulación de detonantes, es decir, el estrés acumulado por diferentes detonantes ambientales que puede poner a tu perro por encima de su umbral de reactividad. Cuando notes que algo en el entorno ha estresado a tu perro, reduce el estrés producido por esa exposición al detonante trabajando más alejados, haciendo que el detonante se comporte de un modo más calmado, o incluso tomando un descanso. En una ocasión trabajé con una Chihuahua que ya llegaba a acercarse a mí y la podía acariciar suavemente bajo su barbilla. El vecino de arriba hizo un ruido, ella ladró una vez, y seguimos trabajando. La siguiente vez que se acercó a mí, traté de nuevo de acariciarla sin más, y lanzó un bocado al aire de advertencia. ¡La acumulación de detonantes puede pillarte desprevenido si no prestas atención!

Ten equipamiento anti-peleas. Lleva SprayShield, Silly String, agua, o cualquier sistema de los mencionados para detener pelear como vimos en el Capítulo 3. Siempre existe la posibilidad de que tu "cowboy" de perros sueltos no pueda mantener otros perros lejos del tuyo, de que a alguien se le deslice la correa y la suelte por accidente, o de que una presentación salga mal. Aunque nunca he tenido que utilizar el SprayShield en una puesta en escena (toco madera), siempre me preparo para el peor escenario posible. Tenlo a mano durante la sesión, y si tienes un ayudante, ambos deberíais tener uno. Incluso puedes tener una manta cerca en caso de que el spray no funcione.

Casi todas las maneras de detener una pelea implican cierto riesgo, así que emplea estos consejos bajo tu propia responsabilidad. Si uno de los perros ha apresado y no suelta, puedes usar una manta para envolver su cabeza y hacer que eventualmente suelte, minimizando el riesgo de que te muerda. Envuelve sus ojos y su boca y simplemente espera y retírale cuando suelte, o si el otro perro está en peligro de sufrir graves daños o morir, retuerce el collar para ahogarle momentáneamente. Disponer de material de seguridad, entrenar bajo el umbral, y llevar bozales en las puestas en escena cn que los perros pueden llegar a contactar, harán esto prácticamente innecesario, pero es bueno saber qué puedes hacer, sólo en caso de que todo salga mal. Si ocurre, consulta con un entrenador profesional (aunque tú también lo seas) para ver si había algún modo de haber prevenido esa situación.

> Consejo para Pros: practica el detener peleas de perros con antelación. Si diriges un centro canino, una guardería canina, una clínica veterinaria, o eres responsable de varios perros, debes tener un plan de actuación específico para detener peleas, por escrito para que todo el personal lo conozca.

Practicar es útil. Puedes simular la reconstrucción de una pelea, o al menos mentalmente practicar cómo detener una pelea entre perros. Yo lo recomiendo porque en alguna ocasión ya se me ha olvidado cómo usar el SprayShield. Tengo tanta práctica en separar juegos bruscos entre cachorros cogiéndolos por la parte alta de las patas traseras (un lugar muy seguro para sujetarles durante una refriega) que ya lo hago automáticamente, aunque sea una pelea real de adultos y estén enganchados, en lugar de usar el spray repelente. Así que ahora me entreno en coger el spray en cuanto veo un perro suelto. Aunque no lo vaya a usar, mi cerebro está preparado, y puedo recordar cómo usarlo cuando vea una pelea de perros en el parque.

Comprueba el material y los mosquetones. Haz una revisión de seguridad respecto a tu perro y el perro ayudante antes de cada sesión. Mira si las correas están mordidas o deshilachadas, collares flojos, arneses, bozales, calzado inadecuado, o correas que sean incómodas de sujetar. Por ejemplo la tira en el pecho del arnés EasyWalk (que no me gusta usar porque restringe el movimiento de los hombros) tiende a soltarse mientras se usa. En nuestras clases, he visto bastantes perros escaparse justo por el hueco dejado por esta tira. Se habían soltado tanto que la holgura que dejaban era mayor que el cuello del perro y ¡simplemente se deslizó fuera! Para prevenir esto, puedes sujetar la correa tanto al collar como a la anilla frontal del arnés. O mejor aún, conseguir uno de los arneses que menciono en el Capítulo 3 que permite libertad de movimiento en todas las articulaciones y no se va soltando con tanta facilidad. Comprueba que la correa está enganchada de modo seguro y que la anilla del arnés está en buen estado. Si usas un collar de cuello, engancha el otro extremo de la correa a un arnés para que puedas usar el enganche al collar sólo como ayuda. Si sólo puedes usar un collar, comprueba que dispone de un cierre de seguridad para que no se deslice por su cabeza. Si tu perro figurante aparece con una correa elástica, o una extensible tipo *Flexi*, cámbiala por una de cinta que sea cómoda de sujetar. Lo mismo para las correas finas para cachorros que se deslizan fácilmente de la mano y pueden soltarse. Busca cualquier elemento inseguro y soluciónale en el momento.

Usa barreras físicas. Para el trabajo en distancias cortas con un perro-alumno que tenga un historial de mordeduras, o simplemente sea posible que muerda, recomiendo firmemente emplear una barrera física entre el perro y el ayudante humano o canino. Somos humanos y a menudo cometemos errores de juicio, de observación, y de coordinación física. No merece la pena arriesgar la seguridad de tu perro y la del ayudanta por asumir que eres capaz de observar y actuar con suficiente rapidez. Enseña a tu perro a sentirse cómodo llevando un bozal, o elige una ubicación donde puedas usar una valla entre tu perro y el ayudante. Yo uso los bozales para las presentaciones a distancias cortas, siempre que el perro tenga un historial de mordeduras con lesiones, no disponga de su historial, o simplemente quiera tener un extra de seguridad con el ayudante (especialmente los niños). Los bozales deben quedar bien ajustados, compruébalo antes de permitir cualquier interacción.

Emplea barreras para mayor seguridad y protección. Nota: este niño está frente al perro mirándole fijamente, algo que puede asustar mucho a un perro.

Ten previsto un Plan de Emergencia. En caso de emergencia, lo más eficaz es decirle a cada uno lo que tendrá que hacer, por su nombre. Lógicamente para hacerlo, *¡debes aprenderte los nombres de tus ayudantes!* Úsalos de vez en cuando durante las sesiones, para recordarlos mejor. Además, la mayoría prefiere que se les conozca por su nombre, en lugar de "¡Eh tú!" o "La mamá de Fifí". Tu plan de emergencia debería tener a su vez un plan de emergencia. Guarda en tu móvil los datos del centro veterinario más próximo y su ubicación. La mayoría de ayudantes sólo pueden colaborar por las tardes o en fin de semana, lo cual limita las clínicas disponibles.

Empodera a todos los participantes. Asegúrate de darle a todos "poder de veto", como dice Kathy Sdao. Nuestros perros podrán detener el entrenamiento en cualquier momento con su comportamiento. Eso también debe ser posible para las personas que intervienen: si cualquiera en la sesión siente la más mínima duda sobre la seguridad o la conveniencia de una determinada puesta en escena, deberían poder sentirse libres de decirlo. Tomad un descanso, debatid la situación, y realizad cualquier cambio necesario antes de proseguir.

> Consejo para Pros: es especialmente importante conceder al equipo de ayudantes el poder de veto en las sesiones, porque la gente está educada para respetar las figuras de autoridad y tiende a no cuestionar el criterio del entrenador, sobre todo mientras transcurre la sesión. Necesitarán tu permiso explícito, para poder hablar en cualquier momento en beneficio de la seguridad, aunque sólo sea porque tienen una corazonada.

Lleva un registro sobre el progreso de la sesión. Esto te permitirá ver qué debe modificarse, qué hizo bien tu perro, y te dará una imagen muy clara de su evolución. Esa evolución es lo que te motivará a realizar otra sesión, y la siguiente, así que es de gran ayuda recoger siquiera algunos datos. Yo encuentro útil enfocarme en reducir el número de veces que necesito frenar suavemente al perro, y el número de veces que el perro entra en zona amarilla o más allá (ver gráficos de estrés). Puede que el número de frenadas suaves que necesitas hacer nunca llegue a ser cero, pero lo ideal sí es que llegues a no tener que entrar en zona amarilla, naranja o roja. Igualmente minimiza la distancia media al detonante durante la sesión. Con cada figurante, la distancia media al detonante irá reduciéndose. También he añadido otro tipo de datos que registrar. En la siguiente página he incluido un ejemplo de la hoja de registro de datos tipo. Algunos datos son más complicados de tomar así que usa los que necesites y deja en blanco los que no vayas a usar. El aspecto debería ser lo suficientemente simple como para que lo uses de manera consistente.

Fecha			
Detonante(Personas, perros etc.)			
Ayudante (Nombre o descripción)			
Duración (sin incluir descansos)			
Duración de los descansos			
Número de descansos			
Actividad en los descansos			
Grabación en vídeo (sí/no)			
Descripción: (siguiendo al detonante, estacionario, caminando en paralelo, jugando en paralelo, etc			
Distancia inicial al ayudante			
Distancia final al ayudante			
Distancia media*			
Número de frenados suaves			
Zona Amarilla (número de veces)			
Zona Naranja(número de veces)			
Zona Roja (número de veces)			
Veces Sobre el Umbral (número)			
Número de detonantes imprevistos**			
Mejor (1) o peor (0) que la sesión anterior ***			

Debes ser consistente con la manera en que mides cualquier dato que tomes. Escribe aparte qué significa cada dato y qué unidades de medida utilizas, para que luego puedas revisarlo y compartir tus datos con otros entrenadores o conmigo.

La distancia media es difícil de calcular, pero lo que puedes hacer es revisar tus vídeos y tomar 10 o 20 muestras durante la parte del entrenamiento, Para hacerlo, pausa el vídeo cada 2 minutos de trabajo y estima la distancia al detonante. Suma todos y divide entre el número de datos tomados. Otro modo es calcular la distancia media de los puntos de elección: toma la distancia del perro cada vez que miraba al detonante, súmalas y divide entre el número total de datos.

**El número de detonantes imprevistos te ayuda a saber si deberías cambiar algo en tus puestas en escena, y también a sentirte un poco mejor cuando tu perro se "mete en el agua". Tu perro podría mejorar en términos generales, pero si hubo muchos detonantes, es de esperar un mayor número de momentos por encima del umbral. Si tuviste muchos detonantes imprevistos, el número de veces que estuvo sobre su umbral no refleja si el modo en que estás haciendo BAT es apropiado o no. Para medirlo puedes considerar cualquier estímulo inesperado como un detonante imprevisto, o sólo aquellos que tu perro no pudo afrontar. O puedes contar ambos, como medida de cómo tu perro es capaz de gestionar una situación en la vida real.*

***Yo lo evalúo según mi impresión general sobre cómo fue la sesión, o elijo algún parámetro específico como el número de veces que rebasó su umbral (puedes hacerlo con cada criterio). Si usas un valor medio para todas tus sesiones, un valor superior a 0,5 indicará que vas mejorando.*

> Consejo para Pros: siéntete libre de añadir tus propios parámetros o eliminar alguno de los míos. Podrías incluso simplemente anotar la fecha, el nombre del ayudante, y el número de veces que el perro "se metió en el agua". El número más relevante aquí es el de las veces que el perro ha rebasado su umbral, y hay que minimizarlo. Si te enfocas demasiado en ir reduciendo la distancia media al detonante, te verás muy tentado de guiar al perro hacia él.

Puestas en Escena BAT

Ahora que ya estás preparado, veamos cómo preparar realmente una puesta en escena. Recuerda que queremos facilitar situaciones en las que el perro pueda deambular y explorar la zona, sin apenas necesidad de tu ayuda para mantenerse fuera de problemas.

Elije el detonante tras analizar las variables.

Elije el detonante con el que entrenarás a tu perro (personas, perros, un suelo resbaladizo, etc.). Eso determinará la ubicación y te permitirá empezar a diseñar la sesión. Piensa en las variables del ayudanta/detonante que quieres trabajar. Cada variable puede influir en la cantidad de estrés y si no se tienen en cuenta pueden provocar una acumulación de detonantes. Es como si pudieras ajustar varios parámetros en la dificultad de un videojuego, y tú quieras adecuarlos justo al nivel que el jugador pueda afrontar fácilmente.

Piensa en las variables que tu perro puede encontrar en su vida real. Cuando tu perro esté listo para alguna variación, rebaja la dificultad en algún otro aspecto y ajusta sólo una variable para generalizar las señales ambientales y facilitar que sus respuestas sean más fiables. Gradualmente ve haciendo puestas en escena más realistas. Realiza distintas variaciones para asegurarte de que el perro puede estar relajado en multitud de escenarios. Los listados de más adelante exponen algunas de las dimensiones más importantes a considerar para cada variable. Por ejemplo, un perro podría no distinguir entre un macho sin castrar y una hembra esterilizada, pero para otro puede suponer una gran diferencia.

Estas variables deberían ser combinadas con cautela. Cuando añades dificultad en una variable, rebájala en otras al principio. Empieza con un escenario fácil y exitoso, y avanza gradualmente desde ahí. Por ejemplo, cuando establezcas el orden de entrada en escena, tienes que contemplar el efecto del movimiento como variables. Por ejemplo, caminar bruscamente directamente hacia el detonante tiene muchas más opciones de acabar en problemas que si ayudas a tu perro a aproximarse educadamente en zigzag hasta que perciba la presencia del detonante. La velocidad también influye en cuanto no es lo mismo entrar en escena caminando hacia el detonante, que entrar en escena corriendo hacia el detonante, lo que sería más difícil de afrontar tanto para el perro-alumno como para el perro-ayudante.

Ubicación del detonante (leer lo explicado sobre la elección general de variables):

- Posición relativa:

- Distancia al detonante.

- Posición del detonante—delante / detrás.

Orden de entrada en escena:

- Detonante ya en la zona, el perro-alumno entra.

- Alumno ya en la zona, el detonante entra.

- Detonante y alumno entran en la zona a la vez (en puntos opuestos).

Movimiento:

- Cuánto se mueve el detonante (o se mantiene quieto).

- Velocidad del detonante.

- Velocidad del perro-alumno.

- Movimiento relativo: paralelo, sentido contrario, en ángulo, en arco.

- Movimiento errático / paso del detonante.

- Nivel de activación del detonante (hacia el guía o un juguete/ hacia el alumno)

- Movimientos específicos (acercarse a acariciar/ arrodillarse/ inclinarse sobre él/ perro arqueándose/ otros).

Sonidos:

- Sonidos ambientales

- Sonidos del detonante (hablando, chapas tintineando/ ladridos/ gemidos)

- El guía hablando al perro-alumno (una charla alegre, silencio, fingiendo una llamada al teléfono móvil).

- El guía hablando al detonante (en persona o a través de radio).

- Otros sonidos en el entorno.

- Significado del sonido

- Volumen, tono, u otra cualidad del sonido.

Precisión:

- Cuánto dura la sesión? (o en la vida real: ¿cuánto crees que puede estar tu perro alrededor del detonante?)

- Tiempo transcurrido desde el último descanso.

Otros parámetros que pueden modificarse:

- Figurantes y personal de ayuda: ¿quién entrará en escena? ¿En qué rol?

- Si el cuidador siempre está ahí y siempre realiza el trabajo de correa, debe formar parte del contexto para la rehabilitación. Lo mismo para el entrenador, el que graba la sesión, ayudantes, etc. Al igual que debes variar la ubicación, deberías también cambiar quién entra en escena y a qué distancia estará del perro, para que pueda aprender que las reglas se cumplen en todos los escenarios. Esto es especialmente importante para perros en protectoras o en casas de acogida.

- Presencia/localización de los premios: recuerda que no hay que lanzar siempre puñados de premios ¡o incluso tenerlos encima! Que el guía del perro-ayudante o el perro-alumno tengan premios puede provocar problemas por posesión de recursos.

- Actitud del detonante: (quiere jugar, lo evita, tiene problemas de reactividad, etc.)

- Objetos: (sombreros, capuchas, paraguas, cajas, elementos de agility, conos, mochilas, transportines, bastones, muletas, sillas de ruedas, motocicletas, bicicletas, monopatines, etc.)

- Olores: (humo, alcohol, perfume, etc.).

- Contacto visual por el detonante (ninguno, leve/pestañear, mirada fija)

- Atado / sin correa: (perro-alumno y detonante)

- Con barrera / sin barrera: (¡ten cuidado!)

- Perro-ayudante: tamaño/edad/raza/color/tipo de pelo/sexo/esterilizado o no/en celo o no (por el bien del perro ayudante, no emplees perros de menos de 2 años de edad hasta que tu perro-alumno gestione bien a perros adultos maduros)

- Figurante humano: tamaño/ sexo/ género/ edad/ tono de voz/ color de pelo/ etnia (sí, los perros pueden ser racistas: son muy buenos captando diferencias sutiles en el entorno).

Obviamente existen muchas variables con las que podrías trabajar en una sesión, y es imposible entrenar con todas al tiempo. Yo aconsejo introducir sólo unas pocas variables en la misma sesión, de una en una. Si añades más de una a la vez, tu perro no podrá atender a ambas, o tendrá una mala experiencia que podrá generalizar al resto de estímulos nuevos. Además es más científico añadir un cambio cada vez, para poder evaluar qué variable está influyendo en el perro.

En las primeras sesiones, puedes entrenar simplemente que el perro pueda estar en una zona donde hay personas. En otra sesión con el mismo ayudante la semana siguiente, puedes empezar con él sin accesorios, luego tomar un descanso para alejarle, y luego hacer que lleve un sombrero, más tarde cambiar el sombrero por un hombre paseando con un bastón, y después unas muletas, para terminar de nuevo con el ayudante sin accesorios.

Tu puesta en escena principal para permitir que tu perro recoja información sobre el detonante, puede diseñarse de varias maneras, pero en cualquier caso, tu perro debe permanecer por debajo de su umbral. Variar las puestas en escena es una parte esencial del entrenamiento, así que asegúrate de leer el final de este capítulo para ver más variaciones posibles.

Eligiendo al Ayudante

Si el guía es nuevo en BAT, a mí me gusta empezar con un perro de peluche como ayudante, o tener un perro real pero tras una barrera, para que el guía pueda ir cogiendo confianza en los ejercicios. Si el guía tiene experiencia previa, puedes empezar con un detonante real que se vaya alejando del perro-alumno. Aunque el detonante esté a mucha distancia, podrá normalmente interaccionar con el perro-alumno, como en la vida real. Tómate las precauciones en materia de seguridad que consideres más oportunas (y luego añade alguna más). Por ejemplo, si el perro ya ha herido a otros perros, querrás usar una valla o ponerle un bozal durante toda la sesión, aunque estén muy lejos, para prevenir en caso de que al guía se le escape la correa.

Sigue a tu perro

En una sesión BAT, básicamente tienes que mantener la correa sin tensión y no interferir en el camino de tu perro, a menos que haya algún motivo para no permitir que siga en esa dirección. Al principio trabajarás sin ningún detonante, para acostumbrarte a seguir al perro y ser consciente de tus propios movimientos. La mayoría de puestas en escena con un detonante semiestacionario, siguen este guión:

1. Apártate de su camino mientras tu perro explora libremente.

2. Frénale lentamente si se enfoca en el detonante con cierta intensidad.

3. Llévate al perro si ves que no puede afrontar la situación por sí mismo.

Que tu perro se te acerque a comprobar si todo está bien, es algo normal.
Responde preguntándole a dónde quiere dirigirse.
Puedes girar levemente tu cuerpo para invitarle a cambiar de dirección.

¿Cómo sabrás si tu perro se ha enfocado en el detonante? Los perros suelen caminar en curva a menos que estén muy enfocados en algo. Así que si tu perro camina recto hacia el detonante, eso es un signo de activación incipiente y de que hay riesgo de una conducta reactiva. Yo diría que el perro empieza a entrar en la orilla si usamos la analogía de la playa, es decir, ha llegado al umbral de lo que puede afrontar por sí mismo.

Veamos de nuevo la analogía de la playa del Capítulo 4, con la ilustración que verás más adelante. En las zonas azul y verde tu perro es capaz de afrontar fácilmente la situación por sí mismo. Eso corresponde con el paso 1 ya visto en "Sigue a tu perro". Si tu perro llega a la orilla en la ilustración (su umbral), debes Frenar Suavemente o rebajar la intensidad del detonante, para evitar que el entorno sea demasiado exigente. Si permites que tu perro se acerque más al detonante, se lo pondrías muy difícil. Cuando ya tiene "los pies en el agua" o incluso más adentro, la excitación es demasiado alta y tu perro empezará a ladrar, gruñir, o abalanzarse tirando de la correa.

Peor aún, si tu perro rebasa el umbral en BAT, seguramente será una experiencia emocional negativa para ti y tu perro. El principal sentido de BAT es crear experiencias positivas que empoderen a tu perro. Si alguna vez se te escapa de las manos, es aceptable, pero el objetivo es mantenerse alejados de las peligrosas aguas profundas.

Si tu perro camina directamente hacia el detonante, se encontrará probablemente entre la zona azul y la amarilla. Haz una Frenada Suave para evitar que se meta "en el agua", y recuerda después eliminar la tensión de la correa. Luego espera a que desconecte del detonante. Dale opción a recoger información del entorno y relajar su cuerpo, giraos y seguid vuestro camino. Si le has detenido a tiempo, podrá hacerlo por sí mismo. Si no, tendrás que ayudarle y no acercarte tanto la próxima vez.

Usa esta guía para saber qué hacer tras Frenar Suavemente:

- **Zona Verde:** Si tu perro desconecta en pocos segundos, genial: ¡sólo llegaste a zona azul! Relájate y acompáñale mientras explora

- **Zona Azul:** Si le cuesta retirar la mirada del detonante, y se mantiene o se reduce su excitación, simplemente espera. Está cerca de la orilla, pero aún puede afrontar mirar al detonante y darse la vuelta por él mismo. Tu ayuda vendrá DESPUÉS de que desconecte. Cuando veas que se relaja y gira su cabeza, invítale sutilmente a alejaros unos 5 metros para reorganizaros. La próxima vez frena un poco antes.

- **Zona Amarilla:** si tu perro aparta la mirada del detonante, pero enseguida se dirige directamente hacia él, es que no ha desconectado realmente. Estaba demasiado cerca para afrontarlo por él mismo. Llévatelo, alejaos y después dale un premio.

- **Zonas Naranja o Roja:** si en lugar de reducirse, el nivel de activación aumenta mientras esperas a que desconecte del detonante, tu perro necesita ayuda. Dale alguna señal para desconectar. Emplea la más leve de las señales graduales que creas que funcionará (algo entre un ligero cambio de tu postura, una señal de llamada, tirar como un mimo, o directamente retirarla con la correa). Siempre que dudes, llama a tu perro.

Nota: normalmente harás una Frenada Suave cuando tu perro se dirija directo al detonante, pero a veces no es necesario. El objetivo de hacer una Frenada Suave ante una trayectoria directa al detonante es porque puede ser un síntoma de que su nivel de activación está aumentando. Si tu ayudante se está alejando, y tu perro le está siguiendo desde atrás, es perfectamente normal que caminéis hacia el ayudante, pero debería combinarse con una exploración a ambos lados y olfateo del terreno. Cuando preparas puestas en escena en las que sigues al ayudante, considera la imagen global, incluyendo la cantidad de movimiento de la cabeza o el cuerpo de tu perro. Haz una Frenada Suave si tu perro parece demasiado enfocado en el detonante. Cuando empiece a tirar de la correa o aligerar el paso, o cuando veas otras señales de una excitación en aumento, como una mayor tensión muscular o si camina más erguido.

> Consejo para Pros: intenta no hipercontrolar a tu perro. Si trabajas a la distancia adecuada, podrá hacerlo genial por sí mismo. Dicho esto, tienes permiso para "rescatarle" siempre que veas un aumento inminente de activación/excitación. Si crees que está en una situación en la que no podrá autorregularse, llámale y alejaos del detonante.

He creado un diagrama de flujo para las sesiones BAT, para aquellos que os gusta este tipo de esquemas. Ten en cuenta que tu intención es mantenerte en las zonas verde o azul. Las zonas naranja y roja significan que el perro ha sobrepasado los límites de trabajo con BAT. Cuando el perro no puede gestionar la situación por sí mismo, tu labor es darle algún tipo de indicación para alejarse, ya sea tras desconectar (zona amarilla) o antes, si no puede desconectar (zona naranja).

Explora la zona antes de la sesión

Si de verdad quieres ser precavido, visita la zona de entrenamiento sin tu perro a la hora y el día de la semana que vayáis a realizar la sesión. Esto es especialmente importante cuando hagas tu primera puesta en escena BAT. Pasea por el área o siéntate y observa qué podrá encontrarse tu perro en la sesión. ¿Pasea la gente a sus perros sueltos? ¿Hay niños corriendo al salir del colegio? ¿Sirenas atronadoras? ¿Ardillas? ¿Helicópteros? ¿Pavos reales graznando? Estos son ejemplos reales que he encontrado en mis propias sesiones con clientes. Detonantes imprevistos que pueden arruinar tu sesión, por lo que cuanto más conozcas los elementos, sonidos, y olores de la zona, mucho mejor. Al visitar el área previamente, puedes pensar en formas de trabajar con los diversos detonantes, o elegir otra ubicación mejor.

Dedica una sesión entera a explorar el entorno con tu perro sin ayudantes/detonantes. Sigue a tu perro y observa su conducta mientras explora la zona, para que tengas una idea de cómo es su comportamiento natural sin detonantes adicionales. Esta sesión además os dará la oportunidad de practicar las técnicas de correa, incluyendo la técnica crucial de no estorbar a tu perro mientras pasea. Dedica la mayor parte del tiempo a darle a tu perro libertad de movimiento, pero para mejorar tu gestión de la seguridad, practica también la técnica de Desliza, Frenado Suave, y Tirar como un Mimo (lanza un premio cuando se mueva tras Tirar como un Mimo).

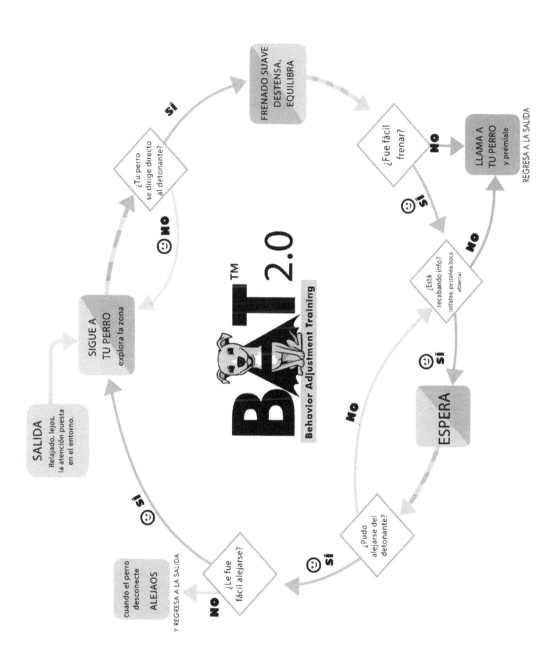

¡Comenzamos!

Como ya he mencionado, debes mantener a tu perro tranquilo los días que vayas a hacer sesiones BAT. Puede hacer ejercicio físico, pero evita actividades muy excitantes como lanzarle la pelota (los ejercicios de búsqueda son mucho mejores).

Cuando llegues a la zona de trabajo, permite que tu perro explore un poco el área al principio, aunque ya hayáis estado con anterioridad, pero especialmente si es un lugar nuevo. Si tu perro es sensible a los cambios del entorno, entonces deberías por norma hacer una sesión previa con él pero sin el ayudante/detonante.

Dirige cuidadosamente a tu perro la primera vez que perciba al detonante. Según lo sensible que sea tu perro y la falta de experiencia que tengas en este proceso, deberás hacerlo más lentamente o menos. Como regla general, yo asumo que el perro es sensible a no ser que algo me diga lo contrario. Los siguientes pasos y la ilustración del parque muestran un ejemplo de cómo voy haciendo que el perro se percate progresivamente de la presencia del detonante.

1. El perro-alumno explora la zona durante 5-10 minutos y después le animamos a abandonarla, por ejemplo para ir a explorar otra área separada o entrar en el coche con un sabroso juguete interactivo, si eso no le estresa y no hace mucho frío o calor. Nota: si el perro ya está estresado mientras explora el entorno, no avances al paso 2. En su lugar, párate a pensar cómo reducir su estrés y promover que quiera seguir explorando.

2. El Ayudante/detonante entra en la puesta en escena, y explora o pasea durante unos minutos. Esto añadirá su olor al entorno para que después nuestro perro pueda olfatearlo, y además es bueno para el ayudante. Si el ayudante es un perro, deja un lecho y un bebedero con agua cerca de su ubicación. Si es una persona, pueden dejar una camiseta usada, o algo con su propio olor. Igualmente puedes colocar varios objetos con olor alrededor de la zona de entreno. También puedes colocar algunos premios en esos objetos en algunas de las sesiones (no en todas). Cuando tu perro-alumno haya explorado la zona, el ayudante saldrá de la escena, fuera de su vista. Si estás empleando un perro de peluche, puedes usar objetos impregnados con olor para hacer la situación más realista.

3. El perro-alumno explora la zona de nuevo durante unos minutos, incluyendo los objetos del ayudante. Observa signos de estrés. Cuando el perro ya no esté interesado en los objetos del ayudante y le veas relajado, anímale a salir de la zona, y continuad explorando.

4. El ayudante entra en escena a una distancia considerable del punto donde luego entrará el perro-alumno. El ayudante debería incluso alejarse más cuando el perro-alumno vuelva a entrar en la zona de trabajo. De ese modo, su primera visión del ayudante será su parte trasera y una postura no amenazante. Parece menos estresante de esta manera, teniendo al ayudante colocado y haciendo entrar después al alumno. Si quieres entrenar específicamente situaciones en las que el detonante aparece repentinamente, y ya has hecho puestas en escena básicas, puedes mantener

al perro-alumno en escena en los Pasos 1 o 3, y hacer que entre el ayudante, a una distancia suficiente para que la reacción sea apenas percibir su aparición y continuar explorando.

5. Haz que entre el perro-alumno y deambule en zigzag de manera casual, hasta que perciba al detonante. Ahora el perro decidirá a dónde quiere ir, la mayor parte del tiempo. Síguele y no le estorbes, salvo para un Frenado Suave si ves que empieza a excitarse, como cuando se dirige directo hacia el detonante. Usa la lógica para saber cuándo y cómo ayudarle a desconectar.

6. Si dispones de una zona lo bastante amplia, haz que el ayudante siga alejándose y tú con el perro-alumno podéis seguirle durante la sesión. O también puedes hacer que el ayudante permanezca en una pequeña zona. Si el ayudante es un perro, permítele también explorar. Puede que necesites esconder algunos premios por el suelo, o enriquecer su entorno de algún modo para que se anime a explorar.

7. Tu perro necesitará tomar algunos descansos. Observa su lenguaje corporal para ver signos de evitación o de querer alejarse del detonante. Si se aleja en sentido opuesto al detonante, síguele igualmente. Podrás darle un descanso o finalizar la sesión. A menudo se preparan puestas en escena que están muy próximas al detonante. Pero cuando estás a la distancia adecuada, la mayoría de los perros mostrarán cierta curiosidad por el detonante, en lugar de querer evitarlo.

8. Tras la sesión, haz que el ayudante salga de escena y permite al perro-alumno olfatear e investigar la zona donde estuvo. Si el perro ayudante tenía un lecho, déjalo para que también lo olfatee de nuevo.

Recuerda variar las maneras en que haces la zona de entrenamiento más interesante, haciendo que el entorno sea lo más natural posible. Si no lo haces, entrenarás accidentalmente a tu perro a estar a gusto únicamente si cierto estímulo como la comida está presente, o sólo si pasea por una zona determinada. Incluso con las camas de perros y otros objetos con olores, haz variaciones. A mí me gusta emplearlos en las primeras sesiones, pero no hay que poner objetos con olores en todas las sesiones.

Consejo para Pros: Si el nivel de estrés ya es alto en los Pasos 1 o 3, tu perro aún no está preparado para un escenario con el ayudante a la vista. Un progreso lento y consistente te hará avanzar más rápido que intentando apresurarte. Agradece a tu ayudante por haber venido y haz que ponga a sus perros fuera de escena o incluso que se vaya a su casa. Puedes practicar tus técnicas de correa y deambular por la zona. Permite que tu perro pueda relajarse incluso sin tener al detonante a la vista. Y si con eso no es suficiente, saca a tu perro del área de trabajo, dale un juguete interactivo con comida, y trata de imaginar maneras en las que reducir aún más su nivel de activación. Mira el apartado de Soluciones para ver algunas ideas.

Puesta en escena BAT
Ayudante Semi-Estacionario

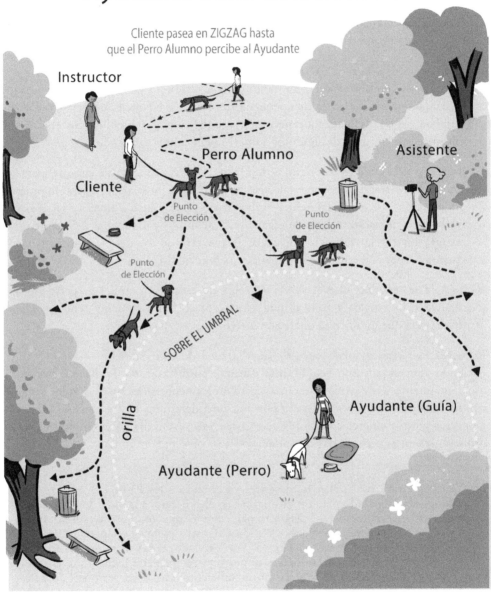

Cliente pasea en ZIGZAG hasta
que el Perro Alumno percibe al Ayudante

Instructor

Perro Alumno

Asistente

Cliente

Punto
de Elección

Punto
de Elección

Punto
de Elección

SOBRE EL UMBRAL

orilla

Ayudante (Guía)

Ayudante (Perro)

Pasear en paralelo

Pasear en paralelo es algo fundamental en el repertorio de la mayoría de entrenadores, y puede emplearse en las sesiones BAT. Aunque en el caso de BAT, la expresión no es realmente muy acertada, porque no estás simplemente paseando en trayectorias paralelas. El perro sigue teniendo la capacidad de decidir, a grandes rasgos, a dónde quiere dirigirse. Puedes empezar paseando en paralelo, pero podrías luego seguir al ayudante, o dejarle explorar unos arbustos al otro lado de la zona de entrenamiento.

Las puestas en escena son más naturales cuando el perro está en movimiento. Los perros normalmente no salen de casa y se quedan parados en un sitio. A mí me gusta que ambos perros estén en movimiento, con el perro-ayudante caminando delante, y el perro-alumno detrás a su propio ritmo. Para realizar una versión más "en paralelo", haremos que el ayudante camine en un sendero recto, y nuestro perro saliéndose del sendero, lejos de él, como deseemos. Podemos también empezar con un poco de "Marca y Muévete" para reforzar las buenas elecciones, lo que implicaría de hecho salirse del sendero igualmente. Así que no estaremos haciendo una trayectoria recta y paralela, sino más bien una trayectoria sinuosa.

Con el paseo en paralelo, tu perro y el ayudante pueden pasear el uno hacia el otro (con algunas curvas) o caminar en el mismo sentido. Considera siempre la distancia mínima a la que llegarás. Ir en el mismo sentido con tu perro siguiendo al ayudante, es mucho más fácil que dirigirse el uno hacia el otro, lo que supone un desafío mucho mayor. En ese caso incluso puedes añadir cierta curvatura a tu trayectoria para facilitarle las cosas a tu perro. Ten cuidado de no limitar con tu cuerpo su capacidad de movimiento si quiere alejarse del detonante, es algo fácil de olvidar mientras practicas el paseo en paralelo.

Hecho correctamente, el paseo en paralelo es muy bueno para que tu perro pueda acostumbrarse a sentirse cómodo con personas y perros en movimiento. También le ayuda a estar más calmado porque mantiene el equilibrio y está enfocado en su propio movimiento. Los perros tienden a ser menos explosivos cuando están moviéndose, en lugar de permanecer quietos, y es por ello que todas las versiones de BAT incluimos movimiento. También así los perros aprenden a ofrecer conductas adecuadas mientras se mueven, en lugar de realizarlas sólo como respuesta a una parada o a la tensión de la correa. Si haces un paseo en paralelo a distancias cortas, te recomiendo usar una valla entre el perro y el detonante, o ponerle al perro un bozal si ya le has habituado a llevarlo cómodamente.

Cuando paseáis en el mismo sentido, es buena idea empezar a mucha distancia, y permitir que tu perro se aproxime al sendero paulatinamente, como haría un coche en una autopista cambiando de carril, en lugar de caminar directamente hacia el detonante para luego caminar juntos. Así que si vas a seguir al ayudante, haz que éste camine adelantado y aproxímate tú en curva para seguirle, permitiendo que tu perro vaya acercándose lentamente. Ten en cuenta que no estás llevando a tu perro al sendero, sino que cuando él desee acercarse, tú le ayudarás a incorporarse suavemente en lugar de dirigirse directamente hacia el detonante.

A mí me encanta entrenar el paseo en paralelo, especialmente siguiendo al ayudante, pero me he dado cuenta de que la gente está demasiado pendiente de mantenerse cerca de la otra persona. Eso nos hace ser más propensos a guiar al perro hacia el detonante o impedirle que se aleje. Lo he comprobado en mis propios vídeos. Observa cualquier señal de apaciguamiento y asegúrate de que no estás bloqueando que tu perro pueda retirarse. Graba tus sesiones y observa igualmente tu propio comportamiento.

> Consejo para Pros: cuando hago una sesión en el domicilio de un perro con conducta territorial, o con miedo a los desconocidos, empiezo saliendo a dar un paseo empleando el paseo en paralelo acercándome al sendero gradualmente como he descrito antes. Doy primero una vuelta por donde vive, y después sale el propietario con el perro y van acercándose a mí en el transcurso de la calle, mientras camino. Yo ignoro al perro al principio, y él de manera natural se va acercando a recabar información sobre mí y luego se aleja un poco. Algunos me ladran, pero la mayoría se sienten lo bastante valientes como para indagar sobre esa persona que camina por delante y que les ignora mientras va soltando algunos premios. Nota: evidentemente sólo hago esta sesión si antes he enseñado al propietario las técnicas de correa y se cumple que: 1.-el perro no tiene historial de agresiones con mordedura, 2.-su historial reciente de agresión se debe únicamente a problemas de posesión de recursos o de sentirse amenazado por un humano, o 3.- el perro lleva un bozal.

Durante el Paseo en Paralelo en el mismo sentido, *cuando camina cerca del ayudante, el perro está constantemente en un punto de elección.* Cuando te acercas a unos 3 metros de distancia, puedes empezar a usar el Marca y Muévete, es decir, marca cualquier conducta sustitutiva, y después alejaos y prémiale. Es ese caso, continuarás en la misma dirección, pero te alejarás unos 3-5 metros del detonante, y desde ahí, volverás a seguir a tu perro.

Si lo practicas caminando uno hacia el otro, prepara el escenario para que las trayectorias estén separadas por una distancia mínima de seguridad, digamos unos 7 metros. Si tu perro se aleja más del detonante, es su decisión, debes seguirle. No fuerces el seguir trayectorias paralelas. Igualmente permitid que el perro ayudante se aleje cuando quiera. El trabajo de los guías humanos es sólo prevenir que los perros se acerquen a menos de la distancia de seguridad. Si ves alguna señal de apaciguamiento, puedes invitar a tu perro a alejaros (en perpendicular a las trayectorias paralelas, o retrocediendo). La distancia más corta a la que llegues (en este caso 7 metros) debería ser mayor que la distancia a la que hayas conseguido acercarte en otras sesiones BAT, ya que caminar uno hacia el otro es mucho más exigente para el perro.

Cuando llegues al punto en que el perro está cerca del detonante, sentirás una gran tentación de acercarte un poco más. Cuando los perros llegan a una distancia del orden de la longitud de la correa, son más propensos a caer en el *campo magnético,* aunque hace un instante estuvieran por debajo de su umbral. Al principio tendrás que invitarle más a desconectar, para evitar que sea atraído como un imán al detonante. En el siguiente capítulo, explicaré más detalladamente ese tipo de trabajo a distancias cortas.

CAPÍTULO 7

Marca y Muévete: Distancias Cortas y Espacios Reducidos

BAT está diseñado para ayudar a los perros a tomar sus propias decisiones. Y cuando eso no sea posible, nos esforzaremos para influir en su elección sin distraerle demasiado. En la siguiente lista, verás las maneras de modificar la conducta de tu perro al llegar al punto de elección, ordenadas desde la menos a la más intrusiva.

- Empoderar: prepara el entorno con antelación para que el perro pueda explorar libremente (zonas verde y azul)

- Gestión del espacio: Invítale a desconectar después de que muestre la señal de apaciguamiento (zona amarilla)

- Redirigir: Pídele que realice la señal de apaciguamiento antes de que tome una decisión (zona naranja)

- Detener la Reactividad: retira completamente ese escenario de elección (zona roja: sácale de la correa, aparta el detonante...¡usa un teletransportador de ciencia ficción si hace falta!).

Lo ideal sería poder empoderar a nuestro perro durante toda la puesta en escena (Punto nº1 de la lista). Nunca querremos estar en la situación en la que necesitamos detener la reactividad (punto nº4). Cuando el perro-alumno está demasiado cerca del detonante el nivel de activación puede subir repentinamente si al perro le dejas decidir por sí mismo. Por ese motivo, yo suelo emplear barreras físicas, así como señales graduales para asegurarme de que el perro no se mete en problemas (pasos nº2 y nº3). Si no puede calmarse, le daré una señal muy evidente, como una llamada o un marcador como el clicker. Así hago que el perro se aleje, y refuerzo. A esta técnica la llamo Marca y Muévete. Es una manera de entrenar BAT 2.0 es situaciones en las que no podemos acompañar al perro sin más, sino que tenemos que dirigir más su movimiento para evitar que rebase su umbral de reactividad.

BAT: Marca y Muévete

Técnicas de Supervivencia en la **Vida Real** o **Espacios Reducidos**

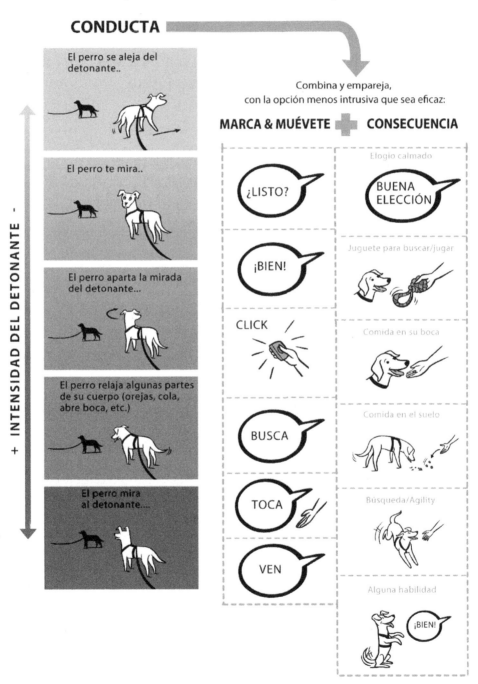

Marca y Muévete

Con esta técnica, señalarás la mejor conducta que de un modo razonable esperes de tu perro, para a continuación alejaros y después reforzar. Puedes combinar y mezclar marcadores, conductas, y los reforzadores que das tras alejaros. Si ya conocías la versión antigua de BAT, verás que es una versión más clara y flexible de las "etapas".

El orden es muy importante: *hay que reforzar tras alejarse.* Esto hace que el perro entienda que se está alejando y así también reforzamos esa conducta. A ese refuerzo que damos tras alejarse lo llamo un "premio extra". Es una consecuencia que a tu perro le gusta pero que no está relacionada con esa conducta particular. A diferencia de un refuerzo funcional, que es como el salario, esto es más como una paga/bonificación extra. Puedes dar un premio extra *después* del refuerzo funcional, para que el perro pueda apreciar primero el refuerzo funcional, es decir que su conducta sustitutiva lleva a la misma consecuencia deseada que la conducta reactiva que estás tratando de eliminar.

Marcar una conducta

Puedes marcar cualquier conducta que sea adecuada en ese momento, como mirar al detonante, o cualquier otra señal de apaciguamiento. En otras palabras, cualquier movimiento que no implique un despunte de agresión o frustración, es válido. Puedes marcar el mirar al detonante si el perro aún no ha ladrado, ya que sólo mirarle es una conducta mucho mejor. No te preocupes si piensas que podrías estar reforzando el mirar fijamente. En un estudio en humanos llevado a cabo por Smith y Churchill (2002), reforzar los precursores de la agresión (esas conductas que normalmente predicen una agresión a continuación) en realidad reducen la frecuencia del comportamiento agresivo.

Observa en la ilustración cómo cada columna la encabeza la opción menos intrusiva, pasando a intervenciones más intrusivas a medida que desciendes. Siempre debes usar la técnica menos intrusiva que sea eficaz. Por ejemplo, cuando los perros se presentan por primera vez, clickaría al perro-alumno tan sólo por mirar al ayudante, nos alejaríamos, y le premiaría con un grandes halagos. O quizá le diría "muy bien" cuando olisquee el trasero del otro perro, luego nos alejaríamos, y le permitiría buscar algunos premios por el césped. Puedes elegir la opción que más te guste, lo que sea que motive a tu perro.

¿Y por qué no usamos directamente los mayores y más excitantes marcadores y reforzadores? Porque cuanto más excitante sea la situación, menos recordarán realmente sobre el encuentro. También se saludarán torpemente, con menos destreza. Cuando seleccionas grandes reforzadores, los perros pueden motivarse tanto por hacer la conducta que elegimos reforzar, que pierden los pequeños detalles de la interacción social.

Haciendo una analogía con personas: imagina que estás en un programa de TV en el que puedes ganar un millón de dólares si eres capaz de aprender un saludo nuevo con otro concursante. Probablemente no prestarás atención a las pequeñas señales sociales de tu compañero, como el contacto visual, su risa, si necesita un poco más de espacio, etc. Estarás demasiado enfocado en el apretón de manos, porque eso es lo que se refuerza.

Si ese tipo de experiencias intensas fuera tu única forma de interacción con los de tu especie, tus habilidades sociales serían bastante torpes. Serías muy bueno en dar rápidos apretones de manos, pero serías un desastre en cuanto a la verdadera comunicación, como tener una pequeña charla o atender al lenguaje corporal. Lo mismo ocurre con los perros. En BAT, practicamos Marca y Muévete para asegurarnos de que los perros no interactúan directamente hasta que no están preparados. Sin embargo, en cuanto es posible, minimizamos la intensidad de nuestra ayuda, para que nuestros perros puedan dejar de jugar al "apretón de manos del millón de dólares" y aprendan de un modo más natural.

Pongamos un ejemplo: digamos que estoy entrenando una puesta en escena con mi perro-alumno, el Reactivo Rudy, y el perro-ayudante, la Dulce Dana. Podríamos empezar haciendo que Dana se aleje y Rudy la siga. Trabajamos así diez minutos, tomamos un descanso de 5 minutos, y empezamos de nuevo otros diez minutos. Durante ese tiempo, Rudy se ha ido acercando progresivamente a Dana, hasta llegar a una distancia de trabajo entre ellos de unos tres metros. Para un perro que ha hecho otras sesiones BAT antes, esto es normalmente un tiempo suficiente de introducción para que el perro-alumno se sienta cómodo olfateando al ayudante, por lo que nuestro Rudy está preparado para una presentación. Así que les llevaríamos a ambos a un lugar con una valla entre ellos, o podríamos ponerle un bozal a Rudy (habiéndole habituado previamente a llevarlo y entonces empezaríamos a practicar Marca y Muévete, que nos servirá a modo de transición para un trabajo en distancias más cortas.

Como hemos tomado medidas de seguridad, podemos permitir que Rudy se acerque un poco más a Dana, que estará mirando en sentido opuesto. Podrían estar parados, pero la opción más segura es que el perro-alumno siga al perro-ayudante caminando en la misma dirección. Cuando Rudy empiece a olfatear, su guía marcará/clickará en el acto, llamará a Rudy si aún no se ha girado para retirarse, se alejarán unos 5 metros más de Dana, y lanzará algunos premios al suelo. El guía de Dana podrá también premiarla como recompensa, y para evitar que se gire a seguir a Rudy. Si clickamos a Rudy justo tras olfatear a Dana tan de cerca, no le daremos la opción de rebasar su umbral. Después permítele que vuelva a seguir a Dana, ¡pero no le dirijas tú hacia ella! Repite el proceso unas cuantas veces, y tras unas cinco repeticiones, espera un poco antes de clickar. Puedes esperar un segundo más, o marcar cuando muestre alguna señal de apaciguamiento, si observas alguna. Siempre que Marcas, te Mueves, y después refuerzas. Tras otras cinco repeticiones espera un poco más para clickar, o alguna señal de apaciguamiento más evidente. Al ir desvaneciendo la secuencia de Marca y Muévete, le darás a Rudy más control sobre la situación, y le permitirás experimentar los reforzadores naturales que surjan espontáneamente.

En las siguientes fotografías puedes ver con claridad la técnica de Marca y Muévete.

El perro se detiene en el Punto de Elección.

En cuanto el perro empieza a desconectar apartando la mirada, marca la conducta.

El perro empieza a girarse hacia ti, anticipando la llegada del premio.

Ve hacia atrás para alejaros del detonante.

Coge el premio cuando os hayáis alejado. (El precioso Bean, era nuestro falso ayudante).

Entrega el refuerzo. (el ayudante no debería estar ahí).

Usar premios

En función del perro-estudiante, necesitarás más premios o podrás entrenar con menos. Cuando el perro muestra conductas de miedo/evitación, no hay mucho Marca y Muévete que puedas hacer, porque de hecho el perro ya se alejará del detonante por sí mismo. Por otro lado, estará muy pendiente de evitarle, así que puedes empezar a marcar la conducta de mirarle, para ir construyendo cierto interés en aproximarse. Para los perros que van ansiosos a jugar o sufren otro tipo de frustración, necesitarás hacer más Marca y Muévete para contrarrestar el fuerte impulso que les dirige al detonante. Reforzar el alejarse hace que se consolide la secuencia acercarse-alejarse, y así el perro ni le evita ni se queda paralizado en una presentación.

Pero como ya he escrito, si das muchos premios tú mismo, el perro no estará haciendo una presentación, sino una secuencia de movimientos. No te agobies con dar un montón de premios en las presentaciones, ni siquiera cuando hagas Marca y Muévete. Sólo están para poner en marcha el comportamiento social natural. Tan pronto como sea posible, ve haciendo desaparecer el clicker y los premios.

Así en el ejemplo de Rudy, su guía haría las quince repeticiones con premios atractivos (aproximadamente) y luego pasaría a marcar y reforzar con menos intensidad, marcando por ejemplo con un "Hecho", cambiando su postura corporal para invitarle a alejarse, y reforzaría con algún halago. Esto le daría a Rudy la opción de alejarse, pero no le estaría motivando artificialmente para hacerlo. De ese modo, podrá prestar atención al contexto social y alejarse cuando se sienta dispuesto, no sólo para conseguir un premio. En poco tiempo, le diría al guía que dejara de marcar, o lo hiciera ocasionalmente, para fomentar un movimiento más natural y una interacción más fluida entre los perros. El comportamiento de Rudy seguirá cambiando debido a los refuerzos espontáneos del entorno que va consiguiendo por ajustar el nivel de contacto social que realiza con Dana. Después de un tiempo paseando y explorando juntos, Rudy tendrá una nueva amiga. Esto será un gran avance en nuestro camino para cambiar cómo se siente con respecto a todos los demás perros.

Nota: en cualquier ámbito de BAT 2.0, cuando el perro percibe al detonante, le permitimos controlar su movimiento en relación a él. Eso implica que ¡tú no le tienes que guiar hacia el detonante! Este consejo es difícil de seguir cuando practicas Marca y Muévete, porque nos hace adoptar un rol directivo.

Así que obsérvate en vídeo, o dile a un ayudante que te mire y vea si estás guiando sin querer a tu perro hacia el detonante, cambiando tu postura, o colocándote entre el perro y el detonante. Date un premio a ti mismo, cada vez que veas que te apartas de su camino, o resistes la tentación de guiarle.

Saliendo de paseo

Marca y Muévete es también muy útil cuando sales de paseo, especialmente cuando tu perro percibe un detonante que aparece de la nada. Siempre que veas que tu perro no podrá gestionar por sí mismo la situación, puedes emplear Marca y Muévete para reforzar una buena elección. Si de ninguna manera puedes alejarte del detonante, simplemente clicka y premia las buenas elecciones, y luego piensa en cómo evitar en el futuro una "encerrona" similar.

Intrusos inesperados

Si estás en una sesión BAT con un ayudante con el que no necesitas usar Marca y Muévete, pero aparece de repente un detonante imprevisto, puedes aplicar la técnica momentáneamente con él. Cuando el detonante haya desaparecido, muestra a tu perro la señal de "Hemos Terminado" que le indica que ya no hay más premios, y regresa a la técnica que estuvieras empleando en la puesta en escena. Puede ayudarte esparcir en secreto algunos premios por el suelo, para ayudar a tu perro a volver al "modo exploración".

Casos severos

Cuando un perro muerde sin apenas avisarnos, suele deberse a que sus peticiones de espacio previas han sido severamente castigadas en el pasado. Si estoy con un perro así, suelo emplear Marca y Muévete más de lo que haría, cuando trabajo en distancias cortas. Me enfoco en enseñarle a evitar al detonante, y a prestar atención al guía. Es mucho más seguro enseñar a un perro que muerde sin avisar, a evitar a sus detonantes, que a tratar de interactuar pacíficamente con ellos, salvo que los cuidadores le hayan enseñado a llevar el bozal siempre que está cerca de detonantes.

A pocos metros/Presentaciones

Veo un cambio palpable de actitud cuando el perro-alumno es capaz de interactuar simultáneamente con varios ayudantes. Me gusta entrenar hasta el punto en que el perro puede implicarse en una "conversación" y no está sólo preocupado de si aproximarse al ayudante o de si éste se va a acercar. Al principio, probablemente tendrás que trabajar con el mismo ayudante en muchas sesiones hasta llegar a una presentación. Entre medias puedes trabajar con otros ayudantes. Y es importante asegurarse de que las presentaciones son seguras, así que si dudas sobre si es buen momento para que el perro salude al ayudante, la respuesta probablemente es "no". Existen también muchos beneficios de tener amigos con los que el perro puede pasear pero en realidad no le tocan. Una de las partes más complicadas de trabajar con perros reactivos es pensar qué hacer cuando el perro está suficientemente cerca (a unos tres metros) como para morder a otro perro, a una persona, o a un objeto. Ya he explicado algunos consejos de seguridad para trabajar en distancias cortas, y aquí tienes algunos más:

Lo primero y más importante: mantente en movimiento. Los perros que se quedan quietos en torno a detonantes son más propensos a meterse en problemas. Utiliza el protocolo del Paseo en Paralelo, o seguir al detonante, como ya vimos en el apartado anterior. Permite únicamente presentaciones breves, trata de seguir en movimiento, o haz algo que haga que tu perro se mueva. Si tienen que concentrarse en dónde ir poniendo sus patas, no prestarán toda su atención a los detonantes, lo cual puede ayudarnos a evitar respuestas reactivas.

Las presentaciones deberían ser muy breves al principio. como de un cuarto de segundo o menos. Ahí es donde Marca y Muévete resulta especialmente útil. Ve progresando hacia presentaciones más largas ayudándote de reforzadores tangibles (premios, etc.) tras alejaros. Poco a poco ve retirando los premios y refuerza sólo con elogios por haberse alejado: espera a que termine su saludo y entonces anímale a alejarse del ayudante. Llegará un momento en que simplemente tendrás que dejar que él mismo decida cuándo terminar la interacción y cuándo quiere alejarse. A lo largo del proceso, empodera a tu perro a alejarse por propia elección, y vigila que tu lenguaje corporal no está bloqueando su camino de salida ni le está guiando de nuevo al ayudante (como solíamos hacer en BAT 1.0).

Las presentaciones cara a cara son mucho más exigentes para el perro que las presentaciones desde atrás, tanto si el detonante es otro perro como una persona. He hecho una lista ordenada por dificultad de la mayoría de variantes de presentaciones. Ten en cuenta que cada perro es un individuo y tu perro no va a leerse esta lista para averiguar qué tipo de aproximación se supone que será más fácil o difícil para él. Igualmente no ha sido elaborada basada en investigaciones científicas, sino en mis propias observaciones con los clientes. Además de esta lista, ten en cuenta las otras variables que vimos en el Capítulo 6, como las vocalizaciones y otros objetos en el escenario.

Nota: cuando hablo de "estacionario", me refiero a que el ayudante que hace el papel de detonante está básicamente en un mismo lugar. Puede ser en una posición fija, como sentado, o puede estar olfateando el suelo en una determinada zona.

1. Tu perro se aproxima al detonante, que camina alejándose (alumno siguiendo al ayudante).

2. Tu perro se acerca al detonante estacionario, desde un lado. Cuando tu perro empieza a caminar, el detonante se aleja hacia la izquierda o derecha (los ángulos pueden variar).

3. El detonante se aproxima a tu perro, que camina alejándose (el ayudante siguiendo al alumno).

4. Tu perro se acerca al detonante, que está estacionario, pero mirando en sentido opuesto a vosotros.

5. Tu perro se acerca al detonante, que está estacionario, girado en lateral.

6. Tu perro se acerca al detonante, que está estacionario y girado hacia vosotros.

7. El detonante se acerca a tu perro, que está estacionario, pero girado en sentido opuesto (y posiblemente comiendo premios)

8. El detonante se acerca a tu perro, que está estacionario, pero girado en lateral

9. Tu perro y el detonante se aproximan entre sí (lentamente, posiblemente con un margen entre trayectorias al principio)

10. Tu perro y el detonante se aproximan entre sí, rápidamente.

Recuerda, esto no es aplicable a todos los perros. Por ejemplo, a veces el punto #6 es un reto mayor que el #9, sólo porque el ayudante está estacionario. En #9 puedes observar mejor el lenguaje corporal para saber si el perro quiere seguir avanzando o prefiere evitarlo. Experimenta con tu perro. También puedes añadir más pasos, considerando distintos modos en que tu perro y el ayudante se aproximan el uno al otro (un acercamiento frontal suele ser más propenso a provocar una mala reacción, que uno arqueado). La tensión de la correa también influye en el proceso.

La mayor parte del tiempo, deberías tratar de diseñar escenarios en los que no estás poniendo a tu perro en estas situaciones (presentaciones y cortas distancias). Como personas, tenemos tendencia a volvernos ambiciosos con los progresos, y eso realmente acaba ralentizándolo todo. Trata de dejar que estos encuentros ocurran de un modo más natural, cuando tu perro esté preparado. Algunos tipos de interacción son, por definición, iniciados por el detonante. Si tu perro no decidió acercarse al detonante, cuando desconecte alejaos para darle la posibilidad de elegir si quiere volver a aproximarse de nuevo. Si no quiere, posiblemente has tratado de avanzar demasiado deprisa.

A mí me gusta ensayar todas las variantes a distancias mayores, antes de entrenar en distancias cortas. Para el punto #10 (perros acercándose entre sí, rápidamente) recomiendo detenerse en un punto de elección cuando estén a unos 4 metros de distancia, antes de intentarlo en el margen de conflicto potencial. Cuando empieces a trabajar tan cerca que tu perro podría alcanzar al detonante, vuelve a la versión más fácil del tipo de interacción, y ve subiendo la dificultad sistemáticamente.

Esto no es tan necesario cuando trabajas a distancias mayores. Supongamos que yo hago de ayudante y el perro del cliente está a 15 metros de mí. Podría empezar mirando directa, pero brevemente al perro, y ponerme a charlar con el guía sobre qué debe hacer. Si eso es muy difícil para el perro, mi primer ajuste será aumentar la distancia entre el perro y el detonante (yo). Y combinaré momentos en que miro al perro y momentos en que no lo hago (en cualquier caso asegúrate de que el guía del perro sabe perfectamente qué está sucediendo).

Cuando estoy entrenando cerca del perro, preparo físicamente el escenario para que todo vaya bien, porque 1) es cuestión de seguridad, y 2) puede que hayamos obviado algún aspecto del detonante. Para evitar acumulación de detonantes, reduzco el escenario a la versión más fácil cuando estamos dentro del margen de los 3 metros. Así que si soy la ayudante, no hago contacto visual. Estaré girada, o alejándome, o sentada, y tendré las manos en los bolsillos, etc.

Trabajar a distancias cortas es peligroso a menos que emplees elementos de seguridad en el lugar adecuado (y aún así implica cierto peligro, honestamente). Hasta que no estés plenamente convencido de que tu perro reaccionará sin morder, ten siempre al menos dos barreras entre sus dientes y la piel de cualquiera. La correa cuenta como una barrera, y en muchos casos trabajar desde lejos es otra "barrera" (dando por hecho que el perro no va a correr a través del campo para pelearse, y que existe un lugar accesible para que el ayudante escape en caso de que la correa se suelte). Cuando trabajamos con perros con un historial de agresiones con heridas a perros o personas, o entrenamos a distancias cortas, podemos añadir una segunda capa de seguridad haciendo que el perro lleve puesto un bozal, o poniendo una valla entre el perro y el detonante.

Como ya he comentado antes, debes tomarte un tiempo para habituar a tu perro a llevar el bozal antes de poder emplearlo en la vida real, para que no suponga un elemento más de estrés. De otro modo, corres el riesgo de que el perro asocie el estrés del bozal con el detonante, y en lugar de aprender que es seguro estar cerca del detonante, estaremos empeorando las cosas.

Si usas un bozal en lugar de una valla, ten atado al perro con la correa durante las primeras sesiones a distancias cortas. Para evitar que se enrede, mantente atento y en movimiento, siguiendo las indicaciones de las siguientes ilustraciones. A menos que ya te sientas muy cómodo usando una correa larga, te recomiendo usar una más corta para el trabajo a distancia reducida.

Mantén la correa sin tensión y sujétala con firmeza, cerca de tu centro de gravedad, para que si tu perro tira repentinamente, puedas controlarle. Prepárate para retroceder si hay que sacar al perro de un posible conflicto. Los perros son mucho más rápidos que los humanos, pero si estás listo, podrás ayudarle a evitar una mordedura. Como normalmente nos dan muchas señales de aviso, tienes tiempo suficiente de sacarles de un lío. Si aún no eres capaz de ver las señales de aviso, contrata a un educador canino para que te ayude.

Consejos:

- Sujeta bien la correa en las presentaciones.

- La correa debe ser lo suficientemente corta para evitar enredos, pero que el perro no la note siempre tensa.

- Estate preparado para sacar al perro si ves que se agarrota, fija la mirada, mantiene la respiración, o muestra otros signos de tener problemas.

La siguiente ilustración muestra la forma correcta de sujetar la correa en las presentaciones. Cuando el perro esté atado, es vital que la correa no se enrede ni atrape a nadie. Para ello, coloca tu cuerpo de modo que no haya obstáculos entre tu perro y tú, ¡sobre todo el propio detonante!

En esencia, la cabeza de tu perro estará entre tú y el detonante, y la correa será perpendicular a su cuerpo. Tu mano, tu correa, la cabeza de tu perro, y el punto más cercano del detonante deberían estar alineados.

Si tu perro o el detonante se mueven, camina hasta recuperar la posición relativa correcta respecto a tu perro y el detonante. Si el detonante es también un perro, entonces su cabeza, su correa y su guía deberían estar igualmente alineados contigo y con tu perro. El motivo de esta disposición es que así serás capaz de separar a los perros tan rápido como sea posible, porque la tensión de la correa podrá tirar del perro en dirección opuesta al detonante. Aunque yo no utilizo la correa para castigar, la uso por seguridad. Como no soy muy corpulenta, y tengo reflejos lentos de humano, quiero que cada pizca de fuerza que haga en la correa me ayude a retirar rápidamente a mi perro del detonante. Obviamente debes usar la cantidad mínima de fuerza que puedas, para evitar lesiones o asustar a tu perro. Tirar como un Mimo puede ser también muy útil para incitar al perro a retirarse, pero por supuesto antes querrás tener una llamada alegre súper entrenada, para poder simplemente llamar a tu perro.

Cómo sujetar la correa
en las **PRESENTACIONES**

Los guías están uno frente al otro, con los perros en medio.

Sujeta bien la correa, pero no la ates a tu muñeca.

Mantén la correa suelta, pero no tanto que los perros puedan pisarla.

Cuando los perros giren, los guías deben moverse también.

Debéis seguir uno frente al otro, sin obstáculos entre vosotros y los perros.

Si uno llama a su perro para retirarse, el otro debe hacer lo mismo.

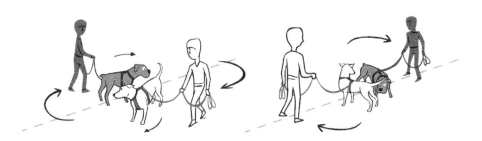

No permitas que las correas se enreden. Si eso ocurre, respira y mantén la calma. Desenredadlas en cuanto podáis, llama a tu perro y dale un premio.

Algunos perros cuando sienten la tensión de la correa se ponen a ladrar al perro que tienen cerca, o incluso le muerden. En cuanto la correa se tensa, la tensión emocional tiende a dispararse, ese es el motivo de que practiquemos el destensar la correa tras un Frenado Suave. Esto pasa con todos los perros, no sólo los que necesitan rehabilitarse. No tenses la correa a menos que quieras expresamente trabajar eso como parte de un contexto (normalmente yo lo practico a distancia). Mantén la correa sin tensión, o úsala en caso de emergencia para sacar con rapidez al perro de una posible pelea. Evitaremos siempre los tironcitos de correa, especialmente en estas situaciones, porque suelen añadir más estrés, e incluso provocan agresión redirigida (el perro te muerde a ti). Puedes enseñar a tu perro a responder mejor usando la técnica de La Correa de Seda para los paseos, de mi libro *Manual Oficial de Ahimsa Dog Training* (ver Bibliografía). También puedes practicar el Tirar como un Mimo. Haz que sea divertido, lanzando algún premio o un juguete a tu perro cuando se retire y te siga.

Cuando los perros están saludándose, no tires de la correa sólo porque desees irte ya, o como primera opción si hay complicaciones. Como decimos a los niños de preescolar: "dilo con palabras". Si quieres interrumpir un momento tenso, llama a tu perro, bosteza, tose, aléjate caminando (sin tensar la correa), Desliza la correa, dale toquecitos a la correa, haz el ruido de un beso al aire, o cualquiera de las cosas que hemos explicado en el apartado de las Señales Graduales.

Si vas a hacer escalada, tendrás una cuerda de seguridad, y un compañero de apoyo. pero la cuerda no es tu primera línea de seguridad para no caer al suelo. Empleas tu cerebro y haces lo que puedes por evitar ponerte en una situación arriesgada de caída. Es un asunto importante recurrir a tu cuerda de seguridad, porque aún así algo podría fallar. Podría romperse el equipo, el ayudante puede estar distraído, o podrías golpearte con alguna roca saliente. Lo mismo ocurre con tirar de la correa para sacar a un perro de un conflicto. Está bien tener una línea de seguridad como soporte de emergencia, pero es mejor evitar ponernos en la situación de necesitarla.

¿Cuándo dejaré de usar la correa? Sólo tendrás que trabajar sin correa, si ese tipo de interacción está entre tus objetivos. En la mayoría de casos, empezarás BAT con la correa, y de manera natural progresarás hasta tener al perro sin correa. Después de que hayas entrenado todas las variaciones de interacción entre tu perro y el detonante usando la correa, y hayas construido una llamada consistente, podrás empezar a trabajar sin correa con la ayuda de una valla entre los dos, y después sin valla pero con bozal (si es necesario). Si tu perro tiene una llamada espectacular y el ayudante está lo bastante alejado de la valla como para que tu perro se sienta cómodo, puedes empezar directamente a trabajar sin correa, sin hacer el trabajo previo con correa. Esto, por supuesto, suponiendo que estás en una zona acotada de modo que no infringes ninguna ley ni pones en peligro a los transeúntes.

Si notas tensión en la correa durante la sesión, ayuda rápidamente a rebajar los niveles de estrés, alejando al detonante, llamando a tu perro para alejarse, o relajando la situación de otro modo. Antes de trabajar sin correa, es importante trabajar tu señal de llamada (lee Venir a la Llamada en el Apéndice 1). Tu perro debería ser capaz de venir incluso con grandes distracciones, antes de trabajar sin correa. Otro modo de abordar las sesiones es tener un ayudante que sea capaz de alejarse tranquilamente del perro-alumno, y una barrera que evite que éste le siga. En cualquier caso, si el perro muestra una señal de apaciguamiento, debes disponer de alguna manera de reducir el estrés o la excitación. Cuando el perro está lo bastante cerca para causar daño, es especialmente importante saber lo que estás haciendo. Si llegados a este punto estás de algún modo inseguro sobre cómo garantizar la seguridad de tu perro, contrata a un entrenador profesional ¡y graba las sesiones!

Consejo para Pros: si llevas poco tiempo trabajando con casos de agresividad, te aconsejo contratar a un CBATI o cualquier otro entrenador o terapeuta del comportamiento con experiencia para asesorarte. Pueden ayudarte en persona, por teléfono, por video-chat, o en una escuela online como la mía: Animal Building Blocks Academy.

Marca y Muévete para las presentaciones eufóricas

Suelo usar Marca y Muévete más para perros con frustración que con los miedosos. Los perros no son tan propensos a alejarse por sí mismos y aumenta la tensión. También se construye un historial de reforzamiento por alejarse. Las conductas sustitutivas más eficaces para la reactividad por frustración son similares a las que queremos ver en otros tipos de reactividad, aunque no exactamente los mismos. Cuando trabajamos de cerca con perros que se frustran, marco las pequeñas señales de presentación al principio, luego paso a reforzar cualquier signo de autocontrol, y finalmente vuelvo al modo "seguir a tu perro" de BAT 2.0. Eventualmente también uso Marca y Muévete para las siguientes conductas cuando el perro-alumno entra por primera vez en la zona de entrenamiento. Estos son algunos comportamientos de autocontrol que puedes reforzar:

- No mirar al otro perro

- Girar la cabeza a otro lado

- Girar el cuerpo a otro lado

- Alejarse

- Olfatear el suelo

- Sentarse

- Tumbarse

- Mirarte

- Estirarse suavemente

Marca y Muévete en las presentaciones

Tras haber hecho puestas en escena y ver que tu perro ya no reacciona con el detonante a distancia, puedes tratar de entrenar las presentaciones. Por seguridad, usa un bozal, o pon una valla entre el perro y el ayudante. Haz que sea dinámico caminando detrás o en paralelo.

MARCA por CONECTAR

1.¡Click!   2. Alejaos   3. Premio

MARCA por DESCONECTAR

1. Espera o llámale   2. Marca   3. Alejaos   4. Premio

señal de calma: apartar la mirada

AHORA SIN COMIDA

1. Espera   2. Marca   3. Alejaos

señal de calma: relamido

En cuanto sea posible vuelve a BAT 2.0 estándar, en el que simplemente sigues al perro.

Algunas de estas conductas pueden ser complicadas para algunos perros, así que ¡elige sabiamente! Por ejemplo, un Border Collie puede tumbarse justo antes de lanzarse a otro perro, así que esa no será una buena conducta sustitutiva. Pero un Mastín Inglés tumbado seguramente indique que está relajado, para él levantarse de un tumbado no merece el esfuerzo.

Cuando el perro quiere realmente saludar al ayudante, alejarnos tras marcar su conducta puede aumentar su frustración, aunque le ofrezcas un premio extra. Cuando trabajé con Bean, me di cuenta de que en ocasiones ¡yo misma me sentía frustrada! Tras algunas sesiones BAT, supe que si él podía simplemente ir hacia el otro perro con calma, podría ir cogiendo destreza rápidamente si preparábamos con cuidado las presentaciones (si no poníamos cuidado lanzaba un mordisco). Una vez llegó a practicar tanto que yo simplemente me iba alejando más y más. Luego traté de hacer una versión en zigzag de Marca y Muévete. Cuando empezaba a enfocarse en otro perro, yo caminaba en perpendicular a la línea entre Bean y el otro perro, para invitarle a girar a su izquierda o derecha. Como siempre, hacía un Frenado Suave si se dirigía directamente al detonante. Le clickaba por desconectar y después lanzaba un premio unos 3-5 metros por delante, para hacerle avanzar a donde yo me dirigía. Repetíamos la secuencia, íbamos hacia el otro perro caminando en zigzag: cuando Bean avanzaba hacia el perro, yo empezaba a andar en el otro sentido (en perpendicular a su trayectoria) y hacía un Frenado Suave. Un detalle importante para el Marca y Muévete en zigzag es evitar guiar al perro hacia el detonante.

Si estás practicando y el perro se ve atraído hacia el detonante, puede ser porque te has acercado demasiado a él, demasiado pronto. Si ves que avanza directo al detonante u observas otros signos de estrés, como una respiración más agitada, erguir las orejas, colocarse de frente al detonante, etc., haz un Frenado Suave o camina en curva alejándote del detonante. Si mientras avanzáis hacia el ayudante haces un Frenado Suave y el perro desconecta bien pero vuelve a dirigirse directo al ayudante, llámale. Esto es diferente respecto a la versión antigua de BAT para perros frustrados, en la que el perro desconectaba del detonante, y caminábamos hacia él. Cuanta más curva sea la trayectoria de aproximación, mejor suele ser la presentación, así que puedes añadir zigzags, giros, etc. Enriquece el entorno un poco más y vuelve a una distancia a la que puedas trabajar el BAT 2.0 estándar (siguiendo a tu perro).

O puedes hacer ejercicios de seguir al ayudante en paralelo para que los perros no se fijen tanto el uno en el otro, y donde no necesitas usar el Marca y Muévete. Dicho esto, incluso a grandes distancias, puede que tengas que pasar a Marca y Muévete incluso con premios apetitosos, si el "campo magnético" del otro perro es muy potente. Si tu perro parece frustrarse más cuando deambula despacio, la estructura de Marca y Muévete puede ayudarle.

Muchos perros con frustración se ponen como locos a cierta distancia pero luego pueden saludar educadamente una vez que llegan hasta el otro perro. Para estos perros sólo tienes que trabajar aproximaciones calmadas y problema resuelto. Simplemente practica varios acercamientos educados con distintos perros, y permite que se presenten cuando ya estén lo suficientemente cerca. Otros perros tienden a mostrar el comportamiento "Tarzán" que Jean Donaldson explica en su libro *Fight!* (ver Bibliografía). Estos perros ansían ir a saludar a otros perros, pero carecen de las habilidades sociales que un perro normal usaría para evitar conflictos. Parece que quieren interaccionar, sólo que no son muy buenos intentándolo. Por ejemplo, en lugar de acercarse haciendo una curva y olfateando el trasero del otro perro, un comportamiento Tarzán sería tratar de empezar a jugar con un perro desconocido corriendo directamente hacia él y embistiéndole, lo cual puede provocar una trifulca o incluso una pelea seria. Me gustan las técnicas que Jean Donaldson explica en su libro, como interactuar con un grupo de perros bien socializados, para marcarle los límites y facilitar su aprendizaje. Encontrar perros que pueden decirle a Tarzán que se relaje sin hacerle daño o iniciar una pelea es un reto, pero si lo haces, resulta muy útil. Si tienes un perro con mucha frustración y pocas habilidades sociales, ése es un gran libro para añadir a tu biblioteca. Me gusta especialmente su empleo de avisos seguidos de Time Out si el perro se muestra rudo. De ese modo, tus perros-ayudante no tienen que marcar todos los límites. No sería justo para ellos.

Si la reactividad es causada por la frustración y el perro-alumno está muy interesado en saludar al otro perro, yo suelo usar Marca y Muévete durante más tiempo. Lo hago para compensar su extra de motivación para ir corriendo a saludar al otro perro. Pero debes tener cuidado de no quedarte estancado ahí. Aún necesita aprender habilidades sociales, a partir del feedback que recibe de los otros perros, no de tus premios. Dicho esto, Marca y Muévete en estos perros es muy útil para la primera parte de las presentaciones, porque puedes marcar las conductas propias de un saludo adecuado, alejarte, reforzar, y permitirle que lo intente de nuevo. Aunque tengan buenas intenciones, los perros que se acercan bruscamente pueden molestar incluso a los más pacientes perros-ayudante, así que ten cuidado de no sobrepasarte. Aprender a presentarse poco a poco con Marca y Muévete refuerza tanto la conducta de alejarse como las presentaciones educadas, así que es doble beneficio. Como los perros con frustración y pocas habilidades sociales no tienen por qué saber cómo rebajar el nivel de excitación en las presentaciones, tendrás que proponer interacciones muy cortas, como harías con perros que entran en pánico o se excitan hasta agredir. Llama a tu perro tras un saludo corto (más o menos un cuarto de segundo), aléjate, refuerza, y regresa hacia el otro perro. Si no tienes una buena llamada, ¡entrénala! En Marca y Muévete, el clicker normalmente atrapa la atención de tu perro (y marca la conducta deseada), pero igualmente querrás tener una excelente señal de llamada.

Lee la información sobre Clicker Training en el Apéndice 1, y en el *Manual Oficial de Ahimsa Dog Training* (ver Bibliografía) para aprender a iniciar al perro a venir cuando le llamas. También puedes usar el entrenamiento con clicker para enseñar una reverencia como conducta estándar. Un efecto secundario de reforzar mucho la reverencia cuando tu perro se presenta a otros, es que entrará a formar parte de su repertorio de saludo, y será más probable que se lo muestre a los otros perros. Al hacerlo, mostrará sus buenas intenciones, a lo cual la mayoría de perros responderán positivamente, y la interacción transcurrirá más apaciblemente.

Presentarse con la correa tensa y un arnés mal ajustado puede fomentar la reactividad. Haz presentaciones breves llamando a tu perro o usando Marca y Muévete.

Parte de la frustración de tu perro viene de no saber cuándo le permitirás acercarse a interactuar con otro perro y cuándo no. Un modo de dejárselo bien claro es no permitir jamás que salude a otro perro cuando sales de paseo. Reconozco que no tengo suficiente frialdad para hacer eso, pero confío en los entrenadores que me han confirmado que funciona, como Pia Silvani (ver Bibliografía). Yo prefiero tener una señal que le indique al perro cuándo puede acercarse a saludar, como "Ve a Decir Hola" y otra señal para indicarle que no vas a permitir presentaciones, como "Déjalo" o "Vámonos". Siempre que podamos ser realmente claros con los perros, tendrán más opciones de tener éxito.

Espacios reducidos: Juegos en paralelo

En terapia, o en colegios infantiles, el Juego en paralelo significa que los niños hacen sus tareas en presencia de otros niños. Es una manera independiente de socializar. Las exploraciones que el perro-alumno y el perro-ayudante realizan en una sesión BAT es un ejemplo de juego en paralelo. Cuando no tienes mucho espacio para que exploren libremente y deambulen, los perros pueden realizar actividades de juego en paralelo que sean más entretenidas. La desventaja del juego en paralelo es que los perros estarán más distraídos, y habrá más señales contextuales que después tendrás que descondicionar. Pero el lado bueno es que esas actividades mejorarán el estado de ánimo de tu perro y reducirá su distancia umbral, por lo que podrás hacer BAT en interiores. Esto es muy útil en invierno, en áreas urbanas, o en espacios reducidos que de otro modo el perro no podría afrontar.

Éstas son algunas de las actividades de juego en paralelo:

- Lluvia de premios (ver *Fuentes*)

- Ejercicios de Equilibrio/Propiocepción (discos de pilates, etc.)

- Ejercicios en suelo de TTouch (ver *Fuentes*)

- Juegos de olfato (premios en cajas, olores escondidos, juguetes, llaveros, un objeto del ayudante, etc.)

- Puzzle con comida (puede provocar posesión de recursos)

- Masajes

- Relajarse en una alfombrilla

- Deportes caninos

- Juego físico contigo

- Enseñarle una nueva habilidad con clicker

Cualquier cosa que tu perro disfrute haciendo es un juego en paralelo potencial. Mientras lo realiza, tu perro está concentrado en lo que hace pero también percibirá la presencia del detonante. Observa su lenguaje corporal, y permite interacciones seguras y por debajo del umbral de reactividad, justo como harías en una sesión típica de BAT. Yo prefiero actividades de baja activación para el juego en paralelo porque implica un estado mental más adecuado para interactuar con otros perros. La mayoría de perros serán menos propensos a ladrarse frenéticamente durante un masaje relajante que durante una intensa competición de flyball. Por lo general no haría una combinación BAT/flyball a menos que un cliente quiera entrenar específicamente en un contexto de flyball. Incluso en ese caso, le propondría otro deporte que no fuera tan frenético (o le remitiría a algún entrenador especializado en entrenar a jugar a flyball de un modo tranquilo y seguro). La siguiente ilustración muestra a dos perros entrenando simultáneamente BAT junto a otras actividades, con una valla de seguridad. Permite que tu perro deambule por la zona tanto como sea posible. Por ejemplo, si tu perro está haciendo agility y para un momento para mirar al otro perro, permítele recoger esa información. No le pidas enseguida que vuelva a mirarte. De hecho tendrás un mejor focus en ti y una mejor recuperación si le permites olfatear y observar. Simplemente espera, relájate, respira, y cuando tu perro continúe, acompáñale. Si se queda mirándote, cambia de posición preguntándole con tu cuerpo si desea alejarse ya del detonante, como harías en una sesión BAT normal. Cuando veas que ya ha recogido toda la información que necesita por ahora, y le apetece proseguir con las actividades, volved a los juegos en paralelo.

Como siempre, si ves signos de excitación y crees que tu perro "explotará" si no le llamas, hazlo. Pero eso te dirá que estás entrenando demasiado cerca del detonante, así que modifica algo en el escenario. No deberías tener que llamarle para prevenir que reaccione mal.

BAT: JUEGOS EN PARALELO

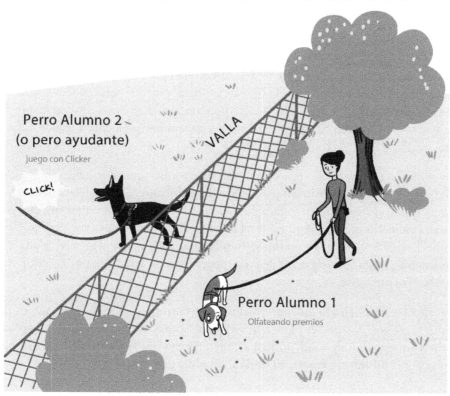

Consejos para espacios reducidos

Cuando no hay espacio para dejar que el perro deambule libremente, como en una puesta en escena "real" de BAT, yo suelo apoyarme en Marca y Muévete. En realidad, cuando me doy cuenta de que el espacio de demasiado reducido para un perro particular, lo que hago esforzarme en encontrar otra ubicación más amplia para ese perro. A veces no existe otra opción, así que usaré los juegos en paralelo, añadiré muchas barreras, y/o haré Marca y Muévete. En un espacio pequeño, muchos perros se lanzarán como una bala a pelearse con el otro perro, cuando si estuvieran a una distancia mayor, preferirían alejarse felizmente (después de recoger). En esos espacios reducidos en que el perro está tan atraído por el detonante, puedes clickar conductas sutiles, como pestañear, suspirar, o relajar la mandíbula. Por sí mismo es probable que no se aleje hasta que haya investigado bien al detonante, pero si clickas, es más probable que desconecte y se aleje contigo. Aunque digo "clickar", puedes usar cualquier marcador como ya he mencionado.

Clicka para marcar una conducta buena, aléjate caminando o trotando (llamando a tu perro si es necesario), y dale después un premio o un juguete. Será más probable que se aleje porque también le llevará a un premio. Cuando un perro coge el hábito de alejarse, se queda menos bloqueado en presencia del detonante. Asegúrate antes de haberte alejado por completo, para que el perro compruebe efectivamente que su conducta ha ayudado a rebajar el estrés de esa situación (refuerzo funcional), y entonces le podrás dar su premio extra (comida, juguete, juego, etc.).

Otra manera de hacer Marca y Muévete en un espacio reducido es empezar entrenando antes el "Ve a tu Cama". En tu puesta en escena BAT, coloca una barrera y pon su cama detrás, para que pueda cobijarse tras la barrera (voluntariamente o bajo señal). La barrera visual puede ser completa o parcial para que tu perro pueda observar el escenario pero se sienta más seguro. Las barreras deberían ser suficientemente bajas para que tú puedas ver por encima. Así no la enviarás por accidente a donde haya otro perro.

Si es posible y seguro, deja una puerta abierta para que tu perro tenga la opción de abandonar la zona de entreno sin pasar cerca del detonante. Siempre deberías *darle a tu perro la opción de evitar estar cerca del detonante*. He visto clases en las que los perros estaban comiendo premios pero no estaban en absoluto cómodos estando ahí. Incluso aunque le dieras cientos de premios, si sobrepasa su umbral de reactividad es que necesitas una mejor estrategia. Tener una puerta abierta para que pueda elegir irse es una. ¿Se te ocurren otras?

Antes de la sesión, reparte muchos objetos interesantes por el suelo para que tu perro explore y olfatee. Puede ser algo tan intrigante como una toalla con la que hayan secado a un gato, o algo tan normal como una caja de cereales vacía. Si no puede olfatear por sí mismo sin rebasar su umbral, usa Marca y Muévete:

1. Marca la conducta adecuada
2. Alejaos
3. Refuerza

Puedes preparar la zona con su cama tras una barrera, y objetos interesantes repartidos por el suelo. Permite a tu perro explorar, previniendo que se acerque demasiado al detonante. Cuando lo perciba, es momento de Marca y Muévete. Por ejemplo:

1. El perro levanta la mirada y ve al ayudante (que estará mirando a otro lado, si se lo queremos poner fácil)
2. Clicka
3. Invítale animadamente a alejarse hacia su cama
4. Dale un premio
5. Señal de liberación—y dale un pequeño masaje relajante si le apetece

Después síguele mientras explora. Vigila tu postura y a dónde caminas, para asegurarte de que no le estás guiando por accidente al detonante. ¡Es muy tentador para el entrenador!

Ésta es otra pequeña variación que podrías hacer con un perro que ya está entrenado para ir a su cama bajo señal. Sería algo así:

1. El perro levanta la mirada y ve al ayudante (que estará mirando a otro lado, si se lo queremos poner fácil)
2. Señal de "Ve a tu Cama" (el perro corre a su cama y se tumba)
3. Dale un premio
4. Señal de liberación—y dale un pequeño masaje relajante si le apetece

Realmente no hay límite a la creatividad para las maneras en que puedes usar Marca y Muévete, y enriqueces el entorno. Sólo recuerda que es un previo para hacer sesiones BAT. No creas que ya has practicado BAT porque has entrenado Marca y Muévete, y sólo con premios.

En mi experiencia, el uso de señales, marcadores, premios, etc. tiende a ralentizar el progreso si no estás realizando auténticas puestas en escena BAT 2.0 dando al perro todo el control. El objetivo de BAT es *empoderar al perro para tomar buenas decisiones por sí mismo, de un modo natural.* Que esa premisa te guíe cuando decidas qué pasos tomar.

CAPÍTULO 8

Solución de Imprevistos en BAT

Como ya te he mencionado, al principio el progreso en BAT nunca es lineal. En las primeras etapas verás momentos en los que te impresiona las habilidades sociales de tu perro, con otros en los que entra en pánico como solía hacer. Sin embargo, en general deberías ver progresos en términos de reducción de intensidad y frecuencia de las respuestas reactivas. Aquí encontrarás algunos consejos que te ayudarán cuando sospeches que estás tardando más de lo que esperabas en avanzar, has llegado a un punto muerto, o has tenido algún retroceso en alguna sesión.

Cuanto más estrés, más ayuda

Cuanto más profundo se meta tu perro en el agua (más estrés experimenta), más tendrás que ayudarle. Al igual que hace un socorrista en la playa, tendrás que rescatar a tu perro del modo más sutil que sea eficaz en su actual estado. Usando el mínimo nivel de intrusión necesario, evitaremos micro-ajustes y ayudarás a tu perro a entrenarse en tomar decisiones y adoptar estrategias de afrontamiento activo.

Tu perro no sale del modo-obediencia

Si tu progreso en general es lento o tu perro sólo avanza si le prestas atención, podría ser porque tu perro no está reamente haciendo BAT, sino que está trabajando para obtener los refuerzos que le das. Así es como se ve: tu perro mira al detonante, desconecta rápido, y se queda mirándote sin moverse. Puede que incluso te ofrezca alguna otra conducta o habilidad.

Un perro en modo-obediencia apenas recoge información sobre el detonante.
Esto es útil para escapar de una situación difícil, pero no ayuda cuando entrenas BAT.

Tu perro necesita más de tu guiado

Puede que tu perro se sienta extraño o incómodo vagando libremente por la zona de entreno, y necesite que le dirijas un poco más.

- Pasea cerca de olores interesantes, para que pueda dejar de concentrarse en ti. También puedes dejar caer algunos premios tras de ti para que después tu perro los descubra.

- Haz algunos paseos sin detonantes, deambulando y tirando algunos premios como en el caso anterior.

- Quizá el perro no sabe que tiene opción de elegir. Usa tu lenguaje corporal para preguntarle a dónde quiere ir. Da un pequeño paso en diferentes direcciones para ver cuál sigue tu perro con más decisión. Gradualmente enséñale que él tiene el poder de decidir a dónde dirigirse en la zona de entrenamiento.

- Puede que el perro esté estresado, y te mire buscando ayuda. En ese caso, reinicia la sesión y empieza de nuevo, más lejos del detonante.

Tu perro ha rebasado su umbral

Si alguna de estas situaciones ocurre, probablemente has esperado demasiado para frenar a tu perro, se ha adentrado en el agua más allá de la orilla. Si tuviste que llamar a tu perro para que se retirase, aléjate lo suficiente para que no mire atrás. Si usas la señal de llamada, llévatelo lejos del detonante y siempre refuerza, por ejemplo echando unos premios al suelo. Sé que algunos prefieren no darle comida en el suelo, pero de este modo le llevará un tiempo comérselo todo y fomenta que explore el terreno. En mi experiencia, monitorizando su pulso cardíaco en los entrenamientos, la búsqueda de premios reduce la activación del perro.

Síntomas de que tu perro está por encima del umbral:

1. Es difícil emplear el Frenado Suave a la primera: la situación le supera, así que llámale y llévatelo lejos. A mí me gusta usar la Fiesta de Premios (ver Apéndice 1).

2. Tras desconectar, el perro se dirige directamente al detonante: llámale a menos que estés muy seguro de que está lo bastante relajado como para afrontarlo. La mayoría de las veces el perro está demasiado enfocado en el detonante, y ya se ha adentrado en el agua.

3. Necesita más de dos segundos para desconectar: empieza a mojarse las patas. No es necesario que intervengas inmediatamente, pero prepárate para indicarle dónde ir a continuación.

• Relájate y espera a que tu perro desconecte por sí mismo, y luego invítale a que se aleje, siendo lo menos intrusivo posible (dirigirle, controlarle):

    o Si tu perro estaba venteando (olfateando el aire para recoger información) de manera relajada, puedes indicarle sutilmente que se aleje cambiando tu postura corporal en dirección contraria al detonante.

    o Si le fue difícil girarse, usa una señal más evidente: dile alto y claro: "¿Hecho? y cambia tu postura corporal en dirección contraria al detonante.

• Si se pone más nervioso mientras esperas que desconecte (músculos faciales tensos, está erguido, levanta sus tobillos, respira más agitado, ritmo cardiaco aumenta, cierra la boca, se inclina hacia el detonante, se coloca alineado hacia el detonante, saca pecho, las orejas hacia delante, ceño fruncido) *¡Llámale de inmediato!* Se está adentrando demasiado en el mar, no puedes darle más tiempo para pensárselo.

El perro es atraído hacia el detonante

La mayoría de perros se sienten atraídos por el detonante de algún modo. Investigar sobre algo que te produce miedo, normalmente lo convierte en menos amenazante, por lo que parece una buena estrategia acercarse lo bastante para recabar información.

Lo ideal es que tu perro quiera acercarse poco a poco al detonante, pero es un proceso lento, especialmente las primeras veces. Algunos perros quieren lanzarse a correr directamente y tu trabajo será evitar que eso pase. Todo es cuestión de tiempos. Puede incluso que quieras empezar a una determinada distancia y después te des cuenta de que realmente hay que empezar más lejos. Al principio experimentarás hasta encontrar la distancia de trabajo correcta, y a partir de ahí seguirás evaluando si todo funciona bien. Esto es fundamental: *trabajar a la distancia adecuada es la mejor manera de ayudar a tu perro a superar sus problemas.*

¿Un perro? ¿Qué perro?

Si tu perro ignora completamente al ayudante, significa que estás o demasiado cerca, o demasiado lejos (o aún no se ha percatado de su presencia). Observa si su movimiento parece estar influenciado por el ayudante. Para ello puedes hacer varias cosas:

- Alejaos y observa si entonces empieza a mirar al ayudante.

- Si estás seguro de que simplemente no se ha percatado de la presencia del detonante, puedes hacer que se dé cuenta de estas maneras:

  o Ponerle chapitas en el collar del ayudante, o hacer que su guía hable, para que tu perro sepa que están ahí.

  o Disimuladamente esparce unos premios para que mientras busca comida, vaya acercándose al ayudante. Asegúrate de que no se acerca tanto que se sorprenda al verle y empiece a ladrar.

  o Pasea en zigzag por la zona de entrenamiento acercándote paulatinamente al ayudante. En cuanto se dé cuenta de la presencia del detonante, deja de guiarle. Por supuesto no le guíes hacia el detonante.

El perro se distrae por predación

A veces existen olores muy excitantes en la zona que seleccionas para la sesión BAT. Yo he tenido ardillas corriendo, y el perro se enfoca tanto en ellas que parece que mi ayudante hubiera desaparecido. Hay un par de cosas que puedes hacer en esos casos.

Piensa en la obsesión por perseguir ardillas como un juego en paralelo, y trabájalo como ya se ha explicado. Podrías entrenar el estándar "sigue a tu perro" o puede que necesites trabajar más cerca del ayudante. Estate preparado para usar Marca y Muévete. Busca señales que te indiquen si el perro está prestando atención al detonante o si se está aproximando demasiado. Incluso puedes practicar un poco de Paseo en Paralelo desde atrás, haciendo que ambos perros "cacen" juntos. Cazar cooperativamente puede ser una experiencia que les una.

Enseña a tu perro a prestarte más atención aún en zonas con ardillas, usando ese entrenamiento como un juego en paralelo. Por ejemplo, estás practicando el Junto y clickas a tu perro cuando está a tu lado, o le clickas y premias cada vez que aparta la mirada de la ardilla. Así que estás vigilando que tu perro esté a la distancia adecuada del detonante, pero a la vez le refuerzas sus buenas elecciones en relación a ignorar las ardillas. Ten cuidado porque tu perro podría sentirse tan enfocado en ti y las ardillas que podría no percatarse del ayudante hasta que estuviera demasiado cerca.

Detén la sesión y moveos a una ubicación con menos distracciones excitantes. Puede que esta sea la mejor opción si tu perro está muy expectante, apenas presta atención al detonante, o la ardilla está muy asustada.

Agradece al ayudante su cooperación y dile que descanse. Trabaja con la ardilla como detonante, haciendo una versión adaptada del Marca y Muévete. Emplea un refuerzo funcional equivalente, como jugar a apresar un juguete/tirar de una cuerda.

El perro se pone a correr como un loco

Algunos perros salen corriendo y es difícil mantener el ritmo. BAT debería ser una actividad bastante relajante, como meditar mientras paseas. Cada perro pasea a un ritmo diferente, por lo que no tienen por qué parecer un Golden Retriever de 12 años rezagado, olfateando tranquilamente. Pero si tu perro está zigzagueando frenéticamente por la zona de entreno, y vigilante, entonces su nivel de activación es tan alto que probablemente no podrás establecer una asociación positiva con el ayudante.

Trabaja más alejado del detonante. Puede que simplemente hayas estado demasiado cerca.

Detén la sesión. Haz sesiones separadas de técnicas de correa/exploración sin ningún detonante, para que tu perro se costumbre a explorar a un ritmo más relajado. Trabaja en un área más reducida para que te sea fácil seguirle. Haz un plan de reducción de estrés para su rutina diaria, con puzzles de comida, masajes, un cambio de dieta, cambios de rutina, gestión ambiental, etc. Vuelve a leer el Capítulo 3 sobre Gestión del Entorno.

Emplea tu correa larga como lo que es. Algunas personas sujetan la correa como si fueran a morir si la sueltan. Aunque la correa mida 5 metros, siguen teniendo todos los lazos en su mano de frenado y nunca liberan correa según las necesidades. Dicho esto, asegúrate de no liberar toda la distancia de frenado, cuando toda la correa está libre, deberías todavía poder relajar tus brazos en la Posición Básica. Esto es algo muy importante: siempre que tu perro se detenga a olfatear, acércate un poco y recoge correa, para que puedas volver a la Posición Básica.

Cuando tu perro se detenga, acércate y acorta la correa para volver a la Posición Básica.

- Observa el enriquecimiento ambiental de la zona. Para la mayoría de perros, que haya muchos olores interesantes es bueno, pero a veces puede ser abrumador. Mira si hay objetos en el área de entreno que pudieran disparar una respuesta emocional o aumentar la excitación, como unos conos de entrenamiento u orín de una hembra en celo.

- Relájate. Respira y camina despacio. Si tu perro camina mucho más rápido que tú, haz un Frenado Suave y alcánzale.

- Considera el valor de tus premios. Si esparces los premios favoritos de tu perro por el suelo, podría ser demasiado excitante. Si eliges un premio que le guste pero no le vuelva loco, podrás obtener conductas más atenuadas.

- Haz ejercicio físico antes de la sesión. Si tu perro tiene energía contenida por estar todo el día en casa, es probable que se ponga a correr demasiado alocado. Para evitarlo, antes puedes darle un paseo, subirle a la cinta de correr, o hacer que busque pienso o un juguete por el jardín. Jugar a lanzarle juguetes suele provocar más excitación, por lo que yo uso los juguetes para que los busquen olfateando y no para lanzárselos.

Cuando hice los DVD de las puestas en escena BAT, estaba trabajando con un mestizo de pit bull que estaba demasiado excitado para trabajar. Su problema era que ladraba por frustración y saludaba tan efusivamente que acababa peleándose. Antes de la sesión BAT, practicamos varias veces la llamada por la calle para hacer que se relajase. Luego hicimos Lluvia de Premios: un ayudante esparcía algunos premios y nosotros explorábamos la zona sin estar presente el detonante. Eso le calmó más tras la excitación de los premios y las llamadas. Dedicando 10 minutos para ponerle en el estado mental adecuado, le preparamos para que triunfase y avanzara en la sesión BAT con detonante.

El perro va tirando guiado por los olores

Los olores pueden distraer a los perros en las puestas en escena BAT. Algunos perros reaccionan caminando al mismo ritmo todo el tiempo, y a veces quieren ir más rápido. Si paseas con tu perro suelto por el bosque, verás un patrón que varía entre el trote y caminar, una y otra vez. Si quieres que tu perro pueda olfatear en una sesión, tienes que facilitárselo estando preparado para liberar correa, o puedes hacer que todo el área sea suficientemente interesante como para que no tenga que correr a otro extremo a olfatear algo. En cualquier caso no le permitas ir corriendo hacia el detonante.

Tu perro debería poder olfatear mientras paseáis. Si en algún momento él va más rápido que tú, dale más correa para que llegue hasta el olor. Pero si continuamente va tirando de la correa para dirigirse a cada olor, no le permitas que te vaya arrastrando. Haz un Frenado Suave, alcánzale, relaja la tensión de la correa, y continúa. Si es algo parecido a frenar, arrancar, frenar, arrancar una y otra vez, entonces cambia de dirección cada vez que le frenes. Intenta ir a una zona con olores más intensos, como una valla entre fincas o un área con matorrales. Así no tendrá que alejarse para llegar a disfrutar la siguiente fragancia, y tú podrás seguir su ritmo.

El perro ve al detonante y abandona la zona de entreno

Esto puede deberse a que el perro trata de evitar al detonante, o a que se siente atraído por otra cosa fuera de la zona de entrenamiento. Incluso tú mismo podrías estar guiando sin querer a tu perro a abandonar la zona mediante tu lenguaje corporal, así que busca estos detalles en el vídeo si lo grabas. También podría haber algún olor, sonido, o estímulo visual que esté atrayendo a tu perro haciendo que se aleje del ayudante. Una manera de comprobarlo es retirar completamente al detonante del escenario y ver si tu perro sigue comportándose del mismo modo. Mejor aún, sigue los consejos que ya te he dado y haz una sesión previa en la zona de entrenamiento. De ese modo, podrás ver como se comporta normalmente paseando en el mismo contexto practicando las técnicas de correa BAT. Comprobando la ubicación con antelación puede indicarte si tienes que hacer la zona más interesante para animarle a seguir deambulando por la zona.

Si tu perro evita al detonante y abandona la zona, es que trabajas demasiado cerca. Sé que me repito, pero es importante. La mayoría de humanos tenemos en mente un objetivo y queremos que el perro progrese más allá de donde empezamos la sesión. Quizá la semana anterior el perro se acercó más, así que tratas de comenzar tu sesión a esa misma distancia, sin tener en cuenta que quizá ha ido ayer al veterinario a ponerse unas vacunas, o que ha pasado algún tiempo, o que el ayudante es diferente.

Cuándo y dónde comenzar la sesión

Aunque tratemos de tener todos los factores en cuenta, la posición de salida de la sesión (para cualquier técnica) es bastante arbitrario. Sólo podemos observar el estado interno del perro tanto como podamos ver desde fuera, o mediante sensores. Podemos esforzarnos en saber la dirección del viento, los olores que flotan en el aire, la sensación que puede producir la superficie en sus almohadillas, alteraciones médicas del perro, su lenguaje corporal, etc. Pero aún así, no podremos predecir cómo se sentirá el perro la primera vez que perciba al detonante.

Lo que podemos hacer es relajarnos, adaptarnos a la situación, y observar el movimiento del perro. *Permite que tu perro te diga a dónde quiere dirigirse.* Detén la sesión o haz un descanso para un tentempié (para el perro) y piensa en maneras de hacérselo más fácil. Siempre en las sesiones, o en la vida junto a tu perro, piensa: "¿Hay algo que pueda hacer para que mi perro se sienta más seguro?".

Lo que me ha ayudado mucho es hacer mi zona de entrenamiento más grande entre alumno y detonante. Esto se puede conseguir alejándonos más, si hay espacio para ver, o yendo a otra ubicación distinta. En cuanto puedes trabajar a la distancia adecuada, el "imán" se apaga y tu perro gradualmente querrá acercarse al ayudante.

Hacer que el ayudante se aleje cuando el perro-alumno se encuentra con él es normalmente lo más fácil, porque así puedes hacer la versión de BAT siguiendo desde atrás como hemos visto. Traer algún perro amigo que sea más valiente y curioso puede también ayudar, pero una vez más, ten cuidado si ves que eso accidentalmente guía a tu perro hacia el detonante más cerca de lo que puede afrontar.

Si vas a una zona realmente espaciosa, y aún así el perro sigue queriendo alejarse, eso te da una información muy valiosa sobre su distancia umbral, y sobre su calidad de vida. Es muy poco frecuente que yo no pueda encontrar un área suficientemente grande para entrenar, incluso en zonas urbanas.

Intenta emplear tratamientos anti-ansiedad, modificación nutricional, ejercicio físico, Ttouch y quizá medicación o suplementos ansiolíticos. Échale un vistazo a *Estrés, Ansiedad y Agresividad en Perros*, de Anders Hallgren.

Las puestas en escena BAT en estos casos son básicamente como describí en el Capítulo 7: cuando tu zona de entrenamiento es muy pequeña para las necesidades del perro. También puede que necesites hacer Marca y Muévete, clickando cualquier conducta de aproximación, luego alejándoos, y después dándole un premio. Si haces juegos en paralelo, como "Búscalo", entrenamiento o algún deporte, no dejes de observar cuándo tu perro quiere alejarse del detonante, y ayúdale a satisfacer esa necesidad.

Si tienes otro tipo de problemas con tus puestas en escena, vuelve a leer la sección sobre cómo practicar BAT. Muchos errores que cometemos se producen por no haber comprendido completamente el contenido antes de empezar a entrenar. Igualmente aprende tanto como puedas sobre lenguaje corporal canino, graba a tu perro en diversas situaciones. Visualiza los vídeos a cámara lenta para que puedas ver las conductas que te dicen cómo se siente o a dónde desea dirigirse a continuación. Contempla contratar a un CBATI u otro entrenador profesional, o terapeuta del comportamiento que esté familiarizado con BAT 2.0. Grabad vuestras sesiones y participa en los foros de mi web. Únete a algún grupo local BAT de debate para que puedas encontrarte con otras personas de tu zona. Muchas veces otros ojos ayudan a saber qué está ocurriendo.

CAPÍTULO 9

Sorpresa: Contraste Ambiental Repentino

Cuando se sienten sorprendidos, muchos perros ladran primero y preguntan después. Los perros responden más intensamente a estímulos que aparecen repentinamente, que con aquellos que perciben desde la distancia. Es tan habitual que probablemente tu perro tenga problemas con el Contraste Ambiental Repentino, o el Cambio Ambiental Repentino (SEC por sus siglas en inglés: "Sudden Environmental Change). Significa un cambio en el entorno que sucede rápidamente, como un niño que aparece de repente tras una esquina, un perro que sale de improviso de un coche, o un invitado que se levanta para marcharse. Para algunos perros, encontrar un cubo de basura en un lugar distinto a donde estaba ayer ya les estresa: "¡Se supone que eso NO debería estar ahí!". Los perros no son muy buenos generalizando información sobre si algo es seguro una vez cambiado de contexto, por lo que los Cambios Ambientales Repentinos requieren un entrenamiento específico (ver el Apéndice 3 para más información técnica sobre la generalización).

La mayoría del tiempo, con BAT, el ayudante está a la vista durante la sesión, salvo en los habituales descansos. La oportunidad de recabar información es la principal manera en que BAT enseña al perro a sentirse cómodo con los detonantes. Requiere algo de planificación el crear situaciones que enseñen al perro que cuando el detonante aparece o se mueve de repente, es igual de seguro que antes.

Así que primero hay que hacer que esté cómodo en presencia del detonante, y después empezar a trabajar el SEC. Se puede hacer al final de una sesión con un ayudante, o incluirlo dentro de una sesión cuando el perro se sienta cómodo a cierta distancia del detonante, o en una sesión aparte. Practica también con ayudantes con los que el perro no haya trabajado antes.

Trabajar a una distancia suficiente entre tu perro y el ayudante es la clave de BAT, también si trabajas Cambios Ambientales Repentinos. Cuando modificas cualquier aspecto del detonante, necesitarás volver a entrenar a una mayor distancia, y esto es especialmente cierto con SEC. Imaginemos que tu perra Lola, ya se siente cómoda si el ayudante se acerca hasta 1,5 metros de distancia, pero lo pasa mal si aparece repentinamente tras una esquina.

Empezaremos haciendo que Lola pasee, y se encuentre al ayudante tras una esquina, a unos 15 metros de distancia (diez veces más lejos). Y el ayudante estará simplemente de pie, no acercándose a ella. Practícalo reduciendo gradualmente la distancia, en distintas ubicaciones, para que no acabes con una perrita que piensa que la esquina de la calle Góndola con la Avenida del Mar Menor es un lugar seguro, pero las sorpresas en cualquier otro lugar siguen siendo aterradoras.

Tras practicar puestas en escena para que Lola se sienta cómoda llegando a un sitio donde descubre a un "Monstruo", puedes hacer que sea el detonante el que aparezca repentinamente en su campo de visión a 15 metros entrenando SEC (observa que he vuelto a aumentar la distancia porque ahora el detonante entra en nuestro espacio, no al revés). Para entrenar SEC, puedes retirar el detonante cuando tu perro desconecte o puedes dejarle en el escenario y permitir que tu perro explore, como en una sesión BAT normal. Es una buena manera de incluir SEC en tus sesiones BAT. Pero ten presente que no estresa demasiado a tu perro. Si sólo puedes aprender una cosa de este libro, debe ser esta: *los perros siempre recogen una lección emocional.*

Con Peanut, el antiguo BAT consiguió hacer que se sintiera cómodo caminando por la acera, viendo detonantes a distancia y acercándose a ellos, pero si él estaba quieto y el detonante aparecía repentinamente, la cosa cambiaba por completo. Así que entrenamos SEC en escenarios donde las personas aparecían de repente tras un seto, salían de un coche, en una esquina, o de cualquier otro modo. Puedes entrenar SEC como harías con el modo estándar de BAT 2.0 o puedes emplear Marca y Muévete.

Con Peanut entrené hace algunos años, antes de BAT 2.0 por lo que sólo usaba Marca y Muévete. Hoy en día haría una combinación, empezando con Marca y Muévete para el trabajo SEC y después pasando a hacer BAT estándar cuando vuelve a aparecer el mismo detonante.

Al principio hacíamos que los ayudantes sorprendieran a Peanut desde una distancia de unos 35 metros, lo cual captaba su interés pero no tanto como para elicitar un ladrido. Era una distancia de inicio genial. Tras verle Peanut se daba media vuelta, olfateaba el suelo, me miraba, o mostraba otra conducta sustitutiva, y le reforzaba con un "Muy Bien", nos alejábamos, y le felicitaba (que es Marca y Muévete en una de las versiones menos intrusivas). Los ayudantes entonces desaparecían de nuestra vista y nosotros nos dábamos media vuelta y volvíamos a pasear hacia ellos. Utilizábamos teléfonos móviles en manos-libres para coordinar la sesión. Así, evitábamos sorprenderle por accidente a 7 metros provocando sus ladridos.

Algunas variaciones SEC son:

- Tu perro encuentra repentinamente al detonante mientras camina

- El detonante aparece repentinamente (tras una esquina, una puerta, etc.)

- El detonante se mueve repentinamente (se gira para irse, aparta la mirada pero se gira hacia tu perro ,se levanta, levanta una mano para acariciarle, da palmadas, salta, tropieza con algo, etc.

- El detonante repentinamente hace un ruido o presta atención a tu perro.

- Un detonante en movimiento se detiene repentinamente.

- En un grupo de personas o perros, uno hace algo distinto del resto (se sale del grupo, se detiene mientras el resto se mueve, etc.) Esta variante es especialmente importante para perros de pastoreo y guarda del ganado que prestan atención a estos detalles (piensan: "oveja, oveja, oveja, ¡un lobo!").

Si accidentalmente llevas a tu perro sobre su umbral de reactividad en un ejercicio SEC, usa las señales graduales para invitar a tu perro a volver a un estado de concentración. En ese caso, normalmente yo mantengo al detonante estacionario en lugar de retirarlo, porque hacer que desaparezca podría reforzar el ladrido, pero aún así evalúo si a cambio estaré estresando más al perro. Si retirando al perro-alumno no le tranquiliza en el momento, haré que el detonante se aleje o desaparezca. Si tras alejar a tu perro ves que no está sobre-excitado, permítele echar un vistazo de nuevo al detonante. Marca en cuanto le mire, aléjate más incluso, y echa unos premios al suelo para que pueda calmarse olfateando. Si crees que podrá estar por debajo de su umbral, vuelve a la versión de BAT con el perro deambulando, y el detonante a la vista. Si crees que tu perro necesita un poco más de ayuda, usa Marca y Muévete en lugar de seguir simplemente al ayudante. Como ya le has enseñado a tu perro a estar a gusto con el detonante estacionario, debería aclimatarse bien a la situación. Recuerda, no se trata sólo de la conducta, sino de enseñarle al perro que el mundo no es después de todo un lugar tan aterrador o molesto.

Variar la fase de exposición en BAT permite a tu perro encontrar al detonante de maneras más naturales. Según la situación, tendrás que re-diseñar la parte de "alejarse" para el Marca y Muévete.

Por ejemplo, en una ocasión trabajé con un Gran Danés en un pequeño apartamento donde el hecho de que yo me levantara ya disparaba su agresión. Ya habíamos entrenado estando yo sentada, y el perro estaba a gusto acerándose a mí, incluso hasta el punto de pedirme atención y caricias (con el bozal puesto). Traté de practicar el levantarme del sofá con el perro a 3 metros, a 5 metros, y a 7 metros, pero seguía siendo demasiado para él, y el resultado fue un perro de 68 Kg. con un historial de lesiones por agresión abalanzándose hacia mí.

Por su seguridad y la mía, intentamos crear la mayor distancia posible entre nosotros, y yo cambié mi forma de moverme. Desde el otro extremo del apartamento, si me levantaba a medias, el perro aún podía fácilmente mirarme y apartar la mirada. Sin embargo en esa situación, el perro no tenía dónde ir si quería "alejarse" para reforzar su señal de apaciguamiento. Esto implicaba que esa conducta quedaría sin efecto alguno, lo cual no era bueno. Pero le gustaba si me sentaba en el sofá, así que si volvía a sentarme por completo le tranquilizaba. Volver a sentarme era su refuerzo funcional.

Así que yo empezaba levantándome, él me miraba un instante, y se giraba. Sus dueños marcaban verbalmente su elección y después yo me volvía a sentar tranquilamente mientras sus dueños le felicitaban por lo valiente que había sido. Y él se relajaba también. Si tuviera que volver a hacerlo, probablemente les habría dicho a los dueños que le dieran también un premio al final. Tras unas pocas repeticiones, pudimos acercarle 1,5 m hacia mí, que seguía como detonante levantándome a medias del sofá. Entonces cuando yo volvía a sentarme, él ya podía también alejarse un poco, lo cual suponía un refuerzo funcional aún mayor, ahora que teníamos más espacio. Progresivamente fuimos acercando el punto de elección a mi sofá, tras lo cual empezamos de nuevo a una distancia mayor pero yo levantándome por completo. Para ponérselo más fácil, le permitimos que se alejara hasta el fondo del apartamento, y yo me volvía a sentar para reforzarle. En esa sesión hizo grandes progresos.

Otra manera en que pudimos abordarlo hubiera sido haberme sentado en una silla fuera del apartamento, en el recibidor/pasillo. O mejor aún, podríamos haber empezado en mi centro de entrenamiento, para que se hubiera sentido a gusto a una distancia adecuada, sin el estrés añadido de estar yo en su casa. No lo hicimos en el recibidor porque temíamos que aparecieran eventualmente vecinos y rebasara su umbral, pero pudimos haberlo hecho en el centro de entrenamiento. ¿Por qué hubiera sido mejor? Habría tenido menos estrés y un mayor control conductual. Se podría haber movido con mayor libertad, y podríamos haber hecho puestas en escena más acordes a BAT 2.0 (salvo por el hecho de que esto ocurrió hace muchos años y aún no estaba desarrollado).

En el Capítulo 11 hablaré mas sobre cómo preparar puestas en escena para los problemas de territorialidad.

CAPÍTULO 10

BAT para los Paseos Diarios

Las puestas en escena BAT pueden ser efectivas para rehabilitar rápidamente perros (entre diez y veinte sesiones para los problemas más comunes), pero si el perro entrena la agresión, la huida, o la frustración durante sus paseos diarios, se perderán las habilidades que han aprendido en las sesiones BAT. Las buenas noticias son que Marca y Muévete funciona bien para encuentros fortuitos con un detonante como los que puede tener durante un paseo. Igualmente puedes progresivamente incorporar BAT 2.0 siguiendo al perro. Seguramente encontrarás detonantes con frecuencia en vuestros paseos, así que podrás practicar lo aprendido en las puestas en escena BAT, en una amplia variedad de ubicaciones. Pero no te olvides de seguir haciendo las puestas en escena preparadas igualmente.

Quiero insistir en ello. Por favor no pases por alto este capítulo y vayas a practicar BAT únicamente en los paseos. Eso no es suficiente. Tu perro necesita poder hacer amigos, no sólo conocidos.

Marca y Muévete, revisado

En el capítulo en que explico Marca y Muévete, hablamos sobre los premios extra. Los premios extra tangibles como la comida se usa principalmente en los paseos más que en las puestas en escena. Las sesiones formales BAT no suelen usar los refuerzos típicos en adiestramiento, porque los perros parecen aprender más sobre el detonante sin ellos. Al no existir conflictos en la motivación por conseguir un refuerzo de ti, pueden atender a los refuerzos espontáneos provenientes del entorno. Y en particular, eso significa que puede prestar toda su atención al contexto social en cuestión. El cerebro de los perros (y los humanos) archivan la información en la que se enfocan. La información de fondo puede ser o no ser retenida. Los perros parecen perder los detalles sutiles en contextos sociales cuando se distraen con la tentación de conseguir comida o la amenaza de un posible castigo de su dueño.

Yo soy más propensa a usar Marca y Muévete cuando hago puestas en escena BAT con objetos inanimados como detonantes (superficies resbaladizas, habitaciones que les dan miedo, meterse en el coche, etc.) No requieren interacciones sutiles.

Esas situaciones carecen también del magnetismo natural de las interacciones sociales, por lo que tenemos que enriquecer el ambiente para hacerlo más interesante. Si eso no funciona, les damos premios extra para mantenerlos conectados al detonante inanimado. Incluso aunque los premios extra pueden interferir en una puesta en escena, son muy útiles en los paseos. Los tres efectos principales de los premios extra son: 1) ayudar al perro a tomar buenas decisiones cerca del detonante; 2) hacer el entrenamiento más divertido para él; y 3) reducir el estrés.

Durante un paseo, por ejemplo, tu perro podría encontrarse al azar con detonantes a 3 metros, a diez metros, o a quince metros. En cambio en una puesta en escena preparada, podemos controlar la exposición y asegurarnos de que el perro estará relajado. Durante un paseo, sin embargo, necesitarás un poco de ayuda extra para fomentar que tu perro evite la agresión o el pánico. Aunque el premio extra venga *después* de que os alejéis del detonante, el saber que su guía lleva una bolsa con hígado horneado puede sustraer parte de su atención hacia el detonante y enfocarse en ti. Como ya dije en el Capítulo 7, esto es especialmente útil para perros muy frustrados que ansían acercarse a saludar. Están prácticamente diciendo "Vamos, vamos, vamos" por lo que ayuda tener algo material con lo que puedas reforzar su autocontrol. Aparte de las causas emocionales de su reactividad, la presencia de premios o juguetes hace que sea más probable que el perro pueda contenerse en presencia de un detonante en la vida real.

Olfatear es una actividad genial para autocalmarse, y buscar premios pone a tu perro en un estado mental de búsqueda que le ayuda a liberar el estrés que vaya apareciendo. Una manera sencilla de usar el trabajo de olfato como premio extra mientras paseáis, es lanzar un premio tras de ti cuando tu perro mira al detonante. Así cuando desconecte puedes marcar la acción con un "Busca" que le hará retroceder y alejarse. Si tu perro aún no tiene una señal para buscar, tendrá que verte lanzar el premio tras desconectar del detonante.

Me gustaría insistir en que aunque teniendo comida o juguetes al usar Marca y Muévete haga más probable que tu perro no reaccione mal en ese momento, no es una solución óptima a largo plazo. Las puestas en escena BAT 2.0 harán que no tengas que estar pendiente de usar premios ni vigilando posibles detonantes imprevistos todo el tiempo. Pero Marca y Muévete en los paseos ayuda a seguir por el buen camino, y eso os beneficia a ambos.

Resumiendo: usa tanto como quieras los elogios suaves, caricias, u otros premios extra que no le distraigan. Usa comida, juguetes, trabajo de olfato u otros premios extra materiales sólo cuando esa distracción juegue en tu favor.

Veamos ahora la manera principal de usar Marca y Muévete, en los paseos y otros escenarios que escapan de nuestro control. Esto debería darte una idea clara de cómo y cuándo puedes usar premios extra tangibles.

Ejemplo: Mira, muévete, premio

Ésta es la versión más sencilla de Marca y Muévete. Es también una de las que más distraen al perro, por lo que es muy útil para afrontar grandes imprevistos en la vida real. Úsalo siempre que que veas que si dejas a tu perro explorar por su cuenta va a ladrar, embestir o asustarse. Por ejemplo, si aparece de repente un niño tras una valla, clicka (o llámale) y aléjate.

Conducta: Mirar al detonante
Marcador: Click
Premio Extra: premio. El tipo de premio y cómo se entrega modificará su valor.
La conducta que estás reforzando es simplemente percibir el detonante.

Tan pronto como se percate de su presencia, clicka, felicítale mientras le alejas, y luego dale un premio extra tangible. ¡El orden es muy importante! Si el perro está asustado o muestra agresión, el premio será un extra, pero el refuerzo principal será el alivio de escapar del detonante. Si el perro está frustrado porque quiere acercarse a saludar, alejarse es una conducta difícil para él que debe ser reforzada. En cualquier caso, premiarle tras alejaros será muy beneficioso. Marca, alejaos caminando o trotando, y después dale una deliciosa sorpresa o un divertido juego como recompensa. Como ya hemos visto, para el caso de la frustración, puedes alejarte zigzagueando en lugar de caminar justo en sentido contrario al detonante.

El perro percibe al detonante → Clicka → Aléjate / Premia

Muévete: alejaos trotando o caminando

Premio Extra: tras alejaros, dale un premio comestible o un juguete divertido

Observa que habrá un intervalo de tiempo entre el click y el premio que le darás tras haberos alejado del detonante. Si estás en apuros, puedes incluso clickar y hacer algo más para reducir su estrés como alejaros todo lo que podáis, ocultarle tras una barrera visual, y después darle un gran premio.

Para atraer la atención de tu perro y marcar una buena conducta a la vez, recomiendo usar el clicker, en lugar de un marcador verbal. El clicker cumple dos objetivos aquí: marca el comportamiento, pero también es la señal para girarse hacia ti (y perder de vista el detonante) a coger el premio extra, lo cual es una ayuda más para que no pierda los nervios. Si un clicker te hace sentir torpe o tu perro tiene miedo de su sonido, sigue usando tus marcadores verbales o su nombre, su señal de llamada, un target, etc.

Consejo para Pros: no te preocupes de debilitar el poder del clicker. La asociación click/premio no se verá afectada por unos segundos de intervalo, especialmente cuando la secuencia "click → alejarse → premio" es ya predecible. De hecho, en muchos casos, justo tras el click el perro está recibiendo ya un refuerzo funcional. Si aún así te preocupa, puedes alejarte trotando o corriendo mientras felicitas a tu perro para vincular el tiempo entre el click y el premio.

Este uso de Marca y Muévete es bastante parecido al "Mira Eso" de Leslie McDevitt que explica en su excelente libro *Control Unleashed* (ver Bibliografía). La forma básica de usar la técnica de "Mira Eso" es enseñarle al perro una conducta bajo señal que consiste en clickar y premiar el mirar al principio a un estímulo neutro, y después reforzarle por mirar (o escuchar) a algún estímulo detonante de baja intensidad, como otro perro/persona. Leslie de hecho usa el alivio de la presión social (alejarse del detonante) como parte de "Mira Eso" en algunos casos. Una gran parte de lo que explica en su libro se complementa a la perfección con BAT, y su trabajo merece ser conocido.

Ejemplo: Decide, muévete, premio

Este ejemplo de Marca y Muévete añade más responsabilidad a tu perro, pero seguirás usando un premio extra tangible, normalmente comida. La única diferencia con el ejemplo anterior es la conducta que vas a marcar. En este caso esperarás a ver una elección correcta. Así en lugar de clickar cuando el perro perciba al detonante, ahora esperarás a que desconecte. Esto es menos intrusivo que el ejemplo anterior, ya que el perro tiene más opciones de aprender sobre el detonante, pero es más intrusivo y le distrae más que una puesta en escena BAT estándar, en la que el perro tiene mucha más libertad. Yo usaría este ejemplo en paseos en que el perro-alumno ve algo cruzándose por la calle que le supone un reto, pero aún así le es posible desconectar por sí mismo.

Aquí, tras percibir el detonante, esperarás a que mire a otro lado o muestre alguna otra conducta de apaciguamiento, y en ese momento clickarás.

El perro percibe al detonante → espero a una buena elección → click → nos alejamos → le premio

Deberás esperar y marcar la desconexión siempre que estés realmente convencido de que tu perro podrá hacerlo por sí mismo. Si no estás muy seguro, marca antes, cuando mire por primera vez al detonante, como en el ejemplo anterior. Si tu perro ve al detonante en un contexto particular en que creas que podrá mostrar la conducta de apaciguamiento incluso sin premios extra, inténtalo. No es necesario que premies todo el tiempo. Las respuestas sociales adecuadas del detonante, serán probablemente refuerzos espontáneos, y si no interferimos le ayudaremos a percibirlas.

Nota: si usas Marca y Muévete cada vez que tu perro ve un detonante, puede que te hagas una idea errónea de lo cerca que puede estar del detonante. Las distracciones ayudan a que tu perro pueda afrontar la situación, pero le quitan la oportunidad de recabar información. Sé paciente cuando creas que tu perro puede desconectar por sí mismo sin tu ayuda. Usa refuerzos tangibles cuando los necesites, pero cuanto más sigas el modelo estándar de BAT, siguiendo a tu perro y ayudándote de reforzadores espontáneos del entorno, menos tendrás que ir retirando luego para crear contextos realistas.

Más consejos BAT y ejemplos para los paseos

Hacer BAT en los paseos, supone una gran oportunidad para generalizar lo que el perro está aprendiendo en las puestas en escena BAT. Desafortunadamente, si el perro sobrepasa su umbral, los paseos también pueden restar parte de lo avanzado en las sesiones. Si sigues los consejos de seguridad del Capítulo 3, deberías poder mantener a tu perro por debajo de su umbral la mayoría de las veces. Eso no implica ir evitando los detonantes, eso es casi imposible en los paseos. Al contrario, verás de hecho que empiezas a pasear más a tu perro y vas buscando detonantes, siguiendo a otros perros a cierta distancia, o haciendo de cualquier otro modo este "BAT infiltrado" (también conocido como "BAT Ninja" o "BAT Furtivo"). Deberás buscar detonantes estacionarios o que caminen de un modo predecible:

- Perros tras vallas

- Jardineros

- Personas y/o perros en cafeterías/terrazas

- Niños en parques

- Perros atados en un partido de fútbol

- Personas o perros en senderos

- Perros en clases de entrenamiento o en tiendas de mascotas

Ejemplo: Encontrarse a niños en los paseos

¿Cómo harías exactamente BAT en un paseo? Digamos que tienes un perro reactivo con niños. Si un niño se acerca derecho hacia ti en una acera, tienes muchas opciones, así que he diseñado una lista con ejemplos de lo que podrías hacer en esa situación. A medida que los leas, algunos te parecerán imposibles o inseguros para tu perro, y otros te parecerán más razonables. Haz éstos últimos y recuerda los otros para más tarde, cuando tu perro progrese. Recuerda que las etapas son contextuales, elige una conducta que creas que tu perro es capaz de hacer y refuérzala, si crees que necesita esa ayuda de ti.

Haz siempre la versión menos intrusiva y menos distractora de Marca y Muévete. Haz una buena gestión del entorno (bozales, etc.) para mantener a todos a salvo.

Las listas están ordenadas de más a menos intrusivas. No pretende ser una receta universal, porque puede haber zonas intermedias. Sólo es un ejemplo de lo que podría encontrarse en la vida real en cualquier momento.

A medida que leas cada ejemplo, visualízate haciéndolo con tu perro. Trata de imaginar si cada uno sería adecuado o no en el caso de que tu perro se encontrara con niños. Si tienes una edición en papel de este libro, puedes incluso escribir anotaciones, si no te importa dejar notas, y volver pasados unos meses a ver si algo ha cambiado.

Distraerle (gestión de entorno, no es BAT). Te quedas quieto hasta que pasen de largo, así que acortas la correa (sin tensarla si es posible), te colocas entre tu perro y los niños, y lanzas premios al suelo, lejos de ellos.
Distraerle. Ves a los niños antes que tu perro. Sabes que si los ve, se pondrá a ladrar enseguida. Haces un giro en U de emergencia para irte, y le das un premio por alejarse contigo.
Distraerle. Por alguna razón tienes que seguir caminando, así que le vas dando un premio tras otro mientras los niños pasan.
Tu perro levanta la mirada y ve al niño mientras paseáis. Clicka en cuanto le vea, dile "Vámonos", trota en la dirección contraria, y dale un premio.
Tu perro levanta la mirada y ve al niño mientras os acercáis. Clicka en cuanto le vea, alejaos y dile "Busca" con varios premios por el suelo.
Quieres evitar acercaros demasiado. Haz un Frenado Suave y espera a que tu perro perciba al niño. Clicka en cuanto les vea, os alejáis y salís a otro camino mientras juegas con un mordedor, y dejas de jugar cuando pase el niño. (Este es un poco difícil porque el niño sigue moviéndose).
En cuanto tu perro ve al niño, clickas, te sales a otro camino, y le das un premio. El niño pasa. Esperas un poco y caminas con tu perro siguiendo al niño por la calle, a una distancia segura. Mientras paseáis, mira al niño, y luego aparta la mirada, conducta que clickas. Después te das media vuelta alejándoos del niño y le das un premio. El éxito son las repeticiones exitosas, así que si puedes repetir varias veces con los detonantes que te encuentres en la calle ¡hazlo!
Haces un Frenado Suave y esperas a que tu perro perciba al niño y luego te mire, conducta que clickarás, os salís a paso ligero hasta otro camino mientras juegas con un mordedor, y dejas de jugar cuando pase el niño (de nuevo, este es un poco difícil porque el niño sigue moviéndose, por eso es mejor hacerlo cuando el niño viene de una calle perpendicular en vez de venir de frente).
Tu perro muestra un lenguaje corporal relajado mientras os acercáis, se detiene, así que tú te detienes para saludar. Tu perro mira al niño y luego aparta la mirada, lo que clickas, os alejáis y le das luego un premio felicitándole por su valentía.
Paseas a tu perro un poco separado del sendero y esperas a que pase el niño. Tu perro mira al niño, y luego olfatea el suelo. Espera hasta que termine y Marca su elección con clicker, alejaos del niño mientras le felicitas, y luego dale un premio.

Paseas a tu perro un poco separado del sendero y esperas a que pase el niño. Tu perro mira al niño, y luego olfatea el suelo. Espera hasta que termine y luego Marca su elección con un "Muy Bien". Alejaos mientras le felicitas.
Sigues caminando hacia el niño por el sendero. Mientras avanzáis, el perro mira al niño y aparta la mirada. Marcas su elección con un "Muy Bien" y te sales del sendero rodeando al niño en curva (un pequeño aumento de la distancia y reducción del estrés como refuerzo funcional).
Seguís caminando hacia el niño y permites a tu perro que le salude. Tras unas caricias, tu perro aparta la mirada del niño. Le dices "Muy Bien", "Vámonos" y seguís vuestro camino, felicitándole por su asombroso valor.
Seguís caminando hacia el niño y permites a tu perro que le salude. Tras unas caricias, le pides al niño que se aparte unos pasos para ver si el perro quiere más. Tu perro mira a oro lado y sigue su camino. Tú le acompañas.
Seguís caminando hacia el niño y permites a tu perro que le salude. Tras unas caricias, le pides al niño que se aparte unos pasos para ver si el perro quiere más. Tu perro se acerca y le da con el hocico en la mano, el niño vuelve a acariciarle. Cuando para de nuevo, y esta vez el perro decide alejarse. Tú le sigues. Fantástico ¿eh?.

Nota: Si existe riesgo de agresión con mordedura, por supuesto, no harás ninguno de estos ejemplos, sobre todo con extraños. Mantén distancias de seguridad y considera ponerle un bozal para prevenir sorpresas desagradables.

Eso me lleva a destacar lo impredecible de los paseos. Realmente lo son. Haciendo puestas en escena BAT 2.0, tu perro debería ir siendo más y más hábil para afrontar detonantes sin tu ayuda. Hasta entonces, tu perro seguramente ladrará o embestirá cuando subestimes la situación o los eventos, y de pronto esté demasiado cerca del detonante. A veces incluso las distracciones no servirán. No grites a tu perro por asustarse cuando se ve de repente muy cerca del detonante. Simplemente salid de ahí en cuanto puedas y como puedas, incluyendo la gestión de emergencias que vimos en el Capítulo 3. Piensa en qué puedes hacer para evitar ese tipo de situaciones en el futuro. Si es realmente difícil evitar los detonantes, puede que exista un lugar en el que sea más fácil pasear sin que tu perro rebase su umbral de reactividad. Puede que le siente bien un poco de ejercicio en casa antes de salir de paseo, liberar un poco de estrés de algún modo (a través de entrenamiento o medicación), o puede necesitar más sesiones BAT antes de que el mundo real deje de ser tan abrumador.

*Si de pronto aparece su peor pesadilla, haz un giro en U de emergencia,
o Marca y Muévete.*

Casi siempre es posible practicar BAT en los paseos, de una u otra manera. Intenta practicar la versión estándar de "Sigue a tu Perro" siempre que puedas. Cuando tu perro se exponga al detonante, debes prestar atención a su lenguaje corporal, para así hacer que el entorno, o tú mismo, podáis reforzar sus buenas elecciones.

Sé consciente de tu ubicación, para que sepas siempre la mejor dirección a la que podéis alejaros. Cuando os alejéis puedes dirigirte justo en dirección opuesta al detonante, o girar 90º y cruzar la calle o salirte por otro sendero. Recuerda que tú eres quien ha abierto la puerta de casa para salir a pasear a tu perro, así que es tu responsabilidad mantenerle lejos de los problemas. Practicando BAT en los paseos, puede ayudar a tu perro a aprender que tiene el poder de reducir por él mismo el estrés de vivir en un mundo orquestado por humanos. Y eso también significa menos trabajo para ti.

CAPÍTULO 11

Amarás a tu Prójimo: Peleas en Vallas

Los perros son excelentes alertando a su familia si un intruso traspasa su territorio. Es una de las razones por las que la gente tiene un perro. Saber que mis perros darán la voz de alarma si alguien irrumpe en mi casa, me conforta. Hace algunos años, un hombre abrió la puerta de mi casa a las 2 a.m. y 90 Kg de perros ladrando le impidieron entrar. Hasta los perros "amigables" se toman esto muy en serio. Desafortunadamente, *muchos perros* también consideran que tienen que expulsar a todo perro o persona fuera de sus lindes, especialmente los "intrusos" que viven en la casa de al lado.

Para tratar los problemas de las peleas en vallas, siempre recomiendo empezar por un trabajo de gestión del entorno, porque algunos cambios ambientales pueden rápidamente rebajar el estrés, y además combina bien con el entrenamiento pasivo, el entrenamiento activo, o ambos. Veamos qué nos puede aportar cada uno.

Cambios ambientales

Si un perro es propenso a las peleas en vallas, probablemente esté recibiendo muchos refuerzos por esa conducta, especialmente si reacciona hacia perros que pasan caminando al otro lado de la valla.

Míralo desde el punto de vista de tu perro. Aparece en escena un extraño, él se pone a ladrar y gruñir, tras lo cual el caminante se aleja totalmente derrotado. No importa que fuera a pasar de largo igualmente. Tu perro sentirá que ha vuelto a proteger su territorio exitosamente. Para un tratamiento que avance sólidamente, este refuerzo ambiental espontáneo debe ser eliminado. Gran parte se puede afrontar siguiendo las técnicas de gestión que veremos a continuación.

Si tu perro pelea en la valla con los perros vecinos, una técnica simple consiste en diseñar un horario en que los perros de las dos casas estén fuera a distintas horas. También puedes seguir los pasos que ya hemos visto en "Ojos que no ven, Corazón que no siente" del Capítulo 3. Aunque tengas un jardín vallado, tendrás que pasear en él a tu perro atado durante un tiempo para que no se quede atrapado en una pelea en la valla.

También puedes atarle con una correa muy larga que no le permita llegar hasta la valla. Cuanto más lejos esté de ella, menos probable es que se ponga a ladrar.

Siempre debes supervisar a un perro atado, no le dejes solo. La manera más segura que conozco para tener atado a un perro es disponer de un elemento amortiguador al final de la correa, que se enganche a un poste, a la casa, u otro punto de anclaje. Usa una cinta larga que no se le vaya a enredar, como una cuerda de escalada. Engánchala al arnés del perro en la espalda. De ese modo, si el perro decide abalanzarse y llega al final de la correa, habrá un amortiguador que absorberá el tirón y el arnés distribuirá la presión remanente en lugar de llevarse un golpe en el collar.

Los amortiguadores elásticos hacen más seguras las correas cuando el perro está atado. Úsalo con un arnés de espalda, no en un collar como muestra la foto.

Si es posible, decora el jardín para que tu perro no llegue hasta la valla. Planta algo grueso y/o espinoso junto a la valla. Además de reducir visibilidad, las plantas pueden absorber mucho del sonido que los "intrusos" emiten, lo cual mantendrá a tu perro más calmado. Si tienes un trato cordial con tu vecino, sugiérele que también él decore su jardín que mantenga a su perro también apartado de la valla. Es fácil empezar a llevarse mal porque los perros no se llevan bien, así que trata de verlo como un problema en el que podéis trabajar juntos.

Si es posible también planta algo del estilo del ciprés entre la valla y la calle exterior. Mantendrá a los caminantes más lejos de tu valla. Si necesitas más ideas, Cheryl Smith tiene un libro sobre cómo crear jardines y decorarlos de modo que sean hermosos y a la vez petfriendly (ver Bibliografía). Si no tienes buen trato con tu vecino, lee el apartado sobre psicología social en el Apéndice 3, especialmente el Sesgo de Correspondencia.

Usa tu lado creativo para visualizar la situación y pensar si hay más cambios que pueden realizarse para reducir las probabilidades de ladrar en el jardín. Los cambios ambientales (gestión del entorno) pueden ser más rápidos y fáciles de implementar que el propio entrenamiento, así que piensa con esmero en qué puedes modificar.

Cuestiona tus propias creencias. ¿Necesita tu perro todo el jardín? ¿Le permites estar en el jardín de delante cuando le bastaría con el de atrás? ¿Realmente mejora su vida si tienes la puerta abierta todo el día, o le está causando más estrés? Si tienes un perro mayor que realmente necesita salir fuera a hacer sus necesidades durante el día, pero tu otro perro joven se pelea en las vallas, ¿puedes colocar una puerta para mascotas con un sensor que sólo permita salir al perro senior? Modificar los factores externos en el entorno puede ayudar a que todos se relajen.

Entrenamiento Pasivo: BAT holgazán

"BAT holgazán" es una manera de preparar situaciones para que tu perro pueda tener éxito y ser reforzado por el entorno, muy parecido al BAT 2.0 estándar, pero incluso más fácil, porque ni siquiera estás siguiendo a tu perro mientras explora. BAT holgazán es un modo de entrenamiento pasivo. Le da a tu perro algo entretenido en lo que enfocarse, lo cual ayuda a minimizar sus niveles de exposición a varios detonantes de la vida real. Un ejemplo de una manera sencilla de hacerlo es preparar un puzzle de comida, duradero pero fácil, y dárselo en el jardín. Esto junto con la correa larga amortiguada y el arnés de espalda para mantenerle apartado de la valla, debería ayudarle a estar más calmado (recuerda no dejarle nunca solo).

En una situación como ésta, el juguete interactivo funciona como un imán que capta la atención de tu perro. Si se prepara bien, mientras pasan de largo otros perros, verás cómo tu perro levanta la vista, piensa en ladrar quizá, pero vuelve a su juguete. ¡Bien! Ha ignorado al otro perro, y éste se ha ido (iba a pasar de largo igualmente), así que tu perro ahora recibe el mismo refuerzo funcional por realizar la conducta que tú quieres. ¡Magia! Si aún así tu perro sigue ladrando, entonces debemos hacer BAT holgazán más cerca de la casa o incluso dentro de casa con la puerta abierta (aumentaremos la distancia al detonante, como en una puesta en escena formal). También puedes entrenar a tu perro a "Coge tu juguete" y cuando veas que está a punto de ladrar, pídele que coja el juguete interactivo que estaba comiendo. Eso me funcionó con Peanut.

Siempre estamos ocupados, así que si preparar un puzzle de comida lleva demasiado tiempo, no lo haremos. Yo hago que la preparación sea rápida y eficaz cuando estoy en casa, tú también puedes hacerlo: usa algo de comida que venga en forma de pasta, sin trozos sueltos, para que puedas rellenar bien el juguete. Si eres aficionado a la cocina, puedes prepararla tú mismo. Para Peanut yo mezclaba harina de avena con comida blanda para perros o comida cruda deshidratada que preparaba añadiendo agua tibia. Puedes también comprar un tubo de pasta comestible o meter la comida blanda en una bolsa hermética, y cortar un agujero de 1cm en una esquina, así tendrás tu versión casera del tubo de pasta comestible con el que podrás inyectar la cantidad justa de comida en cada juguete. Puedes meter después los juguetes en bolsas o un cajón independiente en el congelador. A medida que tu perro vaya consumiéndolos, vuelve a rellenarlos y meterlos en el congelador, así además evitarás que los posibles restos acaben con moho. Para ahorrar tiempo puedes preparar varios a la vez. Yo tengo una parte del congelador dedicada sólo a los perros, en la que guardo una docena de Kongs rellenos y otros juguetes interactivos. Para limpiarlos es de gran utilidad un cepillo limpia-botellas y un lavavajillas apto para juguetes.

Si tu perro está ocupado con su juguete interactivo, no se pondrá a hacer esto.

Para acelerar el aprendizaje, dale también sus raciones diarias de comida de este modo mientras entrenas sus problemas de peleas en la valla. Si por algún motivo le das de comer el resto en un bol, dale primero el juguete interactivo fuera, y luego el bol dentro de casa (para que tenga más interés en el juguete). Asegúrate de contabilizar las calorías que le das en los juguetes cada día. Recuerda que los premios normalmente aportan más calorías que su comida habitual, y no queremos engordar a tu perro. Los perros con sobrepeso suelen tener menos motivación por la comida, por lo que el BAT Holgazán no funcionaría tan bien para ellos. ¿Cómo saber si tu perro está en su peso adecuado? Aproximadamente un 60% de los perros en EEUU tienen sobrepeso, y yo los veo a menudo en todos lados, por lo que no es buen criterio comparar con otros perros que veas. Puedes preguntarle a tu veterinario cuando vayas a hacerle un chequeo rutinario, y también puedes comprobarlo tú mismo justo ahora. Deberías poder sentir con tus dedos las costillas de tu perro, sin tener que presionar para localizarlas, y si le observas desde arriba recién bañado/mojado, tendrías que poder ver su cintura.

Volvamos al BAT Holgazán. Según se le vayan acabando los juguetes con comida, será más probable que vuelva a reaccionar ante los detonantes, así que permanece afuera con él para ver cuándo ha terminado con el juguete. No tienes que fijarte sólo en el perro mientras estás fuera, puedes leer un libro, hacer tareas en el jardín, hablar por teléfono, etc. mientras tu perro se entretiene con el juguete. Estate pendiente para llevarle de vuelta a casa o darle otro juguete cuando se lo termine (o reparte varios juguetes por el jardín desde el principio). Mientras practicas BAT Holgazán, permítele estar en el jardín solo para hacer sus necesidades o para jugar con sus puzzles comestibles. Puede que lleve meses hasta que aprenda a ignorar el ruido de fondo (o menos si lleva poco tiempo reaccionando en la valla). Cuando mejore, podrás ir retirando la correa y el arnés. Puedes incluso recortarla un poco y dejársela suelta para que la lleve puesta y no sea tanto contraste entre ir atado y de pronto sentirse libre sin correa en el jardín. Recuerda que haya un adulto supervisando siempre que el perro esté atado.

Sigue practicando con los juguetes interactivos cada vez que sale al jardín (y no sea a evacuar) hasta que tu perro no reaccione alocadamente ante cualquier transeúnte o el perro del vecino. Una vez que haya desaparecido su problema durante un mes o dos, puedes empezar a separar más los intervalos de tiempo con juguetes, para que pase más tiempo en el jardín pero sin distracciones. Progresivamente ve llenando menos con comida los juguetes. Necesitarás tener aún algunos juguetes por el jardín para que tu perro pueda relajarse mientras los perros o personas pasan de largo. Y éste es un truco para los cachorros: usa los juguetes interactivos para reforzar cuando evacúen en el exterior. Así podrás hacer BAT Holgazán a la vez. Es más fácil prevenir que curar.

Entrenamiento Activo

Si quieres tomar un rol más activo, hay algunos ejercicios que puedes realizar para rebajar o eliminar la reactividad en la valla empleando BAT. El primer entrenamiento activo que puedes hacer para los problemas en la valla con el vecino es preparar sesiones estándar BAT con ambos perros, de modo que podrán convertirse en buenos amigos, o al menos conocidos cordiales. Cuando los perros ya se conocen y se caen bien, no suelen pelearse tras la valla. Si hay varios perros en cada jardín, empieza con la pareja que pelee con más intensidad, y ve progresando.

Yo suelo usar más Marca y Muévete en casos de peleas en vallas, aún empleando la versión menos intrusiva/distractora que pueda funcionar.

Entrenar BAT con los perros en su ubicación 'local' en sus propios jardines puede acarrear ciertas dificultades: 1) puede no haber suficiente espacio para maniobrar (aunque abrir la puerta de casa para premiar dentro puede ayudar); 2) es un área cargada emocionalmente; 3) la valla entre los perros puede ser parte del detonante, y 4) puede que necesites enriquecimiento adicional para fomentar la exploración.

La mayor parte del tiempo, hago que los clientes hagan puestas en escena en la calle, con los perros atados y a una gran distancia, o una "valla neutral" si es necesario por seguridad. Trata de encontrar una valla neutral para su primer encuentro en la calle, es decir, no la valla entre sus casas.

Haz que puedan llegar a pasear juntos e ignorarse o interactuar adecuadamente. Si son capaces de jugar sin correa en alguna zona neutra, como un parque o el jardín de otra persona, eso puede ayudar.

Consejo para Pros: Si estás seguro de que su reactividad en la valla se debe a la frustración por no poder jugar juntos, puedes emplear el Principio de Premack (ver Apéndice 2) y permitirles jugar como recompensa ante conductas adecuadas. Antes de probar eso, déjales que jueguen en un lugar neutral, para asegurarte de que juegan de un modo apropiado.

Cuanto más lejos esté tu perro de la casa, menos reactivo tenderá a ser.

Cuando se hayan acostumbrado a pasear juntos, podrás hacer sesiones BAT con cada uno en sus respectivos jardines, atados y con la valla que los separa. Recuerda hacerlo sólo con la pareja de perros que has entrenado, sin añadir perros. Ya es un aumento suficiente de criterio volver al jardín sin tener que sumar el estrés de un tercer perro. Cuando lo hayas logrado con los perros más difíciles, prepara sesiones para entrenar a todos por pares, y luego los tríos, cuartetos, y así sucesivamente, hasta que hayas trabajado con todas las combinaciones de tus perros y los del vecino.

Puede que los vecinos no estén dispuestos a trabajar con sus perros, pero puede que te permitan a ti y un amigo/entrenador hacerlo.

Si tu vecino no quiere o no puede ayudarte, entonces las cosas se complican, porque no serás capaz de separar los perros de las zonas de alto estrés o mantener al perro del vecino lejos de la valla. Puede que aún así seas capaz de entrenar BAT con el perro suelto del vecino haciendo de "detonante involuntario". Si tienes varios perros, trabaja con cada uno por separado, luego en parejas, etc. usando como detonante al perro del vecino. Tendrás más éxito si antes haces un poco de jardinería y haces al vecino menos audible/visible/olfateable añadiendo una valla interior adicional opaca y algunos arbustos olorosos frente a ella. Uno de mis perros odiaba el olor de las mariquitas. Podría haber plantado caléndulas y otras plantas que atraen a las mariquitas para disuadirla de olfatear en esa dirección. ¡Sé creativo!

¿Y si no es el perro del vecino? Si tu perro no tiene un sólo "Némesis" sino que ladra a todo el mundo que pasa cerca, tendrás que reclutar ayudantes y perros-señuelo para hacer varias puestas en escena BAT, incluyendo trabajos de Contraste Ambiental Repentino (mira en el Capítulo 9 el apartado sobre SEC).

Si no hay ningún punto en el jardín desde el que tu perro pueda ver al detonante sin ladrar, entonces tendrás que añadir distracciones a Marca y Muévete clickando rápidamente o preparar puestas en escena fuera en la calle, para que se acostumbre a la gente, generalmente cerca de la casa al principio. Estos tipos de ladridos suelen deberse en parte al SEC, y en parte a territorialidad, así que seguramente necesitarás hacer sesiones BAT estándar además de las sesiones SEC. Si el problema es sólo SEC, o si la territorialidad es leve, puedes directamente trabajar con ayudantes acercándose y alejándose de la valla. Cuando el perro-alumno esté suelto, es previsible que se quede junto a la valla durante casi toda la sesión. Si hay una distancia a la que el ayudante puede caminar sin que tu perro ladre, entonces podrá estar suelto. Si no, empieza con el perro atado y lejos de la valla.

El ayudante debería pasear por todos los senderos que los transeúntes normalmente recorren en torno a la casa. La única diferencia es que el ayudante debería acercarse, pararse, o moverse lentamente, y coordinar cuándo se aleja para que funcione como un refuerzo funcional. Puedes observar a tu perro y marcar con un "Muy Bien" la conducta sustitutiva adecuada, lo que también señalará al ayudante (o su guía) que puede alejarse como refuerzo funcional. Así el ayudante paseará o patinará paralelo a la valla, parará en un punto particular, esperará a que tú digas "Muy Bien" y se dará la vuelta o se alejará de algún otro modo. No olvides que hay una gran variedad de transeúntes, así que haz sesiones con niños, ciclistas, personas con muletas o sillas de ruedas, gente que se baja de un coche y saluda, y peatones, con y sin perro. Intenta añadirlos en algún momento del entrenamiento. Una persona haciendo sonar sus llaves o una grabación del tintineo de las típicas chapas identificativas de perros puede hacer creer a tu perro que hay alguien paseando a su perro, con lo que podrás ahorrarte algunos ayudantes caninos. Incluso puedes entrenar sin ayudantes usando un altavoz bluetooth tras la valla controlado a través de tu teléfono móvil.

También puedes hacer Marca y Muévete con premios dentro del jardín. Una buena opción es usar un dispensador de premios remoto como el PetTutor o el Manners Minder, que funciona a distancias de cien metros incluso con paredes de por medio.

Cuando presionas el mando remoto, la máquina emite un sonido y dispensa comida, así tu perro sabe que se ha ganado un premio. Esto te permite observar las conductas desde el jardín y presionar el mando para que el sonido le señale que puede alejarse de la valla para ir a recoger su premio al dispensador. Como tiene que alejarse del detonante para conseguir su premio, está recibiendo ese refuerzo funcional además del premio extra comestible. Puedes entrenar desde dentro de casa mientras está en el jardín, o incluso podrías llevar tú al perro del vecino, premiando con el mando a tu propio perro cuando muestra una conducta adecuada.

PetTutor además tiene un sistema de detección de ladridos y un temporizador, con lo que puede premiarle cuando se calla. Seguramente desarrollará apps para controlar el dispensador con el teléfono móvil. Esto puede combinarse con una cámara remota para entrenar a tu perro incluso mientras estás fuera de casa.

Petzi Treat Cam, iPooch, y PetChatz Video Phone ya disponen de hecho de tecnología online para dispensar premios, pero aún no los he testado. Independientemente del artilugio que utilices, coloca el dispensador de modo que tu perro tenga que alejarse del detonante para coger su premio.

www.pettutor.biz

Los premios de un dispensador remoto son muy buenos como premios extra,
ya que el perro debe correr hasta la máquina para coger su recompensa.

Enseñar a los perros a reaccionar bien en torno a sus detonantes, incluso estando sueltos y en sus propias zonas valladas, puede ser un gran desafío, pero la paz y la tranquilidad que obtienes al final ¡merece la pena! Tanto si haces entrenamiento activo o pasivo, sé paciente con el proceso y haz modificaciones en el jardín para reducir los episodios de reactividad al mínimo.

Ahora veamos qué puedes hacer si de hecho quieres traer invitados al interior de tu hogar.

CAPÍTULO 12

¿Quién eres? Enséñale a Disfrutar de las Visitas

¿Qué te gustaría que hiciera tu perro cuando tienes visita? Personalmente a mí me gusta que saluden a los invitados cuando se abre la puerta, independientemente de quién venga. Si me asusto, por supuesto que me gusta que mis perros ladren para protegerme. Pero seguramente no hace falta entrenarles para eso, la mayoría de los perros saben cuándo hay una amenaza real. La parte más difícil es enseñarles a dar la bienvenida a desconocidos en su territorio. Podemos ayudarles a disfrutar las visitas empleando BAT para que sepan que siempre tienen opciones y creando una asociación placentera con el hecho de que la gente venga a casa.

Dentro del adiestramiento basado en el castigo, un procedimiento estándar es la inundación (de estímulos): simplemente trae a alguien a casa y dale a tu perro correcciones de correa o descargas eléctricas cada vez que muestre disconfort. Cuando deje de reaccionar mal, le habrás "adiestrado".

Los perros no son humanos, pero compartimos muchas similitudes con sus cerebros mamíferos. ¿Te imaginas que tuvieras miedo a los payasos, y alguien decidiera traer un montón de ellos a tu casa, golpeándote cada vez que gritaras o trataras de defenderte? Es como una película de terror. Puedes acabar pareciendo obediente, pero eso no significa que te haya hecho estar más cómodo con la situación. Existen muchas similitudes entre el TEPT (Trastorno por Estrés Postraumático) y la "calma sumisa" de los perros en cierto programa de televisión.

En el entrenamiento animal moderno, por el contrario, preparamos al perro para que triunfe. Muchos grandes entrenadores que conozco empezarían haciendo que el propietario diera de comer al perro cada vez que un desconocido entrara en casa (o mejor aún, empezaría en la calle e iría progresando). Ése es un buen comienzo, y a menudo funciona, pero yo prefiero el empoderamiento: darle al perro el control de su propia seguridad, como herramienta principal en el tratamiento, y usar premios según se necesiten para construir una buena asociación.

No me malinterpretes, como ya he explicado en el capítulo sobre gestión del entorno, uso premios, juguetes, y cualquier cosa que pueda ayudar a los perros a estar más relajados cuando aún no han aprendido a afrontar la situación.

Usa la gestión del entorno y las medidas de seguridad apropiadas cuando no puedas evitar traer a alguien a casa sin que tu perro esté aún preparado.

Para el tratamiento, yo recomiendo entrenar BAT con un ayudante fuera de la casa y con el tiempo ir trabajando con el ayudante dentro de casa. Para tu puesta en escena fuera de casa necesitarás probablemente una correa o una valla para dar distancia. Si existe un historial de agresión o el riesgo de que pudiera morder, añade medidas de seguridad como un bozal, una cerco para cachorros, o puertas de bebé. Ve progresando hasta conseguir interacciones amigables en varios lugares fuera, antes de trabajar con el ayudante como invitado dentro de la casa. Es decir, la primera vez que traigas a un "desconocido" a casa, no debería ser realmente un desconocido, sino un invitado que tu perro ya conoce y le agrada.

Muchos perros son geniales con la gente fuera de casa, pero
tienen problemas en cuanto entran por la puerta.

Lo ideal de hecho es que la primera persona con la que haces una puesta en escena fuera un familiar o un amigo al que tu perro ya acepta en casa, para que tengas una información de partida de cómo se comporta tu perro en ese escenario. Cuando uses Marca y Muévete y una correa, junto con otros elementos de seguridad, puede intuir que hay algo diferente, así que deberías probarlo igualmente y ver cómo responde. Practicar Marca y Muévete en una situación "normal", también evitará que tu perro asocie que ese ejercicio significa siempre entrenar con detonantes/peligro.

Ahora veamos cómo trabajaríamos con un desconocido. Puede que a tu perro le cueste más tiempo con el primer ayudante, pero después el proceso de ir transformando al extraño en un amigo bienvenido será más rápido cada vez.

Eventualmente no necesitarás el previo en la calle y podrás dejar pasar directamente a la gente a tu casa. Pero estableciendo claramente esta base hará que el progreso sea más llevadero para tu perro. Asegúrate de añadir más cambios graduales para prepararle para el éxito.

Digamos que vas a practicar BAT fuera de casa con tu perra Dana, y tu ayudante humana, María. En este ejemplo supondré que tienes una casa con jardín. Si no es el caso, no pasa nada. Cada escenario es distinto. Se necesitarán más propuestas y creatividad para pensar en cómo preparar un entorno de bajo estrés para alguien que vive en un apartamento en altura, pero es posible igualmente. En cualquier caso, te recomiendo contratar a un entrenador profesional para ayudarte en estos pasos, porque los detalles son muy importantes, y son diferentes para cada perro y cada familia.

Volviendo al ejemplo, imaginemos que Dana tiene un historial de mordeduras y que ya se le ha habituado a llevar bozal. En la primera sesión, quedarás con María en un lugar totalmente neutral, como un parque. Dana enseguida se hace amiga de María y vais a dar un paseo juntos. Aunque Dana parezca muy cómoda, llevará su bozal para que todos estén a salvo. Al finalizar el paseo, Dana ha saludado amigablemente a María. Si Dana le pide caricias, María usará la regla de los 5 segundos (ver Capítulo 13). En la segunda sesión, llevarás a Dana a pasear por tu vecindario con su bozal, y os encontraréis con María, que está caminando alejándose de vosotros. Harás BAT siguiendo a María, quien en ocasiones se alejará más y luego regresará hacia vosotros caminando en curva.

Haréis un descanso de 10 minutos cerca de tu casa, donde Dana disfrutará una Lluvia de Premios o un Kong congelado, o un "bozahelado" que preparaste previamente. Puedes incluso pasearla mientras olfatea cosas reales. En el descanso María permanece fuera de vista pero tendréis algún modo de seguir en contacto, como un teléfono móvil. Cuando Dana termine su refrigerio, mandarás un mensaje a María para que vuelva y le pondrás de nuevo el bozal a Dana. Tras uno o dos minutos, María regresa. Todo es tan tranquilo que Dana está realmente relajada. Después volverás a hacer una segunda sesión BAT durante un rato, siendo consciente de que al volver María al campo de visión, tendrás un Contraste Ambiental Repentino.

Ahora que ya has hecho el trabajo previo, María entrará realmente en la casa en su próxima visita. Empieza como en la segunda sesión anterior, con Dana de paseo fuera de casa y se encuentra con María. Haz un poco de BAT para que compruebes que Dana recuerda a María y se siente cómoda. Volved juntos a casa, yendo María delante. Haz que María se pasee por varios lugares en las cercanías de la casa mientras haces BAT 2.0 siguiendo a Dana con una correa larga.

Lo que estamos trabajando fuera principalmente es recrear los detonantes que tu perro experimentará después dentro de casa. Esto nos permite trabajar a una intensidad menor, porque tu perro puede moverse más libremente fuera, y el contexto es distinto. Por ejemplo pon varias sillas plegables fuera para que María pueda sentarse en ellas y de vez en cuando levantarse y moverse a otra silla. Al principio hazlo sólo con una distancia prudente de seguridad, porque levantarse de la silla suele ser un detonante para los perros. Cuando María se levante habrá un Contraste Ambiental Repentino, así que emplea los consejos descritos para el SEC, como empezar usando Marca y Muévete. Otras variaciones para tu ayudante: levantarse y desaparecer tras una esquina por un momento, para luego aparecer (como hacen las visitas cuando van al cuarto de baño) aumentando poco a poco el tiempo desde apenas unos segundos hasta varios minutos, ya que los perros se comportan como si se hubieran olvidado que el invitado estaba ahí; sentarse junto a un familiar tuyo, abrazarle o interactuar con él/ella...etc.

Es bueno usar Marca y Muévete cuando empezamos el trabajo de SEC, pero también es útil al entrenar cerca de la casa, porque es una zona menos interesante para que Dana explore con interés por sí misma. El aburrimiento puede aumentar los niveles de cortisol y hacer más probable una reacción inapropiada. Usar una Lluvia de Premios es otra opción para paliar el aburrimiento. María puede ser incluso la que lance los premios o el queso parmesano. Si vas a usar premios, asegúrate de que Dana puede realmente comerlos con el bozal puesto. Si María le da algún premio, debería dárselos de modo que Dana tenga que alejarse de ella para cogerlos. Eso le dará después la opción a Dana de cesar la interacción o elegir volver hacia María. Sé muy prudente. Algunos perros pueden malinterpretar el movimiento de las manos y reaccionar.

Volviendo al ejercicio anterior, al dirigiros a casa detrás de María, cuando ella abra la puerta, Dana puede ponerse alerta, así que te interesará estar a una distancia prudencial (vosotros fuera aún). Trata de actuar con naturalidad y calma. Después dile a María que entre en casa y se siente en algún lugar, y vosotros entraréis detrás. Usa los consejos sobre el juego en paralelo. ¿Por qué? Es muy probable que, incluso con todo el trabajo previo, aparezca un detonante que no habías tenido en cuenta, y el espacio reducido haga más difícil que Dana use sus recién aprendidas habilidades con María. Puede que necesites usar una correa más corta (pero sin tensión) o un cerco para cachorros en torno a María para mayor seguridad. Dana puede entretenerse con un "bozahelado" o un juguete interactivo para tener algo que hacer en vez de obsesionarse con la presencia de María. Debe ser un juguete que le permita llevar el bozal, aunque si no hay riesgo de mordedura o si hay una barrera física, puedes quitarle el bozal y darle un juguete interactivo normal.

Practica esto durante un rato, y luego salid todos fuera para rebajar la activación. Asegúrate de que Dana está lejos de María cuando ésta se levante (incluso quizá es bueno que antes salga de la casa) porque podría ser un detonante.

Id a dar otro paseo corto juntos. En la siguiente sesión, haz que María se siente en otro lugar. Eso será bastante para una visita. De hecho puede que cierres la sesión en la parte de las sillas del jardín, o tras la escena de abrir la puerta, o tras unos minutos con María sentada en la primera silla dentro de casa. Observa el nivel de estrés de tu perro. Debería ser bajo en todo el proceso. En la siguiente visita, harás una versión abreviada de la escena del jardín y harás de nuevo que María entre en casa y se siente en otra silla. Presta atención a cómo de cerca está la silla en relación al lugar habitual de descanso de Dana, porque sería un reto mucho mayor que una silla alejada.

En la siguiente visita, harás lo mismo que has practicado fuera, pero esta vez estaréis dentro de casa. Con el tiempo, te llevará menos presentar a Dana a tus invitados. También irás necesitando menos darle distracciones dentro de casa, aunque te recomiendo que tengas preparado un juguete interactivo para Dana cuando recibas invitados para un intervalo largo de tiempo. Trata de dárselo justo después de la llegada de la visita, no al revés. Si ya puede estar sin el bozal, puedes incluso colocar un juguete relleno fuera de la puerta y hacer que los invitados lo metan. Al principio simplemente se lo darán al entrar, pero a medida que se encuentre más a gusto, le pedirán a Dana que se siente, y luego le darán el juguete. Eso ayudará a construir y mantener una asociación positiva.

Cuando sea momento de ir sin correa, emplea básicamente las mismas técnicas, prestando especial atención a si debes frenar una escalada de activación. Asegúrate de tener una llamada consistente entrenada con reforzamiento positivo. Enseñarle a ir a un determinado sitio, como la señal de "Ve a tu Cama" es otro modo de dirigir a tu perro porque puedes llevarle a distintos sitios, no sólo de vuelta hacia ti. Si estás tratando de separar a dos perros con problemas, hacer que ambos vengan hacia ti no es la opción más segura. La estación de tu perro (donde irá bajo señal) puede ser una cama, una silla, un transportín, un otro target/mat. Observa su lenguaje corporal para estar seguro de que no se estresa en esa estación. Puedes usar esta técnica junto con Marca y Muévete. Por ejemplo si estás sentado junto a María en el sofá y ves que Dana muestra una señal de apaciguamiento como apartar su mirada de María. Ahí puedes decirle "Muy Bien", "Ve a tu Cama". Dana entonces corre a su cama alejándose de María. Entonces puedes levantarte y darle un premio en su cama, o usar un dispensador remoto de premios como el PetTutor, o decirle que coja un juguete y te lo traiga para jugar.

Aunque tu perro esté muy cómodo con las visitas, puede serle de gran ayuda mordisquear un juguete para liberar el estrés extra.

Como ya he mencionado, puede que necesites hacer todo con más calma o puede que seas capaz de progresar más rápido del ejemplo que he descrito. Presta atención a lo que ocurre cuando Dana encuentra al desconocido fuera de casa por primera vez. Si has intentado avanzar demasiado rápido, puede que haya empezado a establecer una asociación negativa con presentarse a desconocidos en el exterior. Puede que empiece a ladrar o a analizar la situación y darse cuenta de que es una puesta en escena. Si eso ocurre, revisa tu plan de entreno y cambia algo. Puede que tengas que trabajar a una mayor distancia, hacer sesiones más breves, etc. Puedes también realizar simulacros de puestas en escena, en los que actúas como si hubieras preparado una visita para un invitado, pero realmente te levantas y vais a pasear.

Para un perro que es miedoso y/o agresivo hacia las personas, tener invitados en casa es un problema enorme. Es como intentar ganar el oro en las Olimpiadas. Entrenar para una tarea tan complicada lleva tiempo y una cuidadosa práctica. Como suele decirse no es que "la práctica hace la perfección", sino más bien "la práctica perfecta, hace la perfección". Para crear una buena base para los años venideros, tómate el tiempo necesario para preparar a tu perro con ejercicios en los que pueda salir siempre exitoso. Esto sirve para la rehabilitación como ya hemos visto, y también para la socialización temprana, que veremos a continuación.

CAPÍTULO 13

BAT para la Socialización del Cachorro

¡No te saltes este capítulo! Puede que no tengas un cachorro ahora mismo, pero seguramente lo tendrás, o quizá un perro más mayor que venga de nuevas algún día. Podrás usar todo lo que has aprendido ya sobre el Entrenamiento para el Ajuste del Comportamiento para ayudar a ese cachorro/perro en su proceso de socialización. ¡Hacer las cosas bien al principio es mucho más fácil que tener que rehabilitar después! Si eres un entrenador que ofrece clases para cachorros, o trabajas con perros rescatados, te pido que pongas especial atención a este capítulo. Si tienes un cachorro, puedes usar esta información para ayudarle a prevenir problemas de reactividad. Puedes también usarlo como test para comprobar si una clase grupal es una buena elección para tu cachorro, y en ese caso cuál es el mejor grupo para él.

Criar a un cachorro es como poner en órbita un satélite espacial. Tienes un calendario ajustado para prepararte para la misión (la vida) y reparar las cosas luego es mucho más difícil que ensamblarlas bien al principio. Sin embargo, al contrario que con un satélite espacial, todo el mundo cree que sabe cómo criar un cachorro. Pero los tiempos cambian, vamos teniendo información más actualizada, y cada perro tiene sus necesidades y una personalidad particular, por lo que ya no podemos agarrarnos a hacer las cosas como siempre se han hecho.

Desearía poder rehacer la infancia de Peanut. Habría intentado recogerle antes de que llegara a la protectora, o habría suplicado a su familia que le tuviera dos semanas más hasta que pasara su periodo de miedos antes de abandonarle. Y lo más importante, habría integrado BAT en su vida diaria, lo que significa que habría estado más pendiente de observar sus reacciones y habría atendido sus necesidades de espacio hacia los detonantes para que se hubiera vuelto más valiente. Habría dejado de lanzarle tanta comida a la boca para que hubiera podido percatarse de los refuerzos espontáneos del entorno que podía obtener al interaccionar con desconocidos. Ahora me estoy esforzando al máximo para poner todo eso en práctica con mi nuevo cachorro, Bean.

Puedes entrelazar BAT en el proceso de socialización observando su comportamiento. Cuando vaya a explorar algo estando de paseo, emplea tus técnicas de correa BAT para permitirle investigar sin tensión en la correa. Síguele si continúa teniendo curiosidad y quiere acercarse o aprender más. Frena Suavemente o llámale si parece que puede meterse en problemas o si está asustando a otra persona o a otro cachorro. Cuando decida que ya ha explorado lo suficiente y está preparado para irse, dile "Vámonos" y alejaos. Siéntete libre de felicitarle o premiarle por volver a tu lado.

Eso no significa que vaya junto a ti todo el tiempo, sólo durante un momento y después permite a tu cachorro volver a explorar más acerca de su mundo. El tiempo que tu cachorro esté pendiente de ti, es tiempo que no está expandiendo su mapa de "cosas que son normales" en su entorno. Aunque hayas visitado un millón de lugares con tu cachorro, si nunca ha dejado de estar pendiente de ti, sigue corriendo el riesgo de una socialización deficiente, una de las principales causas de los problemas de reactividad.

Entrenar con premios es importante, pero si los cachorros están siempre en modo-trabajo, estarán dejando de aprender sobre el mundo que les rodea..

Socializar con personas

La gente adora acariciar a los perros. A mí me encanta, y tengo que reconocer que es una de los motivos de que yo tenga perros, y de que adore trabajar con ellos a tiempo completo. Desgraciadamente, la mayoría de la gente vulnera la necesidad de espacio de los perros. Caminan directos hacia el perro y le ponen sus "pezuñas" humanas en la cara. O peor aún, le ponen las manos en la cabeza y los hombros y empiezan a darle palmaditas.

El juego vertical es algo que normalmente tratamos de evitar en una sesión de juego entre cachorros (demasiados saltos sobre los hombros de los demás), pero irónicamente es exactamente lo que la gente hace con los perros todo el tiempo. ¡Y después nos preguntamos por qué se excitan tanto y se ponen a saltar!

Los niños besan y abrazan a los perros y hacen todo tipo de cosas que son relajantes para un primate, pero que son bruscas desde la perspectiva del perro. A veces incluso les hacen daño: niños que les tiran del pelo/orejas/rabo, veterinarios que les pinchan con agujas, peluqueros que les cortan las uñas (pienso que un corte de uñas debe sentirse como un mordisco de un perro). Con todo ello, resulta bastante sorprendente que muchos perros no muerdan más a menudo.

Los perros sí necesitan contacto corporal de sus seres queridos, pero mucho de lo que hacen los niños supone el riesgo de ser mordidos.

Uno de los puntos clave en la socialización del cachorro es que disfrute encontrando y saludando a gente, a pesar de nuestra involuntaria brusquedad. Puedes emplear algo de lo que has aprendido sobre BAT para que el proceso sea un éxito. Cuando un niño o un adulto se acerque a tu cachorro, puedes decirle "Ve a saludar" y permitir una interacción según veas su comportamiento. Ésta es una señal opcional, basada en lo que el cachorro quiere en ese momento, no una conducta que estés reforzando continuamente para que la realice.

Si el cachorro se acerca a decir hola, entonces permite que la persona salude a tu cachorro. Cuando haya terminado y se gire hacia ti, cambia tu postura hacia atrás o retrocede un paso para crear espacio y permitir que tu cachorro tenga la opción de alejarse completamente de la persona. Si crees que tu cachorro quiere moverse pero se ha quedado "bloqueado", llámale alegremente para que quede fuera del alcance de lo que sea que ha visto. Felicítale por venir, y vuelve a practicar la modalidad BAT "siguiendo a tu perro".

Si quiere volver a saludar a la persona, permíteselo. También está bien si no quiere. Simplemente haz que sea interesante y aléjate con él cuando quiera. Mejor aún, si la persona tiene tiempo y tu cachorro no quiere irse, puedes también quedarte hablando con esa persona y permitir que tu cachorro explore alrededor. Aléjate cuando él quiera. Seguid charlando hasta que el cachorro decida que quiere investigar a la persona de nuevo, y repite todo el proceso. Si saluda saltando, ponte en cuclillas y coge con un dedo la tira del arnés en el lomo para que pueda moverse pero no saltar. Pídele a la persona que también se ponga en cuclillas, para que no se asuste y/o no le salte encima.

No permitas que nadie asuste a tu cachorro al saludarle.
¡Este cachorro no tiene escapatoria!

Ayuda a los niños que conoces a aprender cómo respetar las necesidades de espacio del cachorro. Existe una estupenda app para el móvil, ilustrada por Lili Chin llamada Dog-Decoder. Muestra lenguaje corporal canino en un formato muy manejable.

Socializar a tu cachorro con los niños es una gran ocasión para educarles también a ellos acerca del lenguaje corporal canino y la regla de los 5 segundos. De hecho, los adultos pueden usar la misma regla. Permite que el cachorro inicie el saludo, pero no más de 5 segundos, luego haz una pausa y espera si quiere empezar el proceso de nuevo.

Éste es un extracto sobre la Regla de los 5 Segundos, de mi libro *Manual Oficial de Ahimsa Dog Training*:

"Tras 5 segundos (como mucho) de caricias, retira tus manos y espera a ver qué hace el perro. Si busca tu mano con el hocico o te mira, significa que probablemente disfrutó con tus caricias. Pero si se queda en el sitio, o se gira y se aleja, le estabas incomodando"..

Las señales de calma que pueden ser reforzadas para trabajar la reactividad (como retirar la mirada, olfatear el suelo, sacudirse) pueden y deberían ser reforzadas en los cachorros. Lo ideal es que ocurriera de manera natural un refuerzo natural espontáneo, pero tendrás que intervenir y reforzar la conducta dándole más espacio.

Los cachorros muy jóvenes aprenden las señales de calma cuando juegan con sus hermanos de camada simulando peleas, y luego con otros perros. Podemos contribuir a su desarrollo natural reforzando esas conductas cuando llegan a su nueva casa. Los niños deberían aprender a retroceder un paso tranquilamente o a girarse a un lado como respuesta cuando un cachorro les muestra señales de calma. Esto es bueno para la seguridad del niño y empodera al perro.

Los cachorros tienen intervalos de atención breves, y cuando ofrecen una señal de calma para "pedir" un poco de espacio, no significa que quieran estar solos el resto del día. Simplemente necesitan aliviar un poco la presión social del momento. Cuando el niño se aparta tras ver una señal de calma, el cachorro hará una breve pausa, y luego irá tras el niño de nuevo a retomar el juego. Esta práctica es un buen ejercicio para enseñar a los niños a ser conscientes de cómo el lenguaje corporal del perro expresa un estado emocional y su voluntad de unirse al juego o las caricias. Los niños también pueden usar sus propias señales de calma para tranquilizar a los cachorros alocados.

Cuando la petición de espacio de un cachorro es atendida y reforzada consistentemente, se vuelve más resiliente y puede aprender a ser más paciente con los humanos, y a insistir más con sus señales educadas para pedir distancia. En el primer libro BAT, escribí que en un momento podemos quitar los refuerzos de responder a las necesidades de distancia del cachorro. Ahora sé que no es cierto. Por un lado, en la vida real tenemos que ignorar algunas peticiones de espacio. No es necesario añadirlo deliberadamente. Así que si tu cachorro necesita distancia y puedes proporcionársela, adelante.

A medida que entrenas con el cachorro, irá volviéndose más confiado. Llegado un punto, puede haber un periodo de tiempo en que todo de repente le da más miedo. Existe un periodo sensible en torno a las 8-10 semanas de edad y después durante la adolescencia durante unas semanas, cuando tiene entre 6 y 12 meses de edad. Si ves que tu cachorro repentinamente se estresa por algún detalle trivial, está probablemente en un periodo sensible. En ese caso, simplemente sé paciente y rebaja la intensidad de las experiencias que le proporcionas al cachorro para que no se sensibilice a algo por accidente.

Ayuda siempre a tu cachorro a permanecer bajo su umbral de reactividad, atiende sus demandas de espacio siempre que sea posible, y sé consciente de que el umbral varía según el cachorro va creciendo.

Si el cachorro muestra un comportamiento miedoso, asegúrate de que la gente no castiga accidentalmente sus intentos de explorar/interaccionar tratando de acariciarle (si le da miedo la gente, percibirá las caricias como un castigo, algo que evitar). Según se acerque el cachorro a la persona haz que dejen caer un premio al suelo y se aparten. Esto puede hacerse varias veces, y fomenta su interés y confianza muy rápidamente. Lo que acabo de describir es una de las versiones de "Premia y Aléjate" de Suzanne Clothier. No es sólo para cachorros, a mí me gusta usarlo para perros adultos con miedo a las personas. Aquí BAT sigue vigente: si no puedes pedir al desconocido que se retire, usa Marca y Muévete: llama a tu cachorro y que se aleje de vuelta antes de que el extraño pueda acariciarle. Dale un premio cuando llegue y permítele explorar de nuevo. ¡Pero asegúrate de ir dejando de usar la comida!

Socialización con perros y otros animales no-humanos

La interacción perro-perro es otro elemento importante del proceso de socialización. Los cachorros tienen que hacer amistad con perros de todas las razas y tamaños posibles y también conocer al resto de animales que podrán encontrarse durante su vida adulta. He explicado la socialización con personas por separado porque los perros ven realmente a los humanos como una categoría aparte. Algunos perros son sólo reactivos con personas, otros sólo con perros, y otros con ambos. Por eso hay que socializar al cachorro tanto con personas y perros como con otras especies animales. Con los animales (incluidos los humanos), ayuda a que tu perro haga verdadera amistad con varios de ellos de cada especie, no sólo conocidos. Esto creará un vínculo positivo y entrenará la comunicación a un nivel más avanzado y profundo.

> Consejo para Pros: Las técnicas de correa BAT son realmente útiles con los cachorros, pero las correas largas son difíciles de usar en las clases grupales. Los paseos en grupo son un servicio fantástico que puedes ofrecer a tus clientes con cachorros (o incluso a todos tus clientes). Eso sí, debes saber los estados de vacunación. Puedes trabajar la socialización, técnicas de guiado con correa, técnicas de correa para el perro, poner a prueba conductas entrenadas, y cualquier otra cosa que puedas practicar durante el paseo. Para publicitarlo, comparte vídeos en redes sociales y/o diseña una ruta que acabe en un establecimiento local orientado a las mascotas. Luego sube una foto a facebook con tus alumnos en la tienda.

Hoy en día muchos cachorros tienen su primer gran encuentro con otros cachorros fuera de su familia, en clases de cachorros grupales. Las clases de cachorros no son adecuadas para todos los perros. Por favor ten en cuenta la socialización de tu cachorro al igual que la del resto de cachorros en la clase. La mayoría de perros ya hacen cierta versión de BAT de manera natural: si otro perro se da media vuelta, se sienta mirando a otro lado, o se sacude, por ejemplo, la mayoría de perros se detendrán un momento o harán la postura de juego, u otra conducta para relajar el estrés de la situación.

Eso es realmente BAT: facilitar el proceso natural de socialización. Mientras algunos cachorros aprenden esas habilidades del lenguaje corporal de sus madres y hermanos de camada, otros no son muy expertos en leer otras razas de perros, o son torpes debido a su crecimiento, por lo que las personas deben intervenir a menudo durante el juego entre cachorros. Si un cachorro es un poco abusón o se asusta en clase, o si tienes experiencia y tienes tiempo de preparar oportunidades para todos, puede ser mejor hacer una socialización inicial en grupos muy reducidos en lugar de clases grupales.

Con un cachorro, es importante saber cuándo muestra señales de calma para pedir distancia respecto de otro perro. Si tu cachorro está jugando y ves que le da la espalda a otra cachorrita, y empieza a alejarse despacio de ella. La cachorrita le seguirá, abalanzándose sobre él. Ayuda a que la necesidad de tu cachorro pidiendo seguridad sea atendida, distrayendo a la otra cachorrita: puedes acariciarla tranquilamente o llamarla hacia otro lugar para que tu perro pueda "escapar". Dile a sus dueños lo que estás tratando de hacer, y el por qué. Si la otra cachorrita persigue a tu cachorro de manera insistente, tú o sus cuidadores podéis cogerla y dejarla suavemente en otro lugar de la clase. ¡No la grites ni zarandees, ni le hagas nada amenazante o dañino!

Si un cachorro está acosando incesantemente a los otros cachorros (ignorando sus señales de apaciguamiento), es responsabilidad del instructor el proporcionar a ese cachorro la socialización adecuada de modo que el resto de cachorros estén a salvo. Éstas son algunas opciones que tiene: separar los grupos de juego para que los perros tengan compañeros adecuados; darle un juguete al cachorro más intenso para que lo lleve en la boca y tenga los dientes ocupados (ten cuidado porque también puedes provocar protección de recursos); hacerle time-outs; o ponerle junto a un perro adulto bien socializado/limpio/vacunado para que juegue con él. Si no tienes un adulto disponible, el cachorro puede jugar con su guía o hacer ejercicios de autocontrol durante las sesiones de juego. Después planifica algunas sesiones individuales con perros adultos bien socializados, supervisándolas tú a un precio dado, o compartiendo una lista de otros perros en busca de compañeros de juegos. Yo creé una base de datos para los clientes de Ahimsa Dog Training y resultó ser muy útil para ello. Puede ayudar bastante sugerir a los dueños del perro "abusón" que le den ejercicio antes de la clase y hacer sesiones de juego breves. Si están interesados en dar clases privadas, preparar algunas puestas en escena BAT ¡le serán de gran ayuda al cachorro! Sigue los consejos de este libro para enseñarle conductas sustitutivas para su frustración.

> Consejo para Pros: si hay algún problema de agresividad, de cachorro es cuando hay que tratarlo, y parte de nuestra responsabilidad como entrenadores es ayudar a la gente a detectar las señales de alerta. Anima a los propietarios a hacer clases privadas o dales otros recursos para trabajar la reactividad. Les puedes permitir asistir a algunas clases, pero si ves que no les va a beneficiar realmente a ellos o al cachorro (está a menudo por encima de su umbral) busca otra solución.

Tu cachorro no es el único que despliega sus señales de calma, así que es importante también observar cuándo tu cachorro no respeta las señales de otros perros. Los perros están en proceso de aprendizaje después de todo. Observa a los perros y cachorros que tu pequeño saluda. Si detectas que muestran señales de apaciguamiento, espera a que tu perro pueda responder adecuadamente. Pero si no lo hace, llámale para redirigirle o cógele y dale un time-out (entre 15 y 30 segundos sin juego y "aburrido" en tus brazos). También puedes usar Marca y Muévete como se describe en el Capítulo 7.

ale la oportunidad a tu cachorro de conocer a gatos y otros animales propensos a escapar, de un modo que no provoque que salgan huyendo. Por ejemplo, pon al gato en una superficie elevada, como un sofá o su casa para gatos, con el cachorro sujeto por su arnés de la correa. Esto le da al gato una posición de seguridad y fomenta que se quede en el sitio. Cuando tu cachorro investigue sobre el nuevo animal y se dé la vuelta hacia ti, felicítale con calma y retrocede para ver si quiere alejarse por completo. Si se quedó demasiado enfocado en el gato, puede que necesites intervenir un poco, motivando que se aleje haciendo un poco de Marca y Muévete, con un juguete interactivo como reforzador. Esto ayudará a tu cachorro a calmarse entre repeticiones, al gato a relajarse, y creará la asociación: Ver al gato → Coger el Kong. En cuanto puedas vuelve a la versión BAT 2.0 "Sigue a tu perro". Si no funciona, mantente generalizando el concepto Ver al gato → Coger el Kong. No es BAT, ¡pero es útil!

Lo ideal es que tu perro conozca a otras especies cuando es aún muy joven.

Si sabes que tu gato se asustará del cachorro, haz BAT con el gato haciendo de alumno. Empieza poniendo al cachorro en su cerco de cachorros con un juguete interactivo para tenerle entretenido. Permite que el gato se acerque a su propio ritmo y se aleje tranquilamente. También puedes ver si tus amigos tienen gatos acostumbrados a los perros y que no saldrán corriendo. Conocer a esos gatos, permitirá que tu cachorro vea los gatos como compañeros, en lugar de juguetes para cazar. Puedes reforzar cualquier conducta social o el propio autocontrol, usando el clicker (ver Apéndice 1) o Marca y Muévete. Yo solía ir a una tienda de mascotas que tenían 3 gatos muy hábiles con los perros y que no se inmutaban. Eran unos socializadores excelentes.

Exponerle a superficies, jaulas, ruidos, y otras experiencias

Además de socializarle con humanos, perros, y otras especies animales, los perros necesitan exposiciones positivas a objetos inanimados, sonidos, y todo tipo de cosas. Necesitan aprender cómo funciona su propio cuerpo, y cómo controlarlo sobre distintas superficies. Al igual que en la rehabilitación de la reactividad, suelo usar más premios con los cachorros en situaciones que no requieren que presten atención a las señales sociales.

Al igual que un niño que aprende a montar en bicicleta sin ruedines de apoyo, cuando socializamos a un cachorro, los premios deberían usarse con prudencia y desar de usarlos pronto para que el perro consiga equilibrarse por sí mismo.

Pero al socializarle con perros y personas, quiero que el cachorro ¡preste mucha atención a los perros y las personas! así que uso los premios con más prudencia. Cuando sólo estoy tratando de que camine por un suelo resbaladizo o se meta en su transportín, uso Marca y Muévete doy premios con más libertad, pero sigo intentando dejar de usarlos pronto, para que puedan ser conscientes de lo que están haciendo sus cuerpos y cómo moverse mejor. La propiocepción es una parte importante del aprendizaje sobre cómo desenvolverse en el mundo, y si no paramos de distraerles con comida, se lo perderán.

En mi primer libro sobre BAT, ponía un ejemplo de un cachorro llamado Lulu al que le daban miedo los suelos resbaladizos. Si hubiera sabido lo que hoy sé, le hubiera enseñado algo diferente.

Lulu adoraba el clicker, así que yo lo usaba para marcar sus conductas acertadas al aproximarse a las baldosas de la cocina. Trabajé con ella sin la correa, empezando en el pasillo enmoquetado. Le lancé un premio al umbral de la cocina para ponérselo más interesante, y después caminé con ella por el pasillo hasta la cocina. Cuando olfateó hacia el premio, clické, me alejé de la cocina unos pasos y luego le di un premio. Me giré y volvimos a ir hacia la cocina. Con BAT 2.0 no la habría guiado hacia la cocina, me habría quitado de en medio y habría esperado que Lulu se dirigiera por sí misma en esa dirección.

La siguiente vez capturó el premio en la baldosa, yo cliqué, la llamé para que se alejara de la cocina, y le di otro premio. Lancé otro premio a la cocina, esta vez unos 15cm dentro de la baldosa. Según se dirigía hacia el premio, cliqué, me alejé de la cocina, y le di un premio. Ella habría sido libre de coger el premio en la baldosa o alejarse de la cocina conmigo, pero ver que yo me alejaba le indicó la opción de salir de la cocina, que es lo que hizo. Después lancé un premio al centro de la cocina y repetimos clickar/alejarse/premiar unas diez veces o más, cada vez tratando de clickar cuando estaba aún caminando por la cocina, más y más dentro. En nuestra siguiente ejercicio, cliqué cuando ya bajaba la nariz hacia el suelo para coger el premio en el medio de la cocina. Nos alejábamos de nuevo y le premiaba finalmente. Tras eso, lo repetimos sin comida en el suelo unas cuantas veces, clickando siempre la conducta de caminar por la cocina.

Tras unas quince repeticiones de Marca y Muévete, empecé a clickar sólo por tener las cuatro patas en el suelo de baldosas, premiando en la propia cocina, y luego alejándonos como refuerzo funcional, otras trece repeticiones. No es realmente como Marca y Muévete, pero estaba dando un valor positivo al lugar. El alivio de abandonar la cocina se estaba diluyendo, y la alegría de obtener premios en la cocina ganaba fuerza. Recuerda que Lulu estaba sin correa, y tras esas trece premios adicionales en la cocina, ya no quiso salir más de ella. Yo regresé y le di un jackpot: un puñado de premios esparcidos por toda la cocina.

Este tipo de entrenamiento es aplicable a cualquier lugar al que el perro no quiera entrar, ya sea un transportín, un coche, una superficie en la que no está cómodo, o un sitio con ruidos extraños. La clave es que el perro pueda alejarse siempre que quiera, aunque tú le llamarás antes de que se sienta incómodo, y gradualmente aumentarás el valor de estar en la superficie o el lugar siniestro. Puedes hacer prácticamente lo mismo incluso para socializar con humanos, si el perro es muy reticente.

Con ruidos como los truenos, fuegos artificiales, o bebés llorando, puedes usar grabaciones para ayudar a tu cachorro a habituarse al sonido. Terry Ryan tiene una serie de CD's llamada *Sound Socialization* diseñada para aclimatar a los perros a ese tipo de sonidos, Company od Animals tiene un CD llamado *CLIX Noises & Sounds,* y Victoria Stilwell tiene *Canine Noise Phobia Series,* que usa una música relajante de fondo. También puedes conseguir sonidos gratis de YouTube. Por ejemplo, *Epic Fireworks* en Reino Unido tiene un canal de YouTube al que suben un vídeo corto cada día. Yo me suscribí a su canal, para que me avisara cada día de ponerle fuegos artificiales a Bean cada día.

Ayuda a tu perro a desensibilizarse con varios tipos de fuegos artificiales. Puedes poner varios vídeos seguidos en YouTube o puedes centrarte en un sólo tipo de sonido. Ten en cuenta que el volumen puede ser más alto en algunos videos que en otros. Los fuegos con pitidos suelen asustar más a los perros que yo he tenido, pero tu perro puede ser diferente.

Dedica tiempo a hacer que tu perro se sienta cómodo con sonidos como los fuegos artificiales. ¡Pero no le lleves a verlo en directo!

Cuando pongas sonidos, comprueba siempre el volumen con tu cachorro fuera de la habitación, por si accidentalmente sube el volumen demasiado. Yo empiezo con el volumen al mínimo en mi portátil y también bajo el volumen en el reproductor de YouTube. Si tienes altavoces Bluetooth, puedes ayudar a tu cachorro a generalizar reproduciendo los sonidos en una gran variedad de lugares, no únicamente a tu lado en una habitación particular, o sólo dentro de casa. Con un teléfono móvil puedes reproducir sonidos en los altavoces Bluetooth por toda la ciudad.

Me gusta desensibilizar al perro a los ruidos, usando esos mismos sonidos como marcadores para conductas. Es una forma de contracondicionamiento que empodera al perro, porque él controla la aparición de los ruidos. Dicho de otro modo, puedes reproducir el sonido exactamente igual que si estuvieras clickando una conducta que tu perro ya ofrece con facilidad, como un sentado. Sólo das la señal de sentado unas pocas veces, para empezar, pero la mayoría de las veces, el perro debería ofrecer la conducta, luego tú marcas (suena el ruido) y refuerzas. La conducta del perro así se convierte en una **"Señal de Más Por Favor"**, una forma de decirte: "por favor haz sonar ese ruido, porque sé que indica que viene un premio".

Desarrollo este concepto en los vídeos para miembros del grupo de Cuidados Cooperativos, en mi escuela virtual *Animal Building Blocks Academy*. Las Señales de Más Por Favor son estupendas para enseñar a un perro a cooperar activamente en su cepillado, revisiones veterinarias, etc. El perro puede usar esas conductas para indicar que está preparado para procedimientos de contracondicionamiento. Por ejemplo, un target de barbilla puede ser una Señal de Más Por Favor para una extracción de sangre en la yugular. El perro mantiene esa posición, le tocas el cuello con un dedo y luego le das un premio. Construyéndolo poco a poco, puedes hacer una extracción de sangre con apenas (o ninguna) resistencia.

No tienes por qué usar las Señales de Más Por Favor para los sonidos, pero empodera más al perro que el contracondicionamiento estándar, que sin embargo es un poco más fácil de realizar: todo lo que haces es reproducir el sonido a un volumen bajo, dar al perro algo genial (por ejemplo su desayuno en un juguete interactivo), y apagas el sonido justo antes de que termine de comer.

Un tercer modo es enseñar a tu cachorro el sonido de un modo relajante que le dé tiempo de procesar la información. Elije un momento en que tu cachorro esté descansando, pero no dormido. Reproduce el sonido a un volumen bajo, sólo lo suficiente que creas que puede oírlo. Lo que buscas es que no haya respuesta, o una muy leve, como las orejas girándose hacia el sonido, o un ligero cambio en su postura. Cuando haya terminado de escuchar, sus orejas volverán a una posición neutra. "Sobreentrena" reproduciendo el sonido algunos minutos más. Nota: no confundas falta de interés con el miedo. Si tu perro se aleja evitando del sonido, tiene las orejas plegadas hacia atrás, respira agitado, o si ves otro signo de estrés, significa que el sonido estaba demasiado alto.

Reproduce los mismos sonidos de nuevo, pero esta vez sube sólo un poco el volumen. Tras muchas sesiones, podrás poner el volumen realmente alto. *El objetivo no es ver cómo de alto puedes poner el volumen, sino en ir subiéndolo tan gradualmente que el cachorro apenas note la diferencia.* Ésa será la prueba definitiva del éxito.

Si lo haces con un perro mayor, debes ir incluso más despacio. Si el cachorro se levanta o muestra signos de distrés, baja el volumen a la mitad y dale algo divertido que hacer, como lanzarle un puñado de premios para buscarlos, darle un juguete interactivo, o hacer una minisesión de habilidades fáciles con clicker, y luego apaga el sonido. Espera un rato, y la próxima vez aumenta el volumen más gradualmente.

El objetivo de la socialización no es sólo enseñarle estímulos específicos que encontrará en su vida adulta, sino también que coja experiencia en afrontar novedades por sí mismo. BAT permite que el cachorro aprenda esta destreza, en lugar de limitarse a lo que mi perro Peanut aprendió en nuestra fase de contracondicionamiento clásico, que fue: "la gente me da comida, otros perros provocan que mi mamá me dé comida, y los monopatines provocan que mi mamá me dé comida". Eso le ayudó a superar muchos de sus miedos, pero yo sentía que él no se tomaba el tiempo en investigar la situación por sí mismo. Mirando atrás, era como si yo tratara de decidir por él, dándole un premio cada vez que algo potencialmente amenazante aparecía. Él no aprendió realmente a confiar en el mundo por sus propios méritos, ni a evaluar con precisión la seguridad de las situaciones, pero aún así hizo muchas asociaciones positivas. Sin embargo esto no le sirvió de mucha ayuda como adulto cuando aparecía alguna novedad.

En cambio, un cachorro socializado con BAT aprende a recabar información sobre su entorno, a confiar en lo que va aprendiendo sobre él, y a relajar la tensión cuando lo necesita. Aprende a afrontar el mundo tal y como es, porque su guía le da el tiempo suficiente para explorar la situación.

CAPÍTULO 14

Entrenadores y Terapeutas: BAT con los Clientes

Nota: he decidido incluir citas en partes de este capítulo y del Apéndice 3 donde he considerado necesario, para entrenadores y asesores que deseen profundizar en material adicional sobre los conceptos expuestos. Las fuentes citadas están disponibles en la bibliografía, al final de este libro.

Antes de que empieces a asesorar a tus clientes sobre cómo hacer BAT, ¡observa algunos de mis vídeos sobre cómo hacerlo! Una cosa es entender la descripción en un libro, y otra muy diferente es tomar decisiones en el momento que coloques al perro en condiciones de tener éxito practicando BAT. Me encanta que estés leyendo este libro, porque ofrece el fundamento teórico y la manera de emplear ese conocimiento. Pero observarlo mientras ocurre tiene algo especial. Yo tengo multitud de vídeos disponibles, incluyendo vídeos gratuitos en mi canal de YouTube y en GrishaStewart.com al igual que las series completas en DVD que también pueden adquirirse vía streaming. Si encuentras un vídeo sobre BAT en YouTube, asegúrate de que es la versión más actual de BAT. Y si no aparezco yo, asegúrate de que se hace del modo que yo recomiendo. Hay muchos vídeos de BAT online que realmente pueden mejorarse bastante. Si no estás seguro sobre la precisión de un vídeo, siempre puedes preguntar en la página de Facebook de Grisha Stewart. Si realmente quieres estar seguro de que estás practicando BAT bien, comparte tus vídeos para asesorarte en los Chats BAT de mi website, haz un curso online, o acude a un seminario de BAT Avanzado con parte práctica. Si hay algún instructor CBATI cerca de tu zona, ellos pueden proporcionarte clases individuales para perfeccionar tus capacidades como consultor. Yo misma también hago tutorías individuales vía video-chat.

Los clientes quieren saber cómo ayudar a sus perros a sentirse más seguros y ser menos reactivos de manera inmediata, o incluso instantánea. Los entrenadores deben evaluar la reactividad de sus clientes caninos y luego guiar a sus cuidadores a través de un plan de modificación conductual. En este capítulo, explicaré parte de cómo enseño a mis clientes a emplear BAT en clases privadas con perros que son reactivos con personas, con perros, o con ambos. También hablaré sobre BAT en las clases grupales para perros que son reactivos con otros perros. También puedes usar BAT para clases de cachorros y en sesiones privadas para socializar, como ya vimos en el Capítulo 13.

Mantener a salvo a tus clientes y sus perros

El principal objetivo es permitir al perro tener máximo control dentro de una zona segura que tú creas y mantienes durante la sesión. Asegúrate de que el guía comprende las técnicas de correa antes de hacer una sesión con un detonante. Mi manera preferida de hacerlo es usar TAGteach, que se emplea para enseñar destrezas con rapidez y precisión. El manual de *Técnicas de Correa en BAT* en GrishaStewart.com descompone las técnicas de correa en varios ejercicios independientes para que practiquen tus clientes. Comienza con juegos de rol (el cliente hace de perro, tú haces de guía, y luego al revés) en lugar de tratar de enseñar a la vez algo a dos especies animales diferentes. Haz que tu cliente te marque (con el clicker) cuando hagas correctamente cada ejercicio, luego intercambia roles y clíckale tú. Después haz que practiquen las técnicas de correa con su perro. Hazlo en un lugar con olores interesantes, y sin detonantes a la vista. Incluso puedes esparcir algunos premios por el área para que el perro se mueva.

Recuerda la imagen de orilla en la playa como el umbral entre la curiosidad y la reacción de miedo/frustración/agresión. El guía debería seguir a su perro mientras esté por debajo de su umbral. Si el perro se aproxima al detonante, el guía debería frenar suavemente al perro, esperar a que desconecte, felicitarle y luego seguir sus siguientes pasos.

Si en esta foto no has visto enseguida el estrés que muestra el cuerpo y la tensión de la correa, no estás listo aún para asesorar a clientes sobre BAT.

Si el perro rebasa su umbral durante una sesión, o si no puedes crear una puesta en escena en la que el perro esté completamente por debajo del umbral, usa la intervención menos intrusiva para ayudar al perro a desconectar del ayudante. En espacios muy reducidos, como un apartamento, eso podría ser algo como clickar o llamar al perro en cuanto el perro ve al detonante, luego alejarse para reorganizarse y darle algunos premios en el suelo. Siempre que tengas que interferir en el proceso más allá del frenado suave antes de llegar al umbral, revisa cómo has dispuesto los antecedentes y modifica algo para la próxima vez. Por ejemplo, si tienes que llamarle inmediatamente o clickar en cuanto ve al detonante en su casa, ¿sería posible empezar en el exterior donde no necesitarías intervenir, y luego ir gradualmente acercándote a la puerta y eventualmente trabajar dentro de la casa? (Lee más detalles en el Capítulo 12).

La gráfica de la playa con la Escala de Ayudas del Capítulo 4, ofrece sugerencias cobre cómo debes actuar, de menos a más intrusivo. Como profesional, tendrás tu manera preferida de intervenir o de incitar a desconectar si el perro se queda bloqueado (por ejemplo riéndote, suspirando, o cantando) o para reforzar al alejarse (juegos de olfato, saltos de agility...). Pero recuerda que intentaremos evitar entrar en modo-trabajo. Queremos que la atención del perro esté enfocada en recabar información como perro que es, no en trabajar para ti.

Distracciones y comida

La ausencia de distracciones permite al perro practicar más habilidades sociales naturales con el detonante. La mayoría de investigaciones que hay sobre la atención en procesos de desensibilización es en humanos, y los resultados son diversos, pero aparte de las situaciones en las que hay algo que afecta físicamente al cuerpo (como una extracción de sangre), distraer a la persona parece disminuir los efectos de la desensibilización (Telch, et al., 2004; Mohlman and Zinbarg, 2001; Haw and Dickerson, 1998).

Evita disponer siempre de comida en tus puestas en escena. La comida es una señal ambiental gigante, y como ya he explicado, el miedo volverá cuando el contexto sea distinto al contexto de entrenamiento (Thomas, Cutler, and Novak, 2012; Capaldi, Viveiros, and Campbell, 1983). Eso significa que los premios o los juguetes pueden convertirse en la pluma mágica de Dumbo el Elefante: el miedo reaparecerá en cuanto tus clientes no lo tengan a mano. Afortunadamente los premios no son necesarios para las puestas en escena BAT, así podemos evitar que se conviertan en parte del contexto en el que los perros tienen buenas experiencias durante las sesiones BAT. Del mismo modo, tus indicaciones y señales también forman parte del contexto, distraen al perro, e interfieren sobre su control de la situación. Las indicaciones y señales deberían usarse sólo en caso necesario.

Usa premios sólo cuando necesites su atención.
El modo-trabajo no es lo mejor para hacer BAT.

Cómo ha cambiado BAT para los entrenadores

La nueva versión de BAT mantiene al guía más en segundo plano, dando menos indicaciones. Si estás familiarizado con la versión antigua, me gustaría que notaras que la nueva versión es más fluida y que los perros trabajan a distancias a las cuales están claramente bajo su umbral. Si eres uno de tantos que ya han empleado BAT de manera satisfactoria con sus clientes, te alegrará saber que las antiguas "Etapas" encajan en el nuevo modelo como distintas maneras de incitar al perro a realizar una conducta si rebasa su umbral de reactividad. La indicación tras la señal de calma en la antigua Etapa 3, puede usarse como manera de animar al perro a alejarse cuando está metido en el agua hasta las rodillas en el gráfico de la playa (por ejemplo, cuando le lleva más de dos segundos desconectar). La Etapa 2 puede emplearse cuando al perro le cubre el agua ya hasta el cuello (cuando el espacio es muy reducido para que pueda hacer otra cosa). La Etapa 1 puede ser útil cuando el agua le cubre por completo.

En este apartado, comento las antiguas Etapas BAT para ayudarte a integrar BAT 1.0 con la nueva información de BAT 2.0 Realmente no recomiendo enseñar estas variantes de Marca y Muévete como etapas numeradas. El clicker en las antiguas Etapas

206

1 y 2 marcaban la conducta deseada, pero también servían como una llamada en esos casos. Sí, acabo de decir que el clicker funciona como una señal de llamada aquí. Por supuesto también marca una conducta adecuada. Con este uso del clicker sin embargo, estás en modo-supervivencia y su función más útil es hacer que el perro vuelva hasta el guía para coger el premio u otro refuerzo. Es decir, funciona como señal de llamada.

La señal o marcador verbal en la antigua Etapa 3 también hace que el perro se aleje, y es útil si el perro se queda bloqueado sin saber qué hacer. Aunque sean buenas herramientas de huida, es mejor diseñar situaciones en las que no tengamos que usar las antiguas Etapas. Dicho esto, cuando estás cerca del detonante o trabajas en espacios reducidos, tendrás seguramente que usar Marca y Muévete porque el perro será más propenso a rebasar repentinamente su umbral. Siempre es mejor mantenerse a salvo, porque cuando nos equivocamos, es el perro quien sufre las consecuencias.

Siempre he destacado que las Etapas no debían practicarse en orden numérico, sino según fuera necesario, empleando la más alta que el perro pudiera hacer en cada momento. En la nueva versión de BAT me he deshecho del concepto de las Etapas por dos motivos. Por un lado, la gente usaba las etapas 1 y 2 demasiado a menudo en las puestas en escena. Esto les hacía quedarse estancados en modo-gestión, en lugar de BAT "real". Y lo más importante, la Etapa 3 se hacía frecuentemente por encima del umbral, incluso yo misma durante los primeros años.

Espero que la nueva conceptualización de BAT animará a la gente a preparar realmente situaciones para que el perro esté siempre bajo su umbral, y con el control para dirigir este proceso.

Las Etapas del antiguo BAT eran útiles para enseñar a los guías a apreciar los matices del lenguaje corporal que necesitan conocer. Puedes de hecho hacer un ejercicio independiente para practicar cómo observar el lenguaje corporal antes de la primera sesión con un detonante. Por ejemplo, puedes poner un cuenco con premios a cierta distancia, y hacer que el guía clicke cuando desconecte del cuenco. Primero clicka y premia tú las conductas que quieres que el propietario aprenda, y luego, déjale que él practique.

¿Qué problema tiene el perro? Obtén un buen historial

Te recomiendo recabar la mayor parte de la información sobre el perro con antelación, para que sepas a qué atenerte, y ahorres tiempo. Siempre podrás preguntar cosas sobre la marcha cuando necesites decidir una terapia de comportamiento. Lo más fácil es ofrecer un cuestionario online para tus clientes de las clases privadas y los grupos de Perros Gruñones. Escribir el historial permite a los clientes compartir eficazmente el pasado de su perro, las conductas que quieren eliminar o cambiar, y los objetivos que tienen. Mi cuestionario incluye el historial médico, cómo y por qué fue adquirido el perro, sus rutinas diarias, adiestramiento previo, y más detalles. Puedo leer rápidamente el cuestionario y entonces preguntar otras dudas durante la sesión. Ten en cuenta que la gente no es siempre honesta o suficientemente precisa cuando escriben, así que tendrás que indagar un poco para obtener todos los detalles de la situación del perro.

Aunque haya un historial de alergias, observa si se rasca mucho.
El estrés agrava la picazón.

Las preguntas deben ir siempre enfocadas a mejorar la situación, no sólo a satisfacer tu curiosidad. Pregunta sólo aquello que afecte a lo que quieres hacer con el cliente y su perro. Sobre el cliente, tus preguntas deben dirigirse a temas como la construcción de su relación con el perro, determinar sus motivaciones/refuerzos por trabajar contigo, ver qué cantidad de deberes puede admitir, y qué tipo de explicaciones puede beneficiarle más. Sobre el perro, recabarás la información que te ayude a seleccionar el tipo de intervención (BAT, otra diferente, o una combinación), los refuerzos que funcionarán con este animal, los umbrales en diferentes situaciones, y la gestión del entorno que deberás implementar en cuanto a seguridad y reducción de estrés.

Éstos son algunos de los puntos que incluyo en mi cuestionario y mi entrevista para poder realizar una precisa evaluación funcional y diseñar un plan personalizado:

- Información de contacto

- Nombres y edades de las personas en casa.

- Nombres, edades, especies y razas de los animales no humanos que residen en el domicilio, incluido el perro.

- Cómo y por qué fue adquirido el perro

- Entrenador principal en casa

- Saber si alguien en casa lo da por perdido y si tiene capacidad para autorizar su eutanasia o buscarle otro hogar.

- Descripción detallada de las conductas que desean modificar: antecedentes, conductas, consecuencias (indagarás más sobre esto en la entrevista)

- Orden por prioridades de las conductas que quieren cambiar

- Objetivos que quieren conseguir con el perro (no es algo que se pueda medir, así que ayúdales a definirlos)

- Otros educadores o etólogos con los que ya hayan trabajado. ¿Siguen con ellos? Si no es así ¿por qué? (si conoces al otro profesional esto puede darte mucha información, pero tómate con prudencia lo que tu cliente diga porque puede haber habido malos entendidos).

- Qué han intentado hacer en el pasado para solucionar el problema. Cómo resultó.

- Libros, programas de TV, etc. sobre perros que les gusten.

- Qué tipo de entrenamiento han practicado (clicker/collar de ahogo/premios/collar eléctrico...)

- Medicación/última revisión veterinaria/ si le hicieron una revisión completa/ vacunas (muchos problemas de conducta tienen una base médica, así que necesitan una revisión, especialmente si el cambio de comportamiento ha sido repentino).

- Historial de agresiones/mordida, incluidos los mordiscos de cachorro jugando.

- ¿Tiene el perro amigos caninos? (cuantos más mejor)

- Reacción a varios estímulos y situaciones (hombres, mujeres, niños, cogerle en brazos, retirarle la comida, cepillarle, otros animales, etc.

- Conductas que el perro ya conoce, incluyendo habilidades. ¿Cómo de bien conoce esas conductas? (da una idea de la implicación del cliente en el entrenamiento)

- ¿Está el perro habituado al bozal? ¿por qué y cómo se entrenó? Si no ¿por qué?

- ¿En qué tipo de casa vive el perro?

- ¿Existe alguna valla? ¿Real o invisible? ¿Cómo de alta? ¿Es segura?

Conocer el historial completo del perro te ayudará a saber qué debe hacerse. BAT es parte de la mayoría de los planes de entrenamiento que yo me he encontrado en relación a la reactividad, pero no suele ser la única herramienta que empleo. Siempre existe algo de gestión del entorno y modificación de otras conductas que no requieren BAT. Puede que cambie la disposición de los antecedentes, o decida emplear técnicas de *Control Unleashed* (ver Bibliografía), contracondicionamiento clásico, o entrenamiento con clicker, por ejemplo. Para aplicar BAT o cualquiera de esas otras técnicas correctamente, tienes que particularizarlo al caso individual del perro en detalles como por dónde empezar, cómo y cuándo cambiar criterios, etc. Sin embargo lo más importante, es observar al perro cuando entrenas. Independientemente de lo que sepas por su historial, prepárate para responder a lo que el perro muestre en el momento de entrenar.

Clases privadas

El show debe continuar. Da lo mismo lo que ocurra, tenemos que mantener a salvo a los perros y sus propietarios en su día a día. Mi primer consejo a los nuevos clientes en las clases privadas es casi siempre en torno a la gestión del entorno (encontrar cambios ambientales que pueden hacerse para mejorar la seguridad y la calidad de vida de todos. Es por ello que este libro se enfoca tanto en los Fundamentos sobre Gestión del Entorno y Seguridad (Capítulo 3) antes de profundizar en BAT. Observa la imagen completa de la rutina diaria del perro y su familia y detecta qué puede hacerse en cuanto a la disposición de los antecedentes distales o proximales. En otras palabras, ajusta los factores favorables en el entorno, como la dieta, el ejercicio, el uso de barreras, etc. para poner al perro en condiciones de triunfar. El primer paso es prevenir situaciones peligrosas. El segundo paso es reducir el estrés general del perro, para que el entrenamiento que desarrolles pueda luego ser efectivo. Eso incluye algunos de los consejos ya vistos en el Capítulo 3, pero no tantos que el cliente se sienta abrumado.

Mis clases privadas duran noventa minutos. Algunos casos son muy sencillos y puedo revisar el historial y las partes de gestión del entorno, y hablar sobre el entrenamiento, todo en la primera sesión. En otros casos, encuentro algo que implica peligro y veo que la familia necesita mucha ayuda con la gestión del entorno. Necesito hasta el último detalle de lo que está sucediendo, así que los clientes y yo creamos para el perro un plan de gestión que cubre las 24h.

En esos casos, pasamos casi toda la primera sesión viendo temas como la habituación al bozal, y garantizar que las puertas y barreras permanecen siempre cerradas. Éste es el caso habitual en el que hay niños en la familia que corren peligro por el perro, o que podrían dejar al perro entrar en una zona no autorizada. También es el caso de perros que se pelean en la casa. Una planificación cuidadosa y una puesta en práctica consistente del plan son aspectos esenciales. La seguridad y la gestión del entorno son igualmente importantes durante la propia sesión. Muchos de mis clientes caninos tienen problemas con las personas, yo incluida, así que nos reunimos online, o en mi oficina, o en otra área neutral para reducir su estrés y garantizar mi seguridad. Si queremos ponerle al perro en situación de triunfar, podemos realizar la primera consulta sin el perro, haciendo que el cliente traiga un video. No siempre es posible, pero es una buena norma.

Cuando los clientes vienen con el perro a la primera sesión, hago que le dejen en el coche un momento (si está a salvo) para explicarles el protocolo de acceso a la zona de entrenamiento. Cuando traen al perro yo ya estoy sentada, por lo que el perro es menos propenso a reaccionar mal hacia mí. Por el bien del perro, mi silla está un poco alejada de las sillas de la familia y un poco girada de lado. La zona de entrenamiento está enriquecida previamente con olores y diferentes cosas para que el perro haga, en lugar de simplemente enfocarse en mí.

Antes de la visita reviso el historial del perro, y si creo que es necesario, tomo otras medidas de seguridad como colocar una jaula para cachorros alrededor de mi silla, o pedirle a los clientes que le aten, o hacer la primera sesión sin el perro. La mayoría de los perros de mis clientes no están habituados al bozal, así que utilizo la jaula y correas sin el bozal hasta que esté habituado a él.

Evita hacer que tu cliente se sienta culpable o a la defensiva cuando le aconsejes poner un bozal más seguro y un arnés a su perro.

Si llevan a su perro con un collar de ahogo, de pinchos, o similar, yo les explico por qué prefiero el arnés. Aquí la empatía es importante. La gente sólo intenta hacerlo lo mejor que pueden. Tienen ese tipo de collares como forma de intentar arreglar un problema, y quieren lo mejor para sus perros y sus familiares. No les culpes por tener una herramienta que tú no usarías. En lugar de malgastar un montón de tiempo diciéndoles lo que no deberían estar haciendo, concéntrate en lo que ellos ya saben sobre perros y conéctalo con los beneficios de tus pautas de entrenamiento. No les digas: "yo no os juzgo", porque eso significa que de hecho, les estás juzgando. Al igual que los perros, las personas no son muy receptivas a información nueva si están a la defensiva.

Si se les ha olvidado el arnés o quieren probar uno, yo les presto uno con enganches en pecho y espalda. Se lo tienen que poner ellos mismos, asegurándose de que el perro no queda suelto en ningún momento. Yo puedo supervisarles mientras lo hacen, pero no se lo pongo. Como en mis visitas suelo encontrarme a perros con reactividad hacia personas, por poco que me mueva les voy a estresar. Incluso aunque el cliente me asegure que su perro no tiene problema con las personas, hago que sean ellos los que le ponen el arnés. Por un lado, el cliente puede equivocarse sobre si su perro está cómodo o no, y por otro lado a los perros no les gusta nada que un desconocido interactúe con ellos de ese modo. ¿Por qué añadir más estrés?

Antes de visitar la casa de un perro con reactividad hacia personas, ya hemos realizado sesiones de entrenamiento fuera de la casa sobre los aspectos básicos, como técnicas de correa, un repaso sobre BAT, lenguaje corporal, y gestión de entornos. Sobre si al perro le agrada o no verme fuera de su casa, doy por hecho que ese tipo de perros no van a adorarme cada vez que les visite, así que aunque "sólo" me ladren, y no tengan un historial de agresiones, trataré de minimizar el estrés tanto como pueda. Además, la acumulación de detonantes puede crear problemas durante la sesión, por lo que normalmente empiezo las sesiones en casa con un pequeño paseo previo. Les mando un mensaje cuando estoy llegando, y el cliente me espera con el perro fuera de casa, haciendo una presentación cuidadosamente orquestada, básicamente la misma que mencioné en el Capítulo 12 sobre cómo enseñar a los perros a estar cómodos con los invitados. Yo les espero al menos a unos 7 metros de la puerta, y empiezo a caminar alejándome cuando salen. Cuando el perro me ve, su primera impresión es la de una persona con premios, dejando caer comida, y alejándose. Es bastante poco amenazante. Seguimos caminando y gradualmente me van alcanzando, usando el Premia y Aléjate de Suzanne Clothier (ver Apéndice 2). Si veo que es seguro, eventualmente dejo que el perro coma los premios de mi mano.

Si el perro tiene un historial de agresiones (mordeduras), hago que le habitúen al bozal antes de visitarles, poner una barrera física entre nosotros, o hacer que mantengan al perro fuera de mi vista durante la sesión. Es muy importante para mí no hacer que el perro se sienta forzado a morderme. Nunca me ha mordido ningún perro reactivo de mis clientes, pero cuando iba a la guardería un cachorro de Golden Retriever una vez me enganchó bien, y también de niña me mordió otro perro en la frente y la cabeza. Aunque ya sé de primera mano que la mordedura de un perro duele, mi preocupación principal se refiere al perro. Yo puedo curarme la herida, pero el daño real es que el perro ahora tiene un avance sustancial en su historial de agresiones. En mi opinión, un entrenador jamás debería arriesgarse a causar que un perro le muerda. Hagas lo que hagas, prepara la sesión para que resulte segura. Para mí eso incluye acompañar a los clientes con perros reactivos hacia otros perros hasta su coche al finalizar la sesión, para asegurarme de que no encuentran ningún perro suelto de camino.

Así es como explico BAT a los clientes en las clases privadas: empiezo debatiendo sobre cuáles creen que son los motivos de su perro para ladrar, embestir, huir, u ofrecer otras conductas reactivas. Entonces exploramos los temas sobre necesidades, seguridad básica, y hablamos sobre la distancia como refuerzo funcional (sin usar este término necesariamente). Describo cómo preparar puestas en escena BAT dando vida a las ilustraciones sobre puestas en escena BAT dibujadas por Lili Chin mientras hablo, para explicarles cómo iremos básicamente caminando por la zona de entreno (ver Capítulo 6).

Tras un breve resumen sobre BAT, les explico el objetivo de las técnicas de correa y empezamos a practicarlas. Son una forma muy práctica de empezar, porque tienden a fortalecer inmediatamente la relación entre perro y propietario y el perro deja de tirar de la correa. Además, no puedes hacer una sesión BAT sin una buena técnica de correa, por eso empezamos con eso. Me gusta dedicar una sesión entera a las técnicas de correa, y a menudo sin el perro. Primero les muestro y explico, luego hago que el cliente practique conmigo, con un asistente, con un peluche de perro, o incluso con una silla de oficina con ruedas. Si el perro está cómodo con nosotros, terminamos practicando con él. Sé que muchos CBATIs llevan sus propios perros a estas sesiones y hacen que los clientes les guíen. Si practicas con un perro real, te recomiendo esparcir premios, o enriquecer el entorno de algún modo para que tu cliente practique el concepto de seguir al perro.

Algunas técnicas serán muy fáciles para el cliente, así que puedes explicarlas y hacer que directamente él te copie. Otras requerirán más concentración, usar TAG-teach, por ejemplo. Divídelo en ejercicios simples. y empieza marcándote a ti mismo (con el clicker) mientras muestras la técnica, luego el cliente te marca, y finalmente tú le marcas a él.

Tu cliente tiene que sentirse cómodo con la
correa larga antes de hacer una sesión BAT.

Saber cuándo hacer un Frenado Suave (y cómo hacerlo) es probablemente el punto más crítico para ayudar al perro a permanecer bajo su umbral de reactividad. Dedicamos bastante tiempo a practicar el Frenado Suave y a saber cuándo usarlo. Incluso cuando ya saben cómo hacerlo, el cliente sigue necesitando asesoramiento sobre qué conductas indican que deberían frenar al perro. Para obtener respuestas rápidas por parte de tu cliente durante las sesiones, he descubierto que es de gran utilidad practicar que el guía responda a señales específicas tuyas para detenerse o llamar a su perro. Si no lo haces, en el calor del momento, tardan demasiado en frenar a su perro y éste rebasa su umbral. Emplea frases claras para que no tengan que pensar, y puedan simplemente reaccionar con lo que ya les has enseñado a hacer.

Estamos haciendo sencillamente un cambio de señal. La señal que la gente aprende más rápido es una señal verbal del instructor, como "Frena Suave". Las señales que siguen funcionando provienen del perro. Cuando haces un cambio de señal, emites la menos conocida, seguida de la que el aprendiz ya conoce bien. En este caso, los aprendices son tus clientes. Ellos observan a sus perros, y si tú ves que es necesario detener al perro, dices "Frena Suave", lo que traduce el lenguaje corporal del perro a una señal verbal aprendida anteriormente.

Nueva Señal → Antigua Señal → Conducta

Señal del perro (se dirige al detonante) →Señal del instructor (Frena Suave) →   el cliente detiene al perro.

Yo muestro a mis clientes un vídeo de BAT en vivo para enseñarles cómo debe ser una puesta en escena BAT correcta. Mientras están aprendiendo las técnicas de correa, es difícil prestar también atención a las pequeñas señales del perro. Ciertamente les hablaré sobre el lenguaje corporal sobre la marcha, pero un vídeo ayuda mucho en esta fase. Cuando revisamos un vídeo de ellos mismos haciendo las técnicas de correa, pueden aprender más sobre el lenguaje corporal específico de su perro y cómo responder de la mejor manera. A medida que empezamos a practicar BAT y a hablar sobre Marca y Muévete, ver las ilustraciones de Lili Chin del Capítulo 4 les ayuda a captar esos comportamientos.

Antes de que empiecen a trabajar con su perro, asegúrate de explicarles qué hacer si su perro empieza a rebasar su umbral: llamar al perro para alejarse y hacer un descanso. No deberían tener que esperar a que se lo indiques durante la sesión, pero obviamente lo harás, si es necesario. Enseña a tus clientes a reconocer los comportamientos precursores de la reactividad, es decir, las conductas típicas que los perros muestran antes de ponerse a ladrar, gruñir, entrar en pánico, etc. Dependiendo del cliente, a veces también explico por qué es contraproducente dar correcciones de correa o gritar al perro cuando muestran reactividad. Normalmente lo resumo diciendo que *suprimir sus señales sólo apaga su sistema de aviso, y acabas teniendo a un mordedor sigiloso*. No sé para ti, pero para mí ése es el tipo más peligroso de perro, el que parece que está bien, y de repente muerde. Éste es un concepto muy importante de aclarar si tienes un cliente que ha realizado este tipo de entrenamiento previamente.

Para ayudar a los clientes a comprender completamente los conceptos, les imprimo o les envío por email los manuales BAT. Puedes encontrarlos en GrishaStewart.com y te invito a que los imprimas para tus clientes o compartas los links en tu propia página web. Pero te pido que no los subas sino que pongas mis links, porque quiero estar segura de ofrecer online sólo las versiones más actualizadas. Gracias a la generosidad de muchos traductores en todo el mundo, los manuales BAT están disponibles en varios idiomas (si no ves el tuyo, pero puedes traducirlos, por favor házmelo saber). Los clientes pueden compartir también el manual de Conceptos Básicos BAT con las personas con las que hagan las sesiones, para que los ayudantes tengan una idea general del proceso antes de empezar (ver Bibliografía). Obviamente, este libro es también una buena fuente de información. ☺

Antes de hacer BAT con un detonante, los clientes deben ser hábiles con las técnicas de correa y comprender qué pueden encontrarse en la sesión. Nuestra primera puesta en escena es normalmente con un perro de peluche haciendo de ayudante (para perros que son reactivos sólo con otros perros) o haciendo yo de ayudante (salvo que el perro ya me adore tras haber hecho el ejercicio de Premia y Aléjate) El cliente tiene que saber cuál es su función en la sesión antes de empezar. Sus tareas consisten en: 1) seguir al perro; 2) escucharme decir: "Frenado Suave" y hacerlo; y 3) escucharme decir: "Llámale" y hacerlo. Y eso es todo. El cliente ya ha practicado los puntos 1,2 y 3 sin el detonante presente. Así que ahora sólo tiene que unir los ejercicios con su perro en un estado potencialmente más reactivo. Si el cliente es capaz de hacer un Frenado Suave por sí mismo si ve a su perro dirigirse directamente hacia el detonante, mucho mejor, la sesión será más eficiente. También puedes practicar esto antes de la sesión real inventándote un pseudodetonante falso, como una mochila o una bolsa de premios en el suelo mientras practicáis las técnicas de correa.

Con Marca y Muévete, le dejo muy claro al cliente que la primera y más importante consecuencia es alejarse del detonante. Al principio, yo marco la conducta y el cliente sólo tiene que alejarse del detonante con su perro y premiarle luego como premio extra. No es necesario que le expliques al cliente todas las variantes de Marca y Muévete la primera vez que se lo enseñes. Tan sólo diles qué conducta(s) vas a marcar y que usarás un marcador verbal como "Muy bien". Cuando marques la conducta, eso le indicará a tu cliente que se aleje con el perro y le felicite. Es un ejercicio muy útil cuando estás asesorando al cliente pero su perro es también reactivo hacia ti. En ese caso, como tú también eres un detonante que además está hablando y mirando al perro, puede ser más fácil empezar con Marca y Muévete en lugar del estándar "BAT 2.0 siguiendo a tu perro". Si tienen la típica correa de 1,50-1,80 metros, no hace falta que las técnicas de correa sean excepcionales al hacer Marca y Muévete. Puedes explicar un poco de Marca y Muévete primero y luego las técnicas de correa, si es adecuado con algún cliente particular. No corras el riesgo de que se queden bloqueados simplemente con el Marca y Muévete.

A medida que el cliente practica Marca y Muévete siendo tú quien marca la conducta correcta, haz que él también empiece a marcar a la vez, y eventualmente, déjale que lo haga él. Dile si lo está haciendo bien, pero no te pongas a conversar o le distraerás. Por ejemplo, puedes señalar sus aciertos cuando mantiene sus manos relajadas, cuando marca con precisión, hacer el Frenado Suave a tiempo, o haber sabido reaccionar para apartarse del camino de su perro. Yo especifico que si cuando marco el perro está relajado pero aún no está preparado para alejarse, el guía debe esperar, ya que permanecer recabando información sobre el detonante es más valioso que el hecho de alejarse. Les digo que exhalen, tomen aire, y esperen hasta que el perro desconecte. La siguiente repetición, haz que hagan el Frenado Suave un poco más lejos del detonante. Recuerda: eso podría haber significado que el perro estuvo demasiado cerca. Observa posibles precursores de reactividad que te indiquen la necesidad de llamar al perro.

Otra variante de Marca y Muévete es usando el clicker y premios. Si mi cliente aún no es diestro con el clicker, le enseño un poco de clicker training fácil y divertido primero, como un target de mano. Como ya hemos marcado la conducta verbalmente, y al principio yo misma también clickaba, ahora el único cambio para el cliente es que tras alejarse con el perro, le premiará en lugar de sólo felicitarle. La mayoría de mis clientes son parejas, así que uso yo primero el clicker, y luego hago que lo haga sonar uno de mis clientes mientras el otro guía al perro y le premia. Después intercambian quién clicka y quién guía al perro, y finalmente cada uno de ellos practican el clickar y guiar al perro por sí mismos.

Algunos clientes premian al perro demasiado pronto, de modo que en lugar de Marca→Muévete→ Premio, es Marca→"Muévete & Premio". En ese caso coloco los premios en el lugar donde tienen que alejarse, sobre una mesa o una silla, o en la mano del otro propietario. Así el perro se acerca hacia mí, yo clicko, y se alejan retrocediendo hasta donde pueden coger el premio. Esto les ayuda a entender el concepto de dar el premio extra *después* de alejarse. Si mi clicker distrae mucho al perro, cambiamos inmediatamente y hacemos que clicke el cliente u otro cuidador.

Enseño Marca y Muévete a mis clientes de este modo, porque es más fácil construir las habilidades para el guiado añadiendo una cosa nueva cada vez. Además, los humanos tendemos a volver a hacer aquello que aprendimos primero. Yo quiero que hagan BAT del modo menos intrusivo que puedan, usando sólo las técnicas de correa y siguiendo a su perro.

Según pasa el tiempo, voy haciendo gradualmente que mis alumnos se hagan más responsables de dirigir la puesta en escena, porque es más económico para ellos aprender a hacer sesiones BAT por sí mismos, en lugar de tener a un instructor presente en cada puesta en escena. Como entrenadora, yo soy básicamente la "directora" de las primeras puestas en escena: yo me encargo de la sesión y el cliente sigue mis instrucciones.

La primera sesión es con un perro de peluche, o yo haciendo de figurante, así que el papel del cliente es básicamente guiar a su perro. Después, a menudo coordino la sesión BAT con un perro real, o yo haciendo de ayudante cerca de su casa. En la tercera sesión o en la siguiente, el cliente dirige y yo superviso observando, dándole feedback, detectando posibles detonantes externos, y asesorándole cuando tienen algún problema con el entrenamiento o aspectos de seguridad. Le enseño al cliente que una parte muy importante del trabajo de dirigir una sesión es coordinarse con el ayudante. Debes siempre observar los niveles de estrés del ayudante, o asignar esa tarea a un asistente. Normalmente yo trabajo con los clientes durante unas cinco sesiones, pero luego siempre estoy disponible para revisiones en persona o a través de mi escuela online si necesitan atajar algún obstáculo. Durante los entrenamientos con el cliente, trata de involucrar a todo aquel que puede guiar al perro en algún momento de su "vida real", incluyendo al paseador canino o la niñera de casa.

Los clientes parecen entender el fundamento de BAT y realmente les gusta usar esta manera natural de empoderar al perro y reforzar mejores elecciones. Agradecen que no implique intimidación, ni que sea sólo cuestión de usar premios. Creo que estoy recibiendo menos resistencia que cuando entrenaba con la técnica de contracondicionamiento de puerta abierta/puerta cerrada (Leslie McDevitt), pero también me lleva más tiempo explicarlo. La clave al presentar BAT a los clientes es evitar que piensen que tendrán que hacer demasiadas cosas nuevas a la vez, y señalar sus progresos según avancen.

Clases Grupales

En las clases grupales, veo más seguro y productivo dejar entrar a perros que puedan tener problemas con otros perros, pero no con personas. Si tuviera más espacio o un grupo pequeño de perros con el que trabajar, lo haría de otra manera, pero hasta ahora hemos tenido muchos candidatos.

Yo estructuro las clases de modo que todos puedan ver al perro trabajar, así que si el perro está incómodo alrededor de la gente, eso no le impide tener éxito.

Las clases grupales para problemas de reactividad hacia personas pueden funcionar, pero en los protocolos que yo he visto, el entrenador básicamente acaba haciendo clases privadas, porque el resto de alumnos tienen que alejarse mucho. También es por cuestión de responsabilidad, que es mi motivo principal para seguir haciendo clases privadas con reactividad hacia personas. Los alumnos suelen acercar a su perro demasiado al resto de personas de la clase, ignoran la necesidad de espacio de los perros, o ponen a su perro en situación de riesgo de cualquier otro modo. Cuando los perros no son reactivos hacia personas, los alumnos pueden asesorarse entre sí, lo que es un punto a favor del formato grupal. Dicho esto, los paseos BAT con alumnos avanzados funcionan bien incluso cuando las personas son los detonantes.

Yo he diseñado un par de modelos de clases grupales, y con BAT 2.0 nos dimos cuenta de que era muy útil hacer un taller previo de introducción sin perros, sobre lenguaje corporal, técnicas de supervivencia en BAT, y las técnicas de correa BAT. Sin la distracción de tener a los perros, esta información puede enseñarse con eficacia a un gran número de alumnos en una sesión de 2 horas.

Los alumnos que no traen perros, aprenden poniéndoles en un equipo de trabajo detectando señales de aviso.

Registrarse a la clase de introducción es un requisito para hacer el curso de 4 semanas con perros, pero también puede usarse como un medio económico para que los clientes privados tengan una buena preparación básica. En esa clase de introducción los alumnos aprenden también qué aspecto tienen las puestas en escena BAT (usando vídeos), las diversas señales de apaciguamiento y las señales de estrés, algunos consejos sobre gestión de entornos, y hacer el juego de roles para aprender las técnicas de correa.

Las clases reales con perros son para hacer puestas en escena BAT, y cada perro hace de ayudante para el resto. Estas sesiones son casi siempre en exteriores para los nuevos clientes. Cada clase tiene 4 alumnos caninos, y son clases semanales de una hora, durante 4 semanas. Los alumnos rellenan un cuestionario online muy fácil de entender cuando se registran. El curso incluye una copia del libro sobre BAT. Antes de la clase, el instructor hace une breve entrevista con cada alumno para asegurarse de que están en la clase correcta y para emparejarles con un compañero de sesión apropiado. La primera semana hacemos una puesta en escena con 2 de los perros. La otra mitad de los alumnos asisten sin sus perros para que puedan ayudar y aprender sobre lo que sucede. La segunda semana se intercambian los guías que traen perro y los ayudantes. En la tercera y cuarta semanas, todos los alumnos vienen con su perro. Hay dos puestas en escena BAT simultáneas, cerca pero con todos a la vista. Haciendo la parte introductoria en una clase independiente, los alumnos pueden repetir la sesión de la cuarta semana para adquirir más práctica sin aburrirse o sentir que han pagado por algo que ya saben.

Un curso continuo es otra opción, porque este entrenamiento no se hace sólo en 4 semanas. Pero también hay que tener motivada a la gente. Haciendo las sesiones en 4 semanas les das la oportunidad de comprobar y demostrar sus progresos.

Motivar a los clientes

Para cualquier programa extenso, como BAT, el contracondicionamiento, o incluso el entrenamiento básico, es importante para tener a la gente motivada. Como ocurre con los perros, los refuerzos funcionales son mejores que los premios extra para los alumnos humanos. El refuerzo funcional principal por participar en el entrenamiento, es la mejora en el comportamiento de su perro. Eso significa que la clave es asegurarse de que pueden apreciar el progreso que realizan sus perros. Existen otros reforzadores que puedes facilitar o dispensar, como interacciones positivas con otros alumnos, tu atención, certificados, cupones de descuento obtenidos por su asistencia continuada, etc.

Hay muchas maneras de hacer notar el éxito que los alumnos van consiguiendo. Muchos alumnos prefieren un comentario personal sobre sus progresos, mientras que otros pueden preferir que se les reconozca delante del grupo. Si tienes un curso grupal con reuniones mensuales, puedes lanzar preguntas abiertas como : "¿Qué cosas puedes hacer ahora, y que antes de BAT no podías hacer?", o "¿Qué has aprendido observar en tu perro, que antes te pasaba desapercibido?". Esto también puedes hacerlo con tus clientes privados en reuniones periódicas cada mes o dos meses, ya sea en persona, vía skype o por teléfono.

Toma notas durante tus sesiones para que luego puedas referirte a progresos específicos que han conseguido en el mes anterior. Si tienes ayudantes, haz que también tomen notas. Si no ha habido ningún progreso, ¡piensa en por qué! Haz una reunión para indagar en los detalles, y ofrece un plan sobre cómo se pueden mejorar las cosas en el siguiente mes. Muchas veces, los alumnos no saben que los instructores tenemos realmente más ases bajo la manga. Así que si no están viendo ningún progreso, abandonan, en lugar de preguntarte cómo solucionar algo o qué cambios hacer en su rutina.

Los alumnos de las clases grupales también necesitan algo de contacto individualizado. Puedes concertar una llamada o un videochat al terminar una sesión (o hacerlas mensuales para cursos continuos) donde puedas dedicarle 10-15 minutos a hablarle de su caso. Asegúrate de fijar claramente la cita para la llamada. Llamar a cada cliente lleva tiempo extra, así que te aconsejo que ajustes el precio de las clases en proporción. Los adiestradores tendemos a cobrar poco, porque mucha gente lo hace como hobby, y eso no es bueno para la profesión. Ten en cuenta que esa llamada es una oportunidad para que tu cliente se apunte a otra clase, así que no será necesario subir mucho el precio del curso para que sea rentable. También es algo que puede distinguirte de la competencia así que asegúrate de incluirlo en tu material publicitario.

Una breve llamada por video chat ayuda a mantener motivados a los clientes.

Otra manera de mostrar el progreso, es hacer que los clientes usen algún tipo de hoja de datos como la del Capítulo 6, y volver a ella periódicamente. Puedes rellenarla tú o hacer que lo hagan ellos. En tus sesiones informativas, ten cuidado de no avergonzar a nadie por no haber realizado progresos. Tampoco hagas mucho énfasis en la distancia al detonante como medida del progreso que han hecho. Obtienes las conductas que refuerzas, así que si entrenan para acortar distancias, acabarán animando al perro a avanzar, que es lo opuesto a lo que queremos. El progreso, por ejemplo, puede medirse por el número de veces durante la sesión que el perro entró en la zona amarilla o llegó más allá, en una puesta en escena particular (ese número debería ir reduciéndose o mantenerse bajo). También puedes darles un "Certificado de Técnicas de Correa" por demostrar su destreza con las distintas técnicas de correa. Lo puedes hacer a todos los alumnos o según avanza la clase. Poder ir marcando una a una las habilidades que van adquiriendo en una lista, también les muestra su progreso.

Grabar vídeos es otra manera de recoger datos para mostrar progresos. Si haces que tus clientes graben sus puestas en escena, una opción es darles la tarea de identificar su "mejor momento BAT" u otro detalle que quieras reforzar, o en lo que quieras mejorar su confianza. Puedes hacerlo una vez al mes (mejor para clases grupales, porque necesitarás seguramente un proyector) o tras cada sesión (puede funcionar mejor para clases privadas). No todos los alumnos pueden hacer esto, a nivel tecnológico, pero ayuda mucho. Podrías hacerlo tú mismo, pero editar vídeos lleva mucho tiempo, así que no creo que sea buena idea.

Encontrar ayudantes: perros y personas

Conseguir ayudantes es una de las partes más duras de cualquier programa de rehabilitación que requiera trabajar con el perro por debajo del umbral de reactividad. Lo bueno de BAT es que puedes entrenarlo durante los paseos o en su día a día, no solamente en sesiones preparadas. Dicho esto, los perros logran definitivamente sus mayores avances cuando se encuentran detonantes de un modo sistemático que les permite por completo tomar sus propias decisiones, es decir, en las puestas en escena BAT.

Yo aconsejo crear algún tipo de red de trabajo para que tus clientes hagan sesiones entre ellos, a través de un grupo online o el tablón de anuncios de tu escuela canina. Las sesiones BAT pueden hacerse con ambos perros trabajando a la vez, acercándose y alejándose uno del otro. Sólo tienes que asegurarte de que los dos perros están cómodos y bajo su umbral. Por mi experiencia, los dueños de perros con reactividad hacia personas suelen querer colaborar intercambiando roles como ayudantes para otros perros. Por su componente social, es también bueno para motivar a tus clientes a seguir haciendo puestas en escena.

Es más fácil conseguir perros ayudantes si ofreces algo a cambio. La siguiente tabla muestra quién de nuestra casa puede servir como ayudante para otro perro. La primera columna es para perros reactivos hacia otros perros, y la segunda para perros reactivos hacia personas.

	Puede ser ayudante para reactividad hacia perros	Puede ser ayudante para reactividad hacia humanos
Tu perro con reactividad	X	
Otro perro de tu casa	X	
Otros humanos de tu casa		X
Amigos		X

Yo no suelo usar a mis perros como ayudantes, a menos que también esté haciendo BAT por su propio beneficio. Los perros de peluche a escala natural también son buenos ayudantes para trabajos a gran distancia. Cuando ya nos acercamos más, el perro se da cuenta normalmente en cuestión de minutos que no es real, pero funciona para trabajar lejos. También es una buena práctica para iniciarse, porque el guía está más relajado. Antes solía usar también los perros de peluche para evaluar la reactividad del perro, pero ya no lo hago, por cuestión de seguridad, y porque no es necesario. Cada momento que haces BAT es como una mini-evaluación. La mayoría de las veces, el perro de peluche provocará una respuesta realista, pero a veces resulta que ignoran al falso perro porque ya han tenido alguna experiencia previa con un perro de peluche o algún muñeco relleno.

Puede ser más fácil para el perro alumno tener un ayudante estacionario, pero también puede hacérselo más difícil. A menudo hago que los guías de los perros ayudantes sigan a su perro por la zona de entrenamiento al igual que yo, con la norma de no acercarse hacia el perro alumno de ningún modo que le produzca estrés. Otra opción es hacer Marca y Muévete con ayudantes "veteranos". Me refiero a guías de perros ayudantes que ya saben hacer Marca y Muévete y pueden a la vez prestar atención al perro alumno, que hará una versión más básica de BAT 2.0 "siguiendo al perro".

Ser ayudante estacionario de vez en cuando está bien, pero es el tipo de tarea que puede quemar a un perro, y es bueno atender las necesidades del perro ayudante haciendo con él también BAT. Asegúrate de que tus clientes entienden esto. Si prestas un perro tuyo "bueno" como ayudante una y otra vez, lo que tienen que hacer básicamente es practicar BAT siguiendo a su perro en las puestas en escena (dentro de lo posible) para que su perro "bueno" siga teniendo señales de apaciguamiento efectivas. Esto es igualmente aplicable para perros que hacen de figurantes en otras técnicas, como el contracondicionamiento de puerta abierta/puerta cerrada.

Los cuidadores de los perros ayudantes deben también asegurarse que sus perros siguen encontrando a perros sin problemas cuando pasean cada día de la correa, para ayudarles a desestresarse. Esto no quiere decir que tengan que jugar atados de la correa, sino que queremos evitar que acabe pensando: "¡¿cómo es que ya nunca encuentro a perros amigables atados de la correa?! Parece que todos los que van atados tienen algún problema". De nuevo esto es útil para perros que hacen de ayudantes para otras técnicas. Por ejemplo en el contracondicionamiento de puerta abierta/puerta cerrada, puedes dosificar las apariciones y desapariciones del perro figurante basándote en su comportamiento.

Con suerte este capítulo te ha enseñado algunas maneras de integrar exitosamente BAT en tu maletín de entrenador. BAT no pretende sustituir a las sólidas técnicas que ya funcionan eficazmente para ti, sino servir de herramienta para ayudarte a que las sesiones sean más eficientes. Con algunas explicaciones y un poco de práctica, los propietarios asimilan completamente BAT 2.0 y consiguen notables progresos con sus perros (ver el Apéndice 4 para ver algunos ejemplos). Entrenadores y asesores del comportamiento de todo el mundo han reconocido éxitos similares, así que definitivamente es algo que merece la pena probar. ¡Ahora es tu turno!

CONCLUSIÓN

Gracias por dedicar tu tiempo a aprender BAT 2.0. Como ya expliqué en la primera versión de este libro, BAT siempre será un trabajo en progreso, actualizándose según la práctica y la mejor información de que dispongamos. Te animo a que mires todo lo que haces con los animales y veas si hay algo que podrías hacer mejor, no sólo más rápido o más fácil para ti, sino además algo que empodere más a los propios animales.

Éstos son algunos consejos finales sobre BAT:

- Crea situaciones seguras que permitan a tu perro aprender mediante refuerzos espontáneos del entorno.

- Cuando el perro detecte la presencia del detonante, no le guíes hacia él.

- Cuando tu perro necesite ayuda, préstasela del modo menos intrusivo posible.

- Practica tus técnicas de correa para mejorar la seguridad y su libertad de elección.

Si aún no has probado BAT con un perro, ¡éste es el momento! Encuentra un amigo que te ayude, graba una sesión en la que sólo deambuléis practicando las técnicas de correa, y luego revisad el vídeo, observando con mucha atención las señales de estrés del perro (o los perros). Cuando hagas puestas en escena con un ayudante, grábale también, y evalúale con cuidado. Si eres un entrenador, te aconsejo probar algunas sesiones sin cobrar, o hacer primero BAT con tu propio perro. La escuela online *The Animal Building Blocks Academy* es una manera estupenda de continuar con tu educación y obtener feedback de tus vídeos. Mira los vídeos sobre BAT en GrishaStewart.com o adquiere alguno de los DVDs o vídeos en streaming sobre BAT.

Sobre todo, es importante simplemente probar un poco a hacer BAT, empezando por las técnicas de correa. Como suele decirse: "Si no lo intentas, nunca lo sabrás". Mientras prepares escenarios para mantener a tu perro por debajo de su umbral, no provocarás ningún desastre. Obviamente, asimilando correctamente los detalles de BAT acelerarán tu progreso, así que no dudes en buscar ayuda extra de un experto. También es muy buena idea aprender junto a un amigo y/o una videocámara, para que ambos tengáis la perspectiva del otro sobre las sesiones. ¡Buena suerte!

APÉNDICE 1

Fundamentos del Entrenamiento con Clicker

Si nunca has visto un clicker o no has probado a entrenar con clicker aún, ¡éste es el momento ideal para aprender! El entrenamiento con clicker, también conocido como entrenamiento con marcadores, utiliza "Muy bien", un silbato, o un clicker, para señalar la conducta que se ha ganado un refuerzo.

El entrenamiento con clicker no es una moda exótica, sino una aplicación directa de las leyes científicas del aprendizaje. Es eficaz con todo tipo de animales, desde las ratas sudafricanas para detección de tuberculosis y minas, hasta perros de asistencia, gatos domésticos, y orcas. Una comunicación clara es importante al entrenar, y el marcador le dice al animal exactamente qué conducta se ha ganado un premio. Los marcadores más habituales en entrenamiento canino son los marcadores verbales y el clicker. El clicker es una pequeña cajita que emite el sonido "¡click!". Un marcador verbal es una palabra que hace la misma función, cualquier sonido de tu boca como "Muy bien" o "Bien". Si tu perro es sordo, puedes usar cualquier cosa que pueda sentir, ver, oler o saborear, a modo de señal. Así pues usaremos marcadores táctiles o visuales para entrenar a un perro sordo.

Las claves de un buen marcador:

1. El perro puede percibir claramente el marcador (visual, auditivo, etc.)

2. El marcador predice consistentemente la aparición de un reforzador.

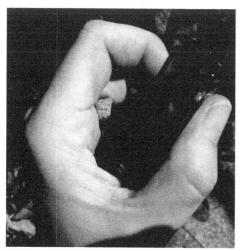

Puedes llevar algunos premios en la mano del clicker para tenerlos accesibles.

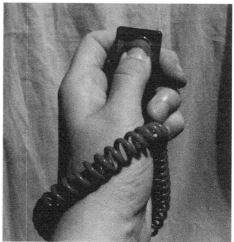

Clicker con goma de muñeca. Presiona la lámina metálica y suelta para hacer click-click

Las siguientes conductas son estupendas para enseñárselas al perro antes o entre sesiones BAT. Yo no exijo a mis clientes que terminen estos ejercicios antes, porque están impacientes por trabajar los problemas de reactividad de su perro. Tampoco les pido que hagan ningún entrenamiento previo, porque sólo practicando BAT el perro aprende estas habilidades. Pero tener estas conductas básicas en tu repertorio hará que BAT sea aún más eficaz.

Atención

Enseñar atención no significa hacer que el perro esté constantemente mirando a su guía. De hecho eso perjudicaría las sesiones BAT. Con "atención" me refiero a que puedas tener toda la atención de tu perro cuando quieras, y que siempre tenga algún tipo de conexión contigo durante los paseos. A mí me gusta entrenar contacto visual automático así como que el perro responda rápidamente a su nombre.

El Protocolo Lassie

Dar nombre a las actividades de mis alumnos es un truco que aprendí de la gran Terry Ryan hace ya muchos años. Bauticé este protocolo de atención en honor al famoso personaje de televisión que tenía una gran conexión con su familia. El Protocolo Lassie arranca con un entrenamiento de 7 días y es un modo sencillo de entrenar a un perro a establecer contacto visual.

> Consejo para Pros: El protocolo Lassie es una primera tarea estupenda para las clases grupales o privadas. Puedes incluso recomendarlo como avance previo a vuestra primera sesión, para que el clicker esté ya cargado y los perros presten más atención.

Aconsejo hacer el Protocolo Lassie con cualquier perro que necesite mejorar su focus. Pruébalo en tu perro tras leer este apartado, especialmente si nunca has probado a usar el clicker antes. Como cada perro aprende a un ritmo diferente, los tiempos sugeridos son sólo una orientación. Si tienes un atento Border Collie, puedes avanzar en menos sesiones. Si tienes un nuevo perro adoptado que no sabe aún ni quién eres, puede que tengas que extender el entrenamiento unas pocas semanas.

Días 1-2: Marca y recompensa cada vez que el perro te preste atención voluntariamente.

Usa el clicker o un marcador verbal para señalar cualquier mirada hacia ti, y dale un gran refuerzo. Trata de marcar el momento exacto en que tu perro empieza a girar la cabeza hacia ti, así estarás reforzando su elección de girar la cabeza.

Si vas a dejar de entrenar por un tiempo, dale un señal de "Hemos Terminado". Cuando estés listo para entrenar de nuevo, di su nombre y clicka/premia cuando se gire hacia ti. Te aconsejo que no lo hagas mientras estás cenando. Precisamente cuando te sientas a comer es un momento perfecto de decir "Hemos Terminado". para decirle que no habrá más recompensas hasta nuevas noticias.

En lugares silenciosos, como el salón, puedes reforzar con su propia comida. Dale mejores recompensas cuando te mire rodeado de distracciones. Se merecen una paga "plus por peligrosidad". Cuando uses el clicker como marcador, añádele una gomita para llevarlo en la muñeca y así tenerlo siempre a mano. Puedes cambiar entre el clicker y el marcador verbal, según lo que tengas más accesible primero. El clicker resalta más para el perro, así que úsalo siempre que puedas. ¡Y no olvides felicitar a tu perro tras marcar cuando te mire!

Para éste y cualquier entrenamiento, varía el tipo de reforzador y el lugar de donde proviene. Marca y luego saca un juguete escondido tras un árbol o sobre una estantería. Marca y coge un palo para lanzárselo. Marca y juega al pilla-pilla (el perro persigue al humano). Marca y corred a la cocina donde sacarás un kong del congelador. Ayuda el conectar el tipo de distracción que han evitado para mirarte con el refuerzo que conseguirá, así que si apartó la mirada de la comida conseguirá comida, si apartó la mirada de un juguete conseguirá otro juguete, etc.

Días 3-4: Marca y refuerza la mejor mirada de cada dos.

Ahora reduciremos un poco los premios. Eso no significa que no reforzarás su atención. Puedes seguir felicitándole o al menos reconociendo su esfuerzo por mirarte. Cada vez que marcas, seguirás reforzando, sólo que ahora no marcarás todas las veces. Vuélvete un poco exigente, clicka por los giros de cabeza más rápidos, las miradas más mantenidas, o cualquier aspecto que esté "por encima de la media".

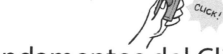

Fundamentos del Clicker Training

1. EL PROTOCOLO "LASSIE"

* Enseña a tu perro a mirarte automáticamente
* Pídele gradualmente más focus&atención
* Marca & Recompensa cada vez que te preste atención por propia iniciativa.

2. EL JUEGO DEL NOMBRE

* Enseña a tu perro que su Nombre = Presta Atención, voy a decir algo para ti.
* Usa esta señal sabiamente ¡Nunca ignores a un perro tras decir su nombre!
* Marca & Recompensa el contacto visual o si se gira para mirarte.

3. GIRO EN "U" DE EMERGENCIA

* Enseña a tu perro a girar 180º y alejarse
* El paseo es más seguro porque puedes sacar a tu perro rápidamente de una situación estresante
* Aléjate de tu perro. Marca cuando se gire hacia ti y haz que coja su premio al alcanzarte.

4. CAMINAR SIN LA CORREA TENSA

* Regla de Oro: Nunca dejes que tu perro avance con la correa tensa.
* Varios métodos: Click en posición, Ser un Árbol, Correa de Seda...etc.
* Marca & Recompensa cuando la correa se destense o cuando el perro vaya en posición correcta.

5. LLAMADA DE EMERGENCIA

* Útil en situaciones de emergencia que requieren llamada fiable.
* Es una señal especial siempre seguida de fantásticos premios.

6. REVERENCIA

* Una alternativa divertida para que solicite atención (en lugar de saltar, ladrar o sentarse)
* Una señal de amistad evidente para perros que no tienen muy buenas habilidades sociales con otros perros.

Días 5-7: Vamos retirando los premios

Marca y refuerza aleatoriamente, aproximadamente sólo un tercio de las respuestas. Trata de marcar las mejores respuestas. Refuerza sólo por prestar atención y simplemente felicita el resto del tiempo. Gradualmente ve marcando aproximadamente la mejor de cada cuatro, y luego la mejor de cada cinco. Varía el programa de refuerzos lentamente para que tu perro no sospeche que cada vez es más difícil.

El Protocolo Lassie es genial para la primera semana de entrenamiento, junto con aprender a hacer Marca y Muévete en los paseos. Vuelve a hacerlo cuando el perro necesite un repaso tras un tiempo sin practicar, como tras haber tenido un bebé, cuando has adoptado a otro perro, o te has mudado de casa.

El Juego del Nombre

El Juego del Nombre enseña al perro a centrar su atención en ti cada vez que dices su nombre, para que pueda atender al siguiente elemento de información que vendrá de su humano.

Imaginemos que tu perro se llama Riley. Si has repetido muchas veces su nombre con un tono de enfado, usa mejor su apodo, ya sea uno que ya usáis o uno nuevo. Usa una palabra que no te importe decir en público. Empieza con el perro en un lugar tranquilo. Es muy útil hacer previamente el Protocolo Lassie.

1. Di su nombre una vez, y luego dale un premio. No es necesario que te mire ahora, pero probablemente lo hará si estáis en un escenario tranquilo. Haz varios emparejamientos de "Riley"→Premio. Ahora empieza a decirlo cuando no te esté mirando, y a continuación dale un premio.

2. Repite el paso 1 en varios lugares, dentro y fuera de casa.

3. Empieza a esperar al contacto visual para darle el premio. Empieza esperando 5 segundos, y si te mira dentro de ese espacio de tiempo, puede conseguir un premio. Puedes clickar para marcar el momento con un click o decir "¡Muy bien!". Si no te mira en ese tiempo, sólo coge los premios contigo y aléjate (a menos que se divierta mucho al irte, en cuyo caso tendrías que detener la diversión). Si te sigue, di su nombre sin girarte hacia él. Riley debería tratar de alcanzarte para mirarte. Refuerza eso. Otra opción es alejarte, esperar unos 20 segundos, y reiniciar el Juego del Nombre. En cualquier caso, si no te mira dentro de los 5 segundos en varios intentos, es que estas intentando avanzar muy rápido. Retrocede al paso 1 o trabaja en un ambiente con menos distracciones.

4. Ahora espera su mirada dentro de los primeros 3 segundos, luego 2 segundos, luego 1, y luego refuerza sólo la mirada instantánea.

Aprendí este juego del libro *Really Reliable Recall* de Leslie Nelson (ver Bibliografía), aunque le he dado mi propio toque personal. Leslie nombra tres posibles motivos por los que el Juego del Nombre podría fallar:

1.   Premios desagradables. Así que ¡usa premios deliciosos! Será el perro el que te diga cuáles son mejores.

2.   Práctica insuficiente. Haz quince repeticiones cada día. Sorprende a tu perro.

3.   Repetir su nombre. Di su nombre solamente una vez, y aplica el criterio que estés usando. Si no te mira, cómete el premio, haz un sonido lastimero si es necesario, pero no repitas su nombre.

Yo creo que puedes repetir su nombre tras diez o veinte segundos si el escenario ha cambiado, si el perro parece dispuesto a prestarte atención, o si por cualquier otro motivo sospechas que ahora sí va a mirarte. Recuerda, tu perro siempre está aprendiendo de ti, tanto si crees que estás entrenando como si no. Cada vez que dices su nombre, el perro aprende qué significa.

Y hablando de significados, asegúrate de que *tú* sabes realmente qué significa su nombre. Para mí, decir su nombre significa "presta atención, lo siguiente que voy a decir es para ti". El nombre del perro debería ir seguido de una señal sobre qué hacer a continuación, ya sea una señal de liberación o cualquier otra.

Decir "Freddie," seguido de una felicitación por mirarte está bien. Decir "Freddie," seguido de "Sienta," y luego una señal de liberación también está bien. Decir "Freddie," seguido de absolutamente nada, o peor aún de algo desagradable como golpecitos en su cabeza, no está bien, a menos que quieras que su nombre signifique "vete y déjame solo". Asociar una señal al cese de respuestas conductuales de mi parte, es exactamente cómo enseño la señal de "Hemos Terminado" que mencioné antes, la cual le dice al perro que sus peticiones de interacción serán desestimadas, que deje de mendigar comida en la mesa, o traerme juguetes, o mostrarme habilidades graciosas. Simplemente digo "Hemos Terminado" al finalizar una sesión de entrenamiento y luego ¡ignoro al perro! Así que usa su nombre sabiamente, y jamás ignores a tu perro tras decir su nombre.

Vámonos / Giro en U de Emergencia

Ya he hablado del giro en U como manera de alejarse de una sorpresa repentina. Dos de mis señales verbales favoritas para un giro en U de emergencia son "¡Oh Mier%@a!" (fácil de decir en caso de emergencia) y "¡Llama a tu perro!" (doble sentido). Si ya has entrenado "Llama a tu perro" como señal para girarse, al gritarlo indica a tu perro que realice el giro en U de emergencia y al mismo tiempo avisa al otro dueño para sujetar a su perro.

Esa única señal: 1) le dice al otro dueño que llame/coja a su perro; 2) indica a tu perro que gire y se aleje de los problemas y; 3) frena al perro que se acerca debido a tu tono de voz. Y también es fácil de recordar, aunque no sea tan gratificante como gritar una herejía por ver cómo se acerca corriendo otro perro descontrolado. Muchos clientes deciden enseñar dos señales para el mismo comportamiento del giro en U: "¡Vámonos!" y "¡Llama a tu perro!".

La primera vez que oí hablar del giro en U de emergencia fue en el gran libro de Patricia McConnell's, *Feisty Fido* (ver Bibliografía). Así es como lo enseño yo ahora. Empieza dentro de casa, con el perro sin correa.

1.   Guía con comida o indica a tu perro para que se ponga a tu lado mirando en la misma dirección.

2.   Di la señal "Llama a tu perro", luego retrocede (haciendo que tu perro se gire para seguirte) y lanza un premio o un juguete tras de ti para que tu perro corra pasando por tu lado. Repite cincuenta veces en distintos lugares.

3.   Repite lo mismo y clicka en el momento en el que tu perro se gira tras oír "Llama a tu perro", luego lanza el refuerzo, como antes. Repite el ejercicio en varios lugares hasta que el perro sea capaz de girarse automáticamente en cada habitación de tu casa (incluyendo el garaje, el sótano, o edificios anexos), con la televisión encendida, por la calle con distracciones, en el parque, etc. Trabaja sin correa en sitios seguros, o con correa en lugares públicos.

4.   En el transcurso de las sesiones, ve subiendo el tono y el volumen hasta que se parezca a lo que dirás realmente en caso de emergencia.

5.   Practica ahora mientras simultáneamente levantas la mano como si quisieras detener a un coche mientras dices (o gritas) "Llama a tu perro".

Observa que puedes empezar a introducir la señal desde el principio en la sesión de entrenamiento que acabo de describir, porque estás trabajando en un lugar tranquilo y estás usando un precursor (alejarte del perro) que funcionará seguro para provocar la conducta buscada. Me encanta usar un juguete como refuerzo, porque produce un gran impulso de correr en la dirección que has indicado. Los perros que no persiguen juguetes, normalmente disfrutan poder cazar premios, y puedes usar su comida para entrenar. Siempre que sea posible, entrenar debería ser parte de tu rutina diaria. Los giros en U deberían practicarse repetidamente durante los paseos diarios, para que tanto tú como tu perro lo tengáis fresco en vuestra cabeza.

Si tu perro ya tiene entrenada otra señal para el giro en U, como "Vámonos", puedes transferirla a otra señal en lugar de empezar de nuevo con otra. Para transferir el significado de una señal, empieza con el segundo paso de la rutina, haciendo sonar la nueva señal primero, seguido de la antigua señal, una y otra vez, de este modo "Llama a tu perro" → pausa de un segundo →"Vámonos", luego retrocedes unos pasos, clickas, y lanzas el premio tras de ti para que tu perro corra a cogerlo. Aunque al retroceder pueda interferir en la adquisición de la señal verbal, es importante hacerlo porque es bueno para ti seguir practicando tu propia parte para las situaciones reales.

Para asegurarnos de que entiendes bien el concepto de la transferencia de señal, démosle la vuelta. Si has enseñado "Llama a tu perro" como la primera señal, y quieres añadir "Vámonos" como nueva señal, entonces el orden sería el opuesto al que hemos explicado arriba. Así que practicarías así: "Vámonos" → pausa de un segundo →"Llama a tu perro" (la antigua señal es como una traducción de la nueva) luego retrocedes unos pasos, clickas, y lanzas el premio tras de ti para que tu perro corra a cogerlo. El giro en U de emergencia hace que los paseos sean más seguros porque puedes sacar rápidamente a tu perro de situaciones estresantes. Aprender a pasear educadamente con la correa el resto del tiempo también es útil.

Me encanta practicar el giro en U de emergencia, con ardillas como distracción y un mordedor o un juguete con comida como recompensa. Muchos perros reactivos también adoran perseguir presas, y eliminando esta oportunidad de ir tirando de la corea hace que los paseos sean más placenteros.

Pasear con la correa

Creo que puedo contar con los dedos de una mano los perros reactivos que sin embargo paseaban tranquilos con la correa. Incluso aunque un cliente pueda venir por temas de agresión o miedos, una de las manifestaciones de su reactividad se muestra en que el perro tira de la correa y se abalanza hacia el detonante o entra en pánico y huye hacia casa. Una correa tensa provoca que un perro reactivo se meta en peleas, así que enseño al cliente y a su perro a mantener la correa sin tensión. También me gusta especialmente enseñar al perro que cualquier pequeña tensión en la correa es una indicación para que se mueva en esa dirección, no una señal que le haga perder los nervios.

Las técnicas de correa en este libro te enseñan a *ti* cómo dejar de tirar de la correa. Existen multitud de técnicas para enseñar a un perro a no tirar de la correa también. A mí me gusta usar una combinación de varias de ellas. El Protocolo Lassie es un buen comienzo. Aquí tienes otros métodos que puedes emplear, que explico en el *Manual Oficial de Ahimsa Dog Training* (ver Bibliografía). Abajo explicaré el Paseo Centrado.

- Click por Atender

- Gira y Click

- Paseo Centrado

- Ser un Árbol o Retroceder

- Entrenamiento en Velocidad

- Penalización en metros

- La Correa de Seda

Paseo Centrado: ¡toca y estás congelado!

A veces el detonante está tan cerca o es tan intenso que en cuanto tu perro lo perciba, explotará. En esos casos, Marca y Muévete no es útil, porque esa primera mirada es ya demasiada estimulación. Puedes echar un montón de comida para distraerle y que no lo vea, pero el Paseo Centrado es una solución más elegante para pasar de largo con grandes distracciones cuando creas que Marca y Muévete no será suficiente. Esta técnica te ayudará a enseñar a tu perro a centrarse en ti en lugar de en las distracciones. En particular, mirará a tus dedos mientras paseáis (también llamado "target de dedos" o "target de mano"). Cuando tu perro aprenda esta conducta bien, podrás usarla para pasar junto a cosas que de otro modo arruinarían un estupendo paseo.

La idea es que éste sea un juego divertido, algo que practicas durante los paseos de manera ocasional. Yo provoco un poco de excitación antes, preguntando: "¿Estás listo?", para avisarle de que vamos a jugar a éste o a otros juegos divertidos.

La conducta que buscas es que el perro toque con su nariz la mano del humano, pero también puedes usarlo para cualquier otro tipo de target. Yo digo "Toca" como señal en este ejemplo. Puede emplearse para mover al perro. También puedes enseñarle a caminar alegremente junto a ti.

Si por ejemplo eres diestro, empezarás con un premio y el clicker en tu mano derecha. Puedes usar la palma de tu mano como target pero yo prefiero hacerlo del siguiente modo: cierra tu mano izquierda en un puño. Muéstraselo a tu perro. Seguramente se acercará esperando recibir un premio. Ignórale si te da con la pata.

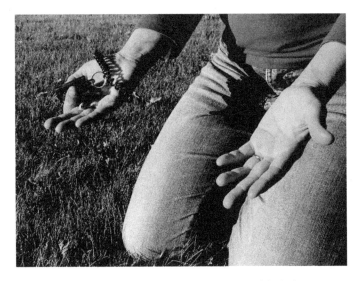

Empieza con un premio en la mano del clicker.

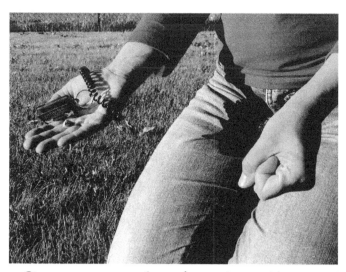

Cierra tu mano-target (normalmente sin premio) en un puño.

Cuando toque el puño con su nariz, clicka y coloca el premio en la mano del target para que lo coma. Mientras lo mastica, esconde el puño tras tu espalda y vuelve a mostrárselo cuando esté preparado para repetir, click y premio. Por alguna razón, el retirar la mano y volver a presentarla, hace que parezca algo "totalmente novedoso" e interesante de nuevo. Haz esto muchas veces antes de ponerle una señal verbal. Cuando veas que lo ha entendido, y estés relativamente seguro de que tocará tu mano, repite el ejercicio, pero empieza diciendo "Toca" justo antes de mostrar tu mano-target.

Clicka cuando tu perro toque el target.

Traspasa el premio a tu mano-target.

Tu perro comerá los premios en ella.

Si tu perro se te queda mirando y no toca la mano, entonces espera un poco, o retira y esconde tu mano tras la espalda y sácala de nuevo. No te inclines sobre el perro ni le mires fijamente (les intimida un poco). También puede ocurrir que al mostrarla, tu mano se parezca a otra señal que ya ha aprendido. Si es así, haz otro target, con la mano abierta, con uno o dos dedos, o como prefieras. Si te mordisquea la mano en vez de tocar gentilmente con la nariz, ten cuidado de no clickar cuando mordisquea. Clicka un poco antes para reforzarle antes de que abra su boca, o clicka un poco después cuando haya cerrado la boca. Colocar la mano en otra posición puede ayudar.

Después, empieza a mover el target un poco, para que el perro tenga que caminar un paso o dos para tocar tu mano. Comprueba que tu perro toca el target aunque lo coloques a tu lado, en lugar de frente a él. Tras este paso, estarás listo para usarlo en el Junto.

Ahora serás un target móvil. Tras haber practicado "Toca" un tiempo, y ver que tu perro toca con presteza tu mano, ahora le mostrarás la mano y cuando se acerque a tocarla, retrocede un poco para que tu perro tenga que seguirte unos pocos pasos para tocar el target. Clicka y premia en cuanto toque. También puedes moverte en semicírculos para este ejercicio. La clave es hacer que tu perro siga el target para tocarlo.

Lo siguiente es hacer que tu perro siga el target poniéndolo a tu lado. Ahora empezará a verse realmente como un Junto. Si quieres que el perro camine a tu izquierda, usarás como target tu mano izquierda, y viceversa si es a tu derecha. Puede que quieras entrenar ambas, pero practica un sólo lado en una misma sesión.

Empieza a practicarlo en casa y sin correa. Di "Toca" y enseña la mano-target estirando tu mano junto a tu pierna, y camina unos pasos alejándote de tu perro. Espera que te alcance y toque tu mano. Clicka y premia un poco atrás con tu mano pegada a tu pierna (nunca adelantado). Esto ayudará a que tu perro no te adelante y se salga del Junto. Tras haber comido su premio, dile otra vez "Toca" y sigue caminando adelante. Cuando te alcance y toque tu mano, clicka y premia. ¡Ya estás haciendo un Junto!

Cuando el perro ya lo haga con soltura, puedes empezar a decirle "Junto" en vez de "Toca", o decirle "Junto" y luego "Toca" si le ves confuso.

Después llega el momento de premiar aleatoriamente. Pondremos el Junto bajo un programa de refuerzo variable, espaciando progresivamente el tiempo o el número de pasos entre clicks/premios. Ve aumentando cada intervalo. Los siguientes números pueden ser segundos caminando, o número de pasos.

Ejemplo: 3, 5, 3, 7, 4, 9, 4, 11, 5, 13, 5, 15, 6, 17, 6, 19…

(fácil, difícil, fácil, más difícil, no tan fácil, un poco difícil …)

Haz algún Junto corto después de cada uno largo, para que no vea que cada vez hay más tiempo sin recibir premios. Queremos que el perro piense: "¡Quizá el premio venga dando uno o dos pasos más!" Observa cómo los intervalos "cortos" también van aumentando. Los refuerzos variables funcionan también para construir permanencias en el Quieto.

Si aparece alguna gran distracción, vuelve a premiar con más frecuencia, o refuerza en todas las repeticiones. Cuando salga bien en casa, prueba a hacerlo fuera durante los paseos, caminando una o dos manzanas, cuando no haya grandes distracciones. Si aparece alguna distracción notable como uno de sus detonantes, puedes emplear esta técnica, pero usa unos premios extra-sabrosos en tu mano-target, y házselo fácil a tu perro colocándoselo en la nariz y moviendo el premio hacia ti.

Acudir a la Llamada

Acudir a la llamada, directo y sin dudar, puede salvar la vida de tu perro. Cuando un perro es propenso a meterse en peleas con otros perros o a morder a personas, también es un recurso importante para garantizar la seguridad de todos. Si todas las medidas de seguridad físicas fallan (la correa, la valla, o lo que sea) entonces la llamada te permitirá recuperar a tu perro. Muchos perros no tienen un historial peligroso de mordeduras y sólo queremos que puedan jugar adecuadamente con otros, sin correa. Para estar junto a otros perros sin correa, necesitan definitivamente una llamada fiable. Seguro que habrá momentos en los que tu perro no pueda gestionar una situación, y la única manera de sacarlo de ahí, desde la distancia, será llamarle.

De algún modo ya he explicado una manera de llamar al perro. La señal "Toca" es genial porque para tocar tu mano con su nariz, el perro tiene que venir hasta ti. Y se acercará tanto que podrás cogerle del arnés si es necesario (¡asegúrate de premiarle!). En mi Manual *Oficial de Ahimsa Dog Training* muestro varias maneras más de construir una llamada sólida para el día a día (ver Bibliografía), pero "Toca" puede ser suficiente si lo practicas en muchos sitios diferentes.

A mí me gusta enseñar una señal distinta para la llamada de emergencia. Esta señal no se desgastará por el uso diario, sino que se mantendrá fuerte porque la practicarás con recompensas increíbles, en varias situaciones. Yo enseño al perro a venir bajo una señal especial, haciendo una versión adaptada del *Really Reliable Recall* de Leslie Nelson (ver Bibliografía). Mis alumnos suelen usar la señal "¡Fiesta de Premios!". En mi casa, la señal que uso es un "¡Boop!" muy agudo, porque no es una señal que escuchen jamás, salvo cuando estoy a punto de darles un montón de fantásticos premios. Esto es aprendizaje respondiente puro y duro (también llamado condicionamiento clásico), que empareja dos estímulos o eventos. Así es como funciona:

1   (Opcional) Di tu señal de llamada habitual. Empezando así añadiremos el júbilo de una fiesta de premios a tu llamada actual, así tendrás el doble de efectividad.

2   Di la señal, "¡Fiesta de Premios!"

3   Uno tras otro, dale unos veinte pequeños y fabulosos premios. Trocitos de carne o sobras de macarrones y queso funcionan genial. Pónselos en el suelo a su lado para que los devore. Y antes de darle cada uno, repítele "¡Fiesta de Premios!". De este modo, tras unos 20 segundos, habrás condicionado la expresión "¡Fiesta de Premios!" veinte veces, además del efecto añadido de una ingente cantidad de premios extraordinarios.

4   La expresión empezará a tener el mismo efecto de atracción que el sonido de las máquinas recreativas de Las Vegas. No tienen que ser siempre premios comestibles, si tienes un juguete que tu perro adora, anuncia la Fiesta de Premios justo antes de jugar al tira y afloja, y repite la expresión mientras jugáis. Si lo haces bien, tu perro debería quedar exhausto tras cada Fiesta de Premios.

5   Practícalo 3 veces cada día, anunciando la fiesta cada vez más lejos del perro, o sin

tenerlo a la vista. Si tienes sobras de comida (bajas en sal y picante) ponlas en el frigorífico mientras lavas los platos, y luego sácalos para una Fiesta de Premios tras la comida. Practica en interiores, en exteriores, frente a tu casa, con distracciones, y en cualquier lugar que se te ocurra.

Leslie Nelson construye una llamada realmente fiable dándole al perro un jackpot de recompensas tras la llamada, de una en una. Ella lo llama "la cena elegante". Lo que yo he añadido al protocolo es decir la señal "Fiesta de Premios", en lugar de simplemente felicitar al perro durante la fiesta, para poder tener sin coste adicional una señal de llamada de emergencia mientras entrenas tu llamada habitual. He tenido clientes que me decían que tras sólo unas pocas semanas, habían sido capaces de usar la "Fiesta de Premios" para rescatar a su perro de conflictos de tráfico, y que incluso entonces, se acordaron de celebrarlo dándole una Fiesta de Premios.

Me encanta usar esa señal desenfadada, porque le recuerda a los alumnos que hay que consolidar el comportamiento manteniendo un gran ratio de refuerzos. No dirán "¡Fiesta de Premios!" a menos que lo sientan de veras. Decir "¡Fiesta de Premios!" sin lanzar un gran puñado de premios es como mentir a su perro, en lugar de simplemente no reforzar otras señales. Tampoco abusan de la señal en sus llamadas normales diarias, porque es algo un poco embarazoso de gritar en público. Incluso recuerdan el evitar usar la señal cuando no procede. Mis clientes se refieren a "F.P." o "el festejo" cuando hablan sobre la señal pero su perro está cerca y no quieren decepcionarle.

Reverencia

Éste es un divertido añadido al repertorio del perro, pero también es muy útil. Yo se lo suelo enseñar a los perros como conducta por defecto para llamar la atención de sus cuidadores. La reverencia es mucho mejor que saltar o ladrar para pedirnos atención, y es mucho más divertido que sentarse. También es una buena forma de estirar antes de hacer agility u otro deporte canino. Por último, la reverencia es también genial para perros con pocas habilidades sociales. Vuelve a la sección sobre Frustración en el Capítulo 7 para más información. Debo agradecer a la entrenadora Joey Iversen por dejarme coger prestada su idea de enseñar la reverencia para pedir atención.

La investigadora y escritora Alexandra Horowitz observó que en el mundo canino, un perro tiende a hacer una vivaz reverencia cuando el otro perro está prestándole atención (ver Recursos). Así que la reverencia no es lo que naturalmente hacen para conseguir la atención, pero es una señal muy evidente y es una forma en la que los perros dicen: "¡Eh, te estoy hablando a ti! Hagamos algo juntos" de un modo pacífico.

Yo uso la señal "Yoga" porque es una versión graciosa de la postura de yoga "el perro boca abajo", y porque "Reverencia" suena muy parecido a "Túmbate" (N. del T.: se refiere al inglés *Bow* y *Down*).

Enseñar "Yoga" (Reverencia) usando la captura de conductas es ideal, porque consigues que lo realice con un estiramiento muy natural. Simplemente usa un marcador verbal como "Muy bien" o un clicker para señalar el instante en que el perro está estirado arqueándose al máximo, y dale un premio. Este estiramiento profundo suelen realizarlo nada más despertarse, así que prepárate para capturarla cuando ocurra. Muchos perros lo harán si te ven haciendo tu propia versión de la reverencia, así que puedes probarlo también. Si puedes darle el premio mientras lo están haciendo, ¡hazlo! Asegúrate de dar luego tu señal de liberación habitual, como "Ok", o "Libre", para que sepa que puede levantarse.

En cuanto el perro entienda que te gusta esa conducta, empezará a ofrecértela más y más a menudo. Prémiale usando premios, atención, o lo que sea que parezca que puede querer en ese momento. Ahí puedes dejarlo tal cual, o empezar a añadir la señal "Yoga". Simplemente di "Yoga" cuando veas que empieza a hacerlo. Marca la conducta cuando esté completamente arqueado, y luego premia.

APÉNDICE 2

Otras técnicas que emplean Refuerzos Funcionales

Este apéndice te será de ayuda si eres como yo un friki del entrenamiento, o si ya conoces un montón de técnicas diferentes y quieres saber cómo encajar BAT en tus rutinas. Si eres nuevo en el entrenamiento animal, esta sección puede ser un poco abrumadora.

BAT no es una ciencia nueva, sino una mejor manera de emplear los principios ya establecidos. Como paquete global, BAT constituyó una nueva forma de entrenar cuando surgió por primera vez, y BAT 2.0 lo es más en ese sentido. Pero como todo lo que hacen las personas, BAT no surgió de la nada. Fue influenciado por una diversidad de herramientas de entrenamiento, incluyendo algunas que emplean el uso de refuerzos funcionales. Bastantes de esos métodos incluso emplean la distancia al detonante como refuerzo funcional. A continuación explicaré esos métodos.

Principio de Premack

El Principio de Premack no es una técnica, es un principio científico que es la base de muchas de las técnicas de entrenamiento existentes (ver Recursos). Descubierto en 1959 por el Doctor David Premack, este principio explora la probabilidad de que ocurra una conducta en un contexto determinado, es decir, que la probabilidad de que ocurra está relacionada con los comportamientos siguientes. Sus resultados fueron muy interesantes, porque acabó con la idea de que un evento es siempre reforzante. Por ejemplo, un estudio con niños de 6-7 años, recogió datos sobre el tiempo que pasaban comiendo golosinas o jugando al pinball. Cuando se les dio la opción de elegir, el 61% dedicó más tiempo a jugar y el 39% restante dedicó más tiempo a comer.

Jugadores: jugar es una conducta muy probable (más tiempo jugando que comiendo)

Comilones: comer es una conducta muy probable (más tiempo comiendo que jugando)

Los jugadores y los comilones fueron divididos en dos subgrupos, por lo que había 4 grupos de experimentación. Para uno de los grupos de jugadores y uno de los grupos de comilones, jugar era contingente con comer, es decir, sólo si comían un caramelo, podían jugar al pinball. Para los otros grupos, era al contrario: sólo si jugaban, podían comer un caramelo. En ambos casos, si la conducta menos probable se hacía antes, como un pequeño peaje por hacer la siguiente, esa primera conducta aumentaba en probabilidad. Los jugadores que tenían que comer un caramelo como precio por poder jugar después, acabaron comiendo muchos más caramelos: la media aumentó de 5 a 26 caramelos. El resultado fue similar para los comilones que tenían que jugar para poder luego comer. Acabaron jugando más.

Los otros dos grupos, tuvieron la "opción" de hacer la conducta menos probable después de haber realizado la más probable. Los jugadores no parecían más dispuestos a comer después de haberse "ganado" unos caramelos por haber jugado. Los comilones no parecían tampoco más dispuestos a jugar tras haberse "ganado" unas partidas por haber comido unos caramelos. En otras palabras, la "oportunidad" de hacer una conducta menos probable, no es reforzante.

Yo compruebo esto cuando los clientes quieren jugar con perros de un modo que no les agrada, o darles un premio cuando no están hambrientos. Jugar a ese juego o comerse un premio son conductas menos probables que lo que sea que el perro hubiera elegido por sí mismo.

Bien, así que ahora sabemos que la oportunidad de realizar una conducta de mayor probabilidad puede ser reforzante y la oportunidad de realizar una conducta de menor probabilidad no tiene ningún efecto significativo. Esto es interesante, pero aún hay más. En otro estudio con ratas, Premack y John Terhune hicieron que la consecuencia de una conducta no fuera la oportunidad de realizar otra actividad, sino la obligación de realizarla. Las ratas tenían 3 conductas posibles: beber (la mayor probabilidad), correr en una rueda (probabilidad media) y presionar una palanca (la menor probabilidad).

Los investigadores hicieron que correr fuera contingente a beber, y a presionar la palanca. En otras palabras, las ratas no podían irse libremente a correr en la rueda, pero si presionaban la palanca o bebían, entonces un motor activaba la rueda y la rata era obligada a correr en la rueda. Sabemos que correr en la rueda era más probable que presionar la palanca, y observaron el mismo resultado: presionar la palanca aumentó su probabilidad. Beber, que obtenía la misma consecuencia, bajó de probabilidad. Esto nos indica que el ser obligado a hacer una actividad de menor probabilidad actúa como un castigo. Resumiendo, *la probabilidad de aparición de una conducta aumenta o disminuye en el sentido de la probabilidad de la consecuencia.*

Una apreciación importante es que el castigo puede que no provenga de la actividad que se le obligó a realizar a la rata, sino al coste de oportunidad. Al forzar a la rata a correr en la rueda, no pudo implicarse en la actividad que estaba haciendo. La rata que bebía tuvo que dejar de beber y ponerse a correr, lo que significa que la conducta de mayor probabilidad tuvo que cesar. Perder la oportunidad de elegir una conducta de mayor probabilidad podría ser el verdadero castigo.

Pensemos en ello. La probabilidad de una conducta se desplaza hacia la frecuencia con la que el animal realizaría alguna de las opciones conductuales ofrecidas como posible consecuencia. Si hacer X me da la oportunidad de realizar otra conducta más probable, entonces X será reforzado. En otras palabras: en cada contexto, la oportunidad de hacer aquello que más haríamos, refuerza la conducta que haríamos menos. Expresado en su forma más sencilla, la libertad puede ser un refuerzo. Si hacer X limita mis opciones conductuales a comportamientos que son menos probables en ese contexto, entonces X será castigado. Es decir, que limitar nuestro repertorio conductual puede ser un castigo.

Si alguna vez has oído a tu madre decir:: "Si haces las tareas del colegio, podrás salir a jugar con tus amigos", estaba usando el principio de Premack. Si el refuerzo funcional de la conducta que estás enseñando es el permiso para realizar otra conducta determinada, como que el pasear educadamente de la correa le de permiso al perro a ir a perseguir ardillas, estarás usando el principio de Premack también.

De acuerdo a este principio, *la opción de realizar una conducta de alta probabilidad refuerza la conducta que le precede.* Ser obligado a hacer una conducta menos probable, castiga la conducta que le precede. Me gusta esta descripción del refuerzo y el castigo desde el punto de vista del principio de Premack, escrita por su propio autor: "¿Cuál es, entonces, la diferencia entre recompensa y castigo? La diferencia está en los tiempos, en cuándo un individuo debe 'pagar' por la oportunidad de realizar su conducta más probable. En el caso del refuerzo, el individuo 'paga' antes; en el del castigo, el individuo 'paga' después" (ver Recursos). Así que en esencia, con el refuerzo, tenemos una deuda con el perro. Con el castigo, el perro tiene una deuda con nosotros. Quizá por eso la gente prefiera irracionalmente el castigo.

Muchos refuerzos funcionales pueden explicarse mediante el principio de Premack. Como ya he comentado, las probabilidades calculadas son contextuales, es decir, específicas de cada situación. En nuestras puestas en escena BAT, creamos situaciones en las que es muy probable que el perro olisquee arbustos y árboles. Recabar información sobre el detonante tranquilamente es más difícil, pero sigue siendo bastante probable (no en el día a día, pero en las puestas en escena es bastante fácil). Si tu perro hiciera una lista ordenada de sus conductas más habituales a las menos habituales cuando sale a pasear por el terreno en una sesión BAT, olfatear estaría en las primeras posiciones y recabar información del detonante tranquilamente estaría probablemente más abajo.

Así que cuando tu perro olfatea tranquilamente a un detonante en la distancia en una sesión BAT (poco probable) y luego puede moverse a explorar algún olor en un árbol, esa oportunidad de poder ir al árbol ¡es un refuerzo espontáneo del entorno! *Éste es un buen ejemplo del principio de Premack en acción y de por qué es crítico preparar un entorno estimulante para explorar.*

En BAT, usamos la disposición de antecedentes para crear un entorno en el que el perro pueda recoger información y relajarse, haciendo que nuestra conducta objetivo de tener una interacción educada con el detonante sea bastante probable. También permitimos a los perros a tener acceso a sus repertorios conductuales completos, así que una conducta educada puede ser reforzada por la oportunidad de realizar sus conductas más probables. (Evitamos que se dirijan directamente al detonante y les llamamos si nos hemos equivocado y vemos algo de reactividad, esas son las excepciones).

Sin embargo, no todos los refuerzos funcionales (en el sentido en que los usamos en BAT) funcionan debido al principio de Premack Los refuerzos funcionales también pueden ser cosas que ocurren en torno al perro o en el perro, como que el detonante se aleje o se vuelva menos activo.

Igualmente, no todos los refuerzos que siguen el principio de Premack son refuerzos funcionales para el comportamiento social que queremos construir con BAT. Los premios extra siguen el principio de Premack al sorprender al perro con otra actividad de alta probabilidad, como perseguir un juguete o comerse un premio. Al contrario que el alejarse, los premios extra no son funcionales en relación a la conducta de desconectar del detonante. En Marca y Muévete, siempre insisto a la gente en alejarse primero (refuerzo funcional), y después darle el premio extra al perro. En otras palabras, la prioridad es que el perro vaya a una zona segura y/o reduzca su excitación, más que comerse un premio. Mi experiencia me dice que aunque podemos construir conductas consistentes y motivadas utilizando refuerzos potentes y sorpresivos, es un problema usar exclusivamente premios extra. Cuando no atendemos la necesidad de seguridad del perro primero, podemos perder controlabilidad y capacidad de predecir su conducta. Es como tener una fiesta sorpresa de cumpleaños cuando has tenido un día estresante y necesitas relajarte. La capacidad de controlar y predecir la conducta del animal son factores importantes en que BAT se apoya para ayudar a los perros a sentirse más cómodos en torno a sus detonantes.

Premia y Aléjate

Ya hemos hablado sobre Premia y Aléjate en el Capítulo 14 cuando expliqué cómo hacía para caerles bien a los perros enseguida en las clases privadas. "Aléjate y Premia" fue un concepto originariamente desarrollado por Ian Dumbar en 1982. "Premia y Aléjate" fue una expresión acuñada por Suzanne Clothier cuando dio forma a la técnica (ver Recursos). La idea es jugar al pilla pilla, para que sea el perro quien quiera acercarse a ti: lanzas un premio donde está el perro, y mientras lo come te alejas. Cuando te vas el perro te sigue. Repítelo. También puedes lanzar el premio más allá del perro, para que se aleje él. El refuerzo funcional es el alivio que siente el perro cuando se aleja de ti para coger el premio, o cuando tú te alejas de él. Dumbar dice que lo usaba él mismo para salir de situaciones conflictivas con un gran Akita que ya había mordido a cuatro hombres. Suzanne Clothier ha ampliado éste método, al que ahora llama "Premia y Aléjate". Suzanne explica con elegancia cómo el lanzar premios a un lugar donde el perro se sentirá cómodo, y luego alejarnos, es infinitamente mejor que guiarle con comida hacia donde tú estás, porque restamos la presión social de nuestra presencia sobre el perro.

Yo uso Premia y Aléjate siempre que necesito hacer nuevos amigos caninos rápidamente. Para rehabilitaciones más a largo plazo, uso BAT, no sólo Premia y Aléjate. Encuentro que BAT generaliza mejor además de otras ventajas, pero Premia y Aléjate es genial para entrar en el círculo social del perro.

El método de la doble recompensa

John Fisher desarrolló este método para trabajar con la agresión canina, especialmente con los perros "velcro" que están muy apegados a sus dueños (ver Recursos). Cuando lo leas, verás que es muy diferente a BAT y mucho más estresante para el perro, pero comparte una línea de pensamiento sobre los refuerzos funcionales, sobre por qué el perro está reaccionando, y ofrecérselo como refuerzo. El método de la Doble Recompensa apareció impreso por primera vez en su obra póstuma *Diary of a "Dotty Dog" Doctor* en 1997, pero ya llevaba usándolo bastante tiempo. El método usa distintos refuerzos para enseñar a los perros a mostrar conductas calmadas, en lugar de ladrar y abalanzarse. Cuando trabajaba con perros reactivos con personas, Fisher tenía al perro atado junto a su dueño que permanecía de pie o sentado. Entonces él caminaba hasta el perro hasta que éste le ladraba. En ese momento, el dueño se separaría alejándose a modo de castigo negativo y el perro se quedaría en el sitio. Cuando el perro volvía a relajarse por completo, obtenía dos refuerzos: el regreso de su dueño (que seguramente también le daba unos premios) y la retirada del desconocido. También mencionaba que el perro podía ser reforzado por pequeñas muestras de calma, en lugar de esperar a que se tumbara en el suelo. El método de la Doble Recompensa fue uno de los precursores del Entrenamiento por Abandono, de Trish King, y también del Tratamiento Construccional de la Agresión (ver Recursos).

Tratamiento Construccional de la Agresión

El Tratamiento Construccional de la Agresión (CAT por sus siglas en inglés) fue desarrollado a partir de una serie de proyectos de investigación en la Universidad de North Texas bajo la supervisión del analista del comportamiento Jesús Rosales-Ruiz. Eddie Fernández investigó en 2000 la efectividad de usar el alejamiento de la persona como recompensa para que una oveja se mantuviera quieta, Melissa Morehead estudió algo parecido en vacas en 2005, y Kellie Snider estudió el uso del reforzamiento negativo en el tratamiento de la agresión en perros en 2007 (ver Recursos). En el protocolo CAT, los perros están normalmente atados, y el figurante se acerca y se aleja, como en el método de la Doble Recompensa, pero tratando de evitar que el perro ladre, gruña o se abalance haciendo que el figurante se acerque a una distancia que no provoque una reacción agresiva. Cuando el perro empieza a ladrar, gruñir o embestir, el resultado es similar al de la Doble Recompensa, en cuanto el figurante permanece en su sitio mientras el perro termina de ladrar, es decir hasta que la agresión cesa y el perro muestra una conducta alternativa aceptable.

En la investigación original, los perros atravesaron varios picos de extinción. Una de las mayores desventajas de esperar a la extinción con conductas tan cargadas emocionalmente es el estrés que puede producir en el perro, el ayudante, e incluso el propietario. Hablaré más sobre ello en el Apéndice 3. Además, en la vida real, los detonantes están siempre en movimiento. Quedarse quieto mientras tu perro termina de ladrar en un paseo no es práctico y es algo muy embarazoso. Más aún, yo no quiero apagar el sistema natural de alarma del perro eliminando sus gruñidos o ladridos a través de la extinción o el castigo. Los entrenadores que usan CAT han empezado a trabajar para crear puestas en escena que provoquen menos reactividad, pero hasta donde yo sé, el proceso de extinción sigue siendo un aspecto esencial de CAT.

Mi interés inicial en el uso de los refuerzos funcionales nació al observar CAT. Me gustó el concepto de reforzar añadiendo distancia, pero yo quería reducir el nivel de estrés. Cuando probé CAT, descubrí que era menos estresante llevar al perro alumno hacia el detonante y dejar que fuera él quien también se alejara. Dirigir al perro hacia el detonante es algo que luego cambié en BAT 2.0. Si el perro tiene la oportunidad de alejarse por sí mismo y eso reduce su estrés, tiene sentido que tendrá menos estrés aún si también decide cuándo acercarse. Y resulta que además es más eficiente así. Si haces BAT, revisa con cuidado tus vídeos para ver si estás dirigiendo al perro hacia el detonante de cualquier modo, con tu postura corporal, inclinándote en su dirección, etc. También he hecho cambios en cuanto a controlabilidad, incluyendo que el perro se refuerce a sí mismo en lugar de que sea el guía quien le da el refuerzo y le anima a moverse. Ahora hacemos que el guía se entrometa menos, y es más probable que el refuerzo que elige el perro finalmente sea el acertado.

Entrenamiento de Caballos

Los entrenadores de caballos, como Monty Roberts y Alexandra Kurland, llevan décadas usando el alejarse del animal como refuerzo, y Kurkland también usa el clicker y premios a la vez (ver Recursos). Por lo que sé, Alexandra Kurland y Karen Pryor son las únicas autoras que han escrito sobre el entrenamiento con un marcador a la vez que se usa el refuerzo funcional de aumentar la distancia. (ver Recursos).

Un marcador puede ser muy útil cuando quiere enseñar conductas de gran precisión, o si al perro le cuesta desconectar del detonante. Como ya dije en el Capítulo 7, BAT usa un marcador en Marca y Muévete, pudiendo ser una señal verbal o el clicker, según si usamos premios o no. Si estás con un perro que carece de suficientes señales de apaciguamiento y habilidades sociales, incluso en la distancia, Marca y Muévete puede usarse para iniciar esas conductas educadas mediante el moldeado. Por ejemplo, algunos perros rebasan su umbral incluso a distancias enormes, sólo con ver a otro perro ya se petrifican y congelan su mirada, o peor. En ese caso, puedes usar Marca y Muévete para moldear la desconexión, empezando por marcar sólo el mirar al detonante o pestañear.

Pero no te vuelvas un adicto de Marca y Muévete cuando no lo necesitas, o perderás el todo el potencial de BAT. En su versión original, BAT usaba un marcador siempre que el perro desconectaba del detonante, pero luego me di cuenta de que así le estaba distrayendo del contexto social cuando las sesiones iban bien. Y también reforzaba en los guías la conducta de dirigirse hacia el detonante.

La teoría detrás de usar el alejarse del caballo como refuerzo funcional por permanecer quiero o actuar de un modo amistoso, es que al ser presas, agradecen especialmente mantener las distancias. Yo creo que en cualquier especie, las mayores muestras de agresividad se refieren a la proximidad de algún modo, ya sea protegiendo su territorio, a sí mismos u otra cosa. La protección de recursos puede también verse en términos de distancia, como un: "¡Aléjate de mi hueso/cama/casa/mama!". En otras palabras, la distancia es un refuerzo funcional para esas conductas. Por eso somos tan cuidadosos en BAT al darles acceso a esa distancia, como refuerzo espontáneo del entorno.

La Evolución de BAT

En lo que básicamente es el método de "Aléjate y Premia" de Ian Dumbar (y la versión de Suzanne Clothier igualmente), el perro alumno es estacionario y el figurante se acerca. En el resto de métodos que conozco, es el figurante el que se aleja después, o se le lanza un premio al perro alumno para que se retire. Creo que existe un gran poder en enseñar al animal a alejarse de un detonante y auto recompensarse mediante este proceso, ya se haya acercado él al detonante o viceversa. BAT reduce los niveles de estrés del perro al permitirle iniciar las aproximaciones hacia el detonante y acercarse o alejarse de él cuando quiera. Es más, BAT 2.0 emplea refuerzos espontáneos del entorno, no sólo refuerzos funcionales entregados por el entrenador. Esto añade una capa extra de controlabilidad para el perro, reduce su distracción, y le permite aprender más de esa "conversación" con el detonante.

Hasta 2008, yo usé los refuerzos funcionales como "recompensas de la vida real" para un gran abanico de problemas de conducta, pero no de modo sistemático para la agresión. Para perros agresivos, usaba el contracondicionamiento clásico, junto a métodos similares a los mostrados en *Control Unleashed* y otros basados en el refuerzo. Al oír hablar de CAT empecé a usar los refuerzos funcionales para trabajar con la agresión y el miedo. Había estado usando contracondicionamiento y desensibilización, al igual que condicionamiento operante con el reforzamiento positivo. Vi el DVD de CAT y vi que prometía, aunque como a muchos otros entrenadores en positivo, me preocupaba si sería muy estresante para los perros. Usé el protocolo y fui realizando cambios sobre la marcha.

Como habrás adivinado, no soy muy buena siguiendo pautas al pie de la letra. Esto probablemente se deba a mi madre, que usaba las recetas de cocina a modo de guía general, o a mi pasado científico. Me gusta aprender y me gusta solucionar cosas. Empecé a indagar más y más, a leer más sobre el análisis funcional de la conducta y otros métodos que usan refuerzos funcionales. Llegó el momento en que me di cuenta de que lo que había estructurado era un ente por sí mismo y necesitaba un nombre, aunque estaba evidentemente basado en muchas técnicas ya existentes. El nombre, BAT, empezó como una broma, pero se quedó.

Según pasaba el tiempo, llevé a cabo mis ideas sobre más cambios en BAT con la ayuda de mi amiga Lori Stevens, quien es practicante de Ttouch. Me hacía profundas preguntas del tipo: "¿Por qué haces esto y lo otro?" ¡que realmente me hacían pensar! Durante estos años, he tenido muchísimas conversaciones y he ajustado BAT en consecuencia. Por ejemplo, en Alemania alguien me preguntó: "¿por qué la correa es tan corta?", era una correa estándar de 2 metros, y ni siquiera me lo había cuestionado. Ahora en BAT 2.0 los perros pueden tener una experiencia mayor de libertad con una correa larga, y los propietarios aprenden las técnicas para manejarla con seguridad.

En resumen, los otros métodos que usan el refuerzo funcional para la reactividad comparten algunos fundamentos con BAT en el sentido de que usan el contracondicionamiento operante. Cambian la respuesta emocional del animal hacia el detonante mediante la enseñanza de nuevas conductas. Estos métodos enseñan al perro a mostrar conductas adecuadas sin necesidad de que el humano se las pida, y *pueden* enseñar a los perros a sentirse cómodos e incluso a disfrutar interactuando con antiguos detonantes. Pero BAT está enfocado directamente a crear una situación confortable para favorecer la interacción. El entorno es diseñado para que el perro permanezca por debajo de su umbral de reactividad y pueda aprender libremente a modificar su comportamiento, a partir de refuerzos espontáneos del entorno. Estos factores junto a otros, crean una relación positiva y de confianza haciendo de BAT un protocolo humanitario y de bajo estrés, que de acuerdo a la investigación que describiré en el siguiente apéndice, lo hace a la vez más eficiente. Como ya he mencionado, BAT enseña al animal a auto-calmarse (alejarse cuando lo necesite) en lugar de enseñarle maneras alternativas de ignorar o repeler al intruso. Creo que es una diferencia sutil pero importante entre BAT y sus muchos predecesores.

APÉNDICE 3

Para Profesionales: Jerga Técnica sobre Términos y Cuadrantes

---

Nota: las fuentes de los trabajos citados en este apéndice pueden verse en el apartado *Recursos* al final del libro.

Si mientras leías este libro, brotaban de tu cabeza preguntas como "¿Qué cuadrante sería BAT?" o "¿No es esto sólo una aplicación del análisis funcional?", o "¿Qué diferencia hay con la desensibilización sistemática?", entonces este apéndice es para ti. O si quieres se uno de esos tipos cool que saltan con esas preguntas, entonces también te gustará esto. Como entrenadores y terapeutas del comportamientos, es importante comprender la ciencia que hay detrás de nuestras técnicas. Si podemos hacer que nuestros alumnos entiendan los principios, sus perros se beneficiarán. Dicho esto, he reservado el grueso de la terminología técnica para este apéndice, porque la jerga y los razonamientos técnicos que los profesionales adoramos, tienden a confundir y molestar a la mayoría de los amantes de los perros. El que avisa no es traidor: emplearé un lenguaje un poco más formal en esta sección así que quizá quieras antes tomar un poco de aire fresco ¡o preparar una buena taza de café!

Disposición de Antecedentes

Ya puse esta nota en un 'Consejo para Pros' en este libro: "La intensidad de la reactividad de un perro depende de su historial de reforzamiento, pero también del contexto en que ese historial tuvo lugar. *El Refuerzo selecciona la conducta en un contexto.*"

Profundicemos un poco en la idea de que se refuerza la combinación conducta + contexto. El refuerzo selecciona el par estímulo-respuesta, como el par "ver otro perro"→ "ladrar, gruñir, morder". El contexto importa. El refuerzo le dice al perro que una conducta específica funciona en una situación específica. En otras palabras, la consecuencia selecciona la conducta en presencia del antecedente y el contexto al completo en el que esa conducta es emitida. Por ejemplo, sacar los boles de comida para preparar la cena de tu perro señala que una conducta será reforzada con comida. Sentarnos en el sofá puede señalar que un conjunto distinto de conductas serán reforzadas y que las consecuencias serán algo como atención o caricias. El buen entrenamiento trata también sobre preparar ocasiones, no sólo de reforzar conductas.

Según Donahoe, Palmer, y Burgos (1997), "los refuerzos afectan las relaciones input–output y no simplemente el output" y "el contexto establece la ocasión para responder, aunque su influencia pueda no manifestarse hasta que el contexto cambie". A través de los refuerzos espontáneos del entorno que aprovechamos en BAT, podemos establecer la ocasión para conductas prosociales en respuesta al contexto en que será seleccionada (reforzada). Empezamos con un contexto en que la conducta prosocial es extremadamente probable y la agresión/frustración/miedo son extremadamente improbables. Según pasa el tiempo, cambiamos gradualmente el contexto de nuestras puestas en escena para hacerlas más realistas, es decir, más parecidas a las situaciones en que la agresión y otras conductas hubieran aparecido anteriormente de hacer BAT. En mi experiencia, BAT modifica la asociación estímulo-respuesta en varios contextos:

ANTES: "ve otro perro" → "ladra, gruñe, muerde"

DESPUÉS: "ve otro perro" → "se contonea y dice hola" ó

               "ve otro perro" → "olisquea y sigue su camino"

En cuanto a la rehabilitación, BAT trata básicamente sobre generalizar la asociación Antecedente-Conducta que ya tiene un historial de refuerzo, con una versión atenuada del estímulo (poniendo al otro perro muy lejos, por ejemplo). BAT se basa en gran medida en una disposición cuidadosa de antecedentes, donde todo está en su sitio: 1) no hay antecedentes que motiven o evoquen la conducta que tratamos de reducir; y 2) se empodera al alumno para ejercitarse y desarrollarse cuando muestra la conducta objetivo (señales educadas de apaciguamiento, conducta prosocial, etc.). Haciendo BAT con personas y con otros perros, por ejemplo, el perro alumno gana confianza y soltura practicando un repertorio conductual social apropiado y efectivo. Si observas más adelante la escala de Intervenciones Humanitarias de la Doctora Susan Friedman, verás que la disposición de antecedentes es generalmente considerada como la intervención menos intrusiva, es decir cambiar el entorno para que la conducta correcta aparezca fácilmente. La disposición de antecedentes es considerada incluso menos intrusiva que el reforzamiento positivo. Aunque tenemos que administrar reforzamiento positivo en ciertas situaciones, el enfoque principal en BAT es usar la disposición de antecedentes y los refuerzos espontáneos del entorno, más que en refuerzos entregados por el entrenador.

Análisis Conductual: Evaluación Funcional de la Conducta

La conducta tiene una función: sirve a algún propósito para la persona o el animal. Las intervenciones del análisis conductual aplicado se centran en la función de la conducta cuya frecuencia estás tratando de modificar. Una evaluación funcional de la conducta determina la relación entre la conducta y los eventos del entorno para definir qué ha reforzado a esa conducta. Cuando los entrenadores evalúan los antecedentes, las conductas, y las consecuencias, las propias consecuencias que mantienen/refuerzan un comportamiento determinado son consideradas su función. Una evaluación funcional de la conducta puede realizarse de varias maneras, incluyendo la evaluación funcional de conducta indirecta, la evaluación funcional de conducta descriptiva, y el análisis funcional. Explicaré cada una de ellas en términos de la evaluación de la conducta de un perro reactivo, aunque evidentemente puede realizarse para cualquier tipo de conducta y cualquier especie animal.

Evaluación funcional de conducta indirecta. El asesor de comportamiento recoge información sobre los hechos a partir de personas que han observado el comportamiento del perro en su entorno habitual. Entrevista a sus cuidadores (en persona o mediante un cuestionario) sobre qué ocurre antes de que el perro reacciones (definir eventos y detonantes), cómo reacciona el perro, qué ocurre a continuación, etc. Es un modo habitual de trabajar con perros de compañía.

Evaluación funcional de conducta descriptiva. El entrenador recoge datos mediante la observación directa de la situación y el comportamiento del perro sin manipular las consecuencia, luego lo analiza para determinar la función que tiene esa conducta. Por ejemplo, el entrenador observa al perro y al dueño mientras pasean junto a otro perro (real o de peluche) buscando aquello que dispara la reacción del perro, qué conductas específicas muestra cuando reacciona, y qué consecuencias recibe del entorno y su dueño. Otro ejemplo es el cliente que trae un vídeo del perro en que se muestra una escena de reactividad.

Análisis funcional. El terapeuta del comportamiento prepara escenarios para medir cómo se modifica la reactividad al modificar las consecuencias. Por ejemplo, para comprobar si la función de unos ladridos es conseguir la Consecuencia A, mediríamos si los ladridos aumentan sistemáticamente al presentar la Consecuencia A siempre que ladra. Al trabajar con un cliente, la ética de este enfoque es cuestionable, porque si resulta acertada, el perro acabará con más reactividad. Si la hipótesis sobre la función de la conducta reactiva es alejarse del estímulo detonante, entonces el entrenador comprobaría esa hipótesis preparando una situación en la que el perro en estudio llegara a rebasar su umbral reaccionando, haciendo que después consiga alejarse del estímulo detonante. Yo no estoy en modo alguno dispuesta a hacer ese test, así que me basaré en evaluaciones funcionales del comportamiento más informales.

La respuesta a la pregunta de "¿Entonces no es BAT simplemente una aplicación del análisis de conducta?" es SÍ: si quieres verlo desde esa óptica, BAT emplea refuerzos (funcionales) espontáneos del entorno para aumentar la frecuencia de las conductas sustitutivas. Sin embargo, decir "simplemente" implica que está mal usar la ciencia para desarrollar nuevos protocolos de tratamiento. La teoría y la práctica van de la mano, promoviendo un continuo crecimiento y cambio. *Los entrenadores deberían basar sus técnicas de modificación de conducta en investigaciones científicas sólidas, como yo misma he hecho.* Igualmente el trabajo práctico alimenta la ciencia: los investigadores deberían estudiar la efectividad de las intervenciones individuales desarrolladas por los entrenadores y asesores del comportamiento.

¿Entonces de qué va BAT? ¡Más detalles para frikis!

Nota: Esta sección fue publicada originalmente en el *Summer 2014 APDT Chronicle of the Dog.* Las obras citadas están listadas al final del libro en el apartado Recursos.

El siguiente apartado contempla algunas de las características más notables de BAT vistas desde el Análisis Conductual Aplicado y algunos otros campos. BAT es una técnica práctica y se basa sustancialmente es procesos naturales, por lo que no se ajusta escrupulosamente a procedimientos o procesos descritos en investigaciones. Dicho esto, mirar las similitudes y diferencias entre BAT y los resultados científicos puede ayudarnos a describir lo que está ocurriendo. También es vital recordar que no estamos trabajando en un laboratorio: la vida real es caótica y no pasa nada. Como ya escribió Skinner: "lo que hacemos es describir, más que explicar". Susan Friedman suele citarlo en sus seminarios, y añade: "y normalmente con eso ya es suficiente".

Debo advertir que las explicaciones están basadas en mi comprensión actual de la ciencia. Mi especialidad es la práctica del entrenamiento. Si alguno de vosotros es analista del comportamiento, neurocientífico, etólogo, etc. y quiere explorar BAT más allá desde vuestro nivel de conocimiento, ¡hacedlo por favor!

Una característica destacable de BAT es que implica una terapia de exposición leve adaptada para animales no humanos. La terapia de exposición es una intervención empíricamente demostrada que se ha usado con éxito en clientes humanos por décadas de varias formas, incluyendo la desensibilización sistemática con relajación y moldeando la aproximación a la conducta mediante elogios (Barlow, Agras, Leitenberg, and Wincze, 1970; Marks, 1975; Wolpe, 1961). El principio de la **extinción respondiente** fue la inspiración para la desensibilización sistemática y la terapia de exposición (Marks, 1975; Wolpe, 1961).

La extinción respondiente es el debilitamiento de una asociación establecida por condicionamiento clásico. Si presentamos el estímulo condicionado sin emparejarlo con el estímulo incondicionado, o junto a otro estímulo condicionado, entonces el primer estímulo condicionado perderá su poder para elicitar la misma respuesta que el estímulo incondicionado. En otras palabras, la respuesta se extingue porque ya no predice nada biológicamente relevante para el animal. Existen argumentos tanto a favor (Field, 2006) como en contra (Tyron, 2005) de que la extinción respondiente sea el principio fundamental en las terapias, pero los argumentos en contra parecen enfocados principalmente a humanos y no a perros.

BAT está basado en parte, en el principio empíricamente demostrado de la extinción respondiente. Empleando una disposición cuidadosa de antecedentes, la extinción respondiente puede facilitarse de un modo sistemático y gradual, que no elicite una respuesta de miedo en el sistema nervioso simpático.

Mantener el nivel de activación bajo es importante por muchos motivos, pero éste es uno: los estudios indican que una frecuencia cardiaca asíncrona alta durante la terapia de exposición es un predictor significativo de la vuelta de los miedos tras haber completado la terapia (Rachman, 1989). Es decir, cuando la frecuencia cardíaca era elevada, aunque otra conducta mostrara relajación, el miedo solía regresar.

Dos habituales dichos entre entrenadores dicen: "los perros no aprenden cuando están por encima de su umbral", y "los perros no son buenos generalizando". Pero lo cierto es que cuando rebasan su umbral, son bastante eficientes aprendiendo. El problema es que lo que lo que aprenden no es lo que estamos tratando de enseñarles: *los perros generalizan eficazmente a qué tener miedo cuando están por encima de su umbral.* La inhibición del miedo es mucho más difícil de aprender y generalizar (Vervlie, Baeyens, Van den Bergh, y Hermans, 2013, Gunther et al., 1998).

La asociación del miedo no depende mucho del contexto. Enseguida se propaga como un incendio descontrolado a distintas situaciones y entornos. Si en la jungla aprendes que los tigres son muy peligrosos, seguramente también tendrás miedo si te los encuentras en una planicie. Si no fuera así, difícilmente pasarías tu material genético a la siguiente generación. Las malas noticias son que la adquisición de miedos se generaliza más fácil y rápidamente que la reducción del miedo. Por eso es de vital importancia evitar el empleo de técnicas aversivas de entrenamiento, y también por eso es importante entrenar en multitud de contextos cuando queremos enseñarle a ser confiado.

La investigación en materia animal indica que la extinción respondiente silencia las neuronas del miedo, y modifica un tipo específico de nexo inhibitorio, llamada sinapsis perisomática (Trouche et al., 2013). En el estudio dirigido por Trouche, dos grupos de ratas recibieron miedo condicionado. El grupo de tratamiento fue sometido a un proceso de extinción respondiente, y mostró un aumento de las sinapsis perisomáticas inhibitorias en la amígdala, en comparación con el grupo de control, que no recibió el tratamiento. Ese incremento de sinapsis inhibitorias fueron halladas en torno a neuronas del miedo que ya no se activaban en respuesta al estímulo detonante tras el tratamiento. Lo que esto sugiere respecto a BAT, que así parece funcionar como una extinción respondiente de baja intensidad, es que el cerebro del perro alumno pudiera procesar después las señales referentes al miedo, de un modo diferente. Podría haber un aumento del número de sinapsis que inhiben la respuesta del miedo. Un cambio en la estructura cerebral tiene sentido, porque en efecto, un cambio en la conducta sólo es realmente posible con algún tipo de cambio en el cerebro.

Otro mecanismo principal que actúa en BAT es la controlabilidad. La antigua versión de BAT usaba el refuerzo dado por el entrenador para dar al perro una sensación de control, pero la nueva versión hace que el animal esté en control de una mayor parte de las situaciones, sin necesitar refuerzos por parte del entrenador. BAT no es un procedimiento de extinción que se haga sobre el animal. *Un aspecto crucial de BAT es la controlabilidad en la exposición al detonante.* Existen incontables evidencias que demuestran que el nivel de predictibilidad y controlabilidad modula la experiencia del estímulo y el regreso del miedo tras la extinción (Thomas et al., 2012; Yang, Wellman, Ambrozewicz, y Sanford, 2011; Maier y Watkins, 2010; Baratta et al., 2007; Mechiel Korte y De Boer, 2003). De hecho, el control sobre los eventos aversivos mejora la extinción, previene el retorno del miedo, y *tiene un efecto protector cuando el animal se expone a futuros estresores,* como si presupusieran que el siguiente estresor también será controlable (Maier & Watkins, 2010; Maier, Amat, Baratta, Paul, & Watkins, 2006; Amat, Paul, Zarza, Watkins, & Maier, 2006). El efecto de la controlabilidad sobre la resiliencia también es aplicable a humanos (Hartley, Gorun, Reddan, Ramirez, and Phelps, 2013). Maier et al., (2006) sugiere que la percepción de la controlabilidad inhibe activamente la respuesta neural a los estresores en los mamíferos. Cuando los animales se sometían al mismo estresor variando únicamente la controlabilidad, la actividad cerebral era notablemente diferente:

(i) *La presencia del control se detecta en regiones del córtex ventral medial prefrontal (mPFCv).*

(ii) *La detección del control activa las respuestas del mPFCv al receptor de estrés en el tallo cerebral y las estructuras límbicas que inhiben activamente la activación inducida de esas estructuras. Más aún, una experiencia inicial con control sobre el estrés, altera la respuesta del mPFCv a posteriores estresores de modo que la respuesta del mPFCv se activa incluso si un posterior estresor es incontrolable, haciendo de este modo al organismo resiliente.*

Este incremento de la resiliencia debido a la controlabilidad es una de las muchas razones por las que recomiendo el uso de BAT con cachorros como rutina diaria cuando les presentamos a nuevas situaciones. Les permite realmente asimilar las cosas y controlar su propia experiencia, con lo que en futuros escenarios en los que no haya opción de control (como una visita de emergencia al veterinario), serán mucho más resilientes. Existen dos excepciones a esta regla: el guía debe intervenir para mantener a salvo, física y emocionalmente, al cachorro y los que interactúan con él, así como hacer uso del reforzamiento positivo para enseñar control de impulsos (autocontrol).

Un aspecto de la controlabilidad es la predictibilidad que supone saber que uno estará a salvo gracias a su propia conducta. Sin embargo, la predictibilidad no es la única razón por la que la controlabilidad tiene grandes efectos sobre la resiliencia (Maier and Warren, 1988), por lo que el aspecto de controlabilidad en BAT es útil. La predictibilidad por sí misma no es tan útil como la controlabilidad, pero añadir predictibilidad a las situaciones reduce el estrés (Maier and Warren, 1988). Si quieres añadir un elemento de predictibilidad al protocolo BAT, puedes enseñar una señal que indique la presencia del detonante, como "hay un perro". Puedes hacer esto diciendo tranquilamente "hay un perro", justo antes de que vea a otro perro, estando por debajo de su umbral.

Esto es especialmente útil para perros que enseguida se ponen a temblar o que tienen problemas para percibir al detonante hasta que ya se ha acercado mucho. Una desventaja práctica de esto es que tendrás que ser consistente al predecir la aparición de un detonante, y que la frase que utilices será otra señal más que ir retirando más adelante cuando el entrenamiento avance. También tienes que tener cuidado de que esa señal no ponga al perro en modo trabajo/obediencia. Por estos motivos, yo no incluyo una señal para la aparición del detonante en la versión estándar de BAT.

Yo creo que el nivel de controlabilidad, o *autonomía—la capacidad de controlar una situación basada en sus propias acciones—es el ingrediente activo en BAT.* La controlabilidad supone una gran diferencia en cuánto pueda aprender el animal haciendo BAT y lo bien que funcione.

En BAT, trabajamos a una distancia en la que el animal cómodamente explora su entorno y muestra cierto interés en el detonante a través solamente de conductas por debajo de su umbral. Esto es importante: al moverse en un entorno con el estímulo (detonante), el animal tiene la oportunidad de aprender que ese estímulo no tiene por qué evocar miedo y que él mismo tiene el control sobre la exposición que quiere tener a ese estímulo. En las puestas en escena, la naturaleza sigue su curso mientras el miedo se extingue y el animal aprende a conectar con el estímulo de un modo menos reactivo. Por ejemplo, los perros cuando comprueban el detonante por ellos mismos, a veces son lo bastante curiosos para acercarse y otras eligen alejarse. Según se mueven, aprenden que tienen libertad para actuar sobre esa situación. *Tienen opciones, pueden apartarse y relajarse o mostrar más curiosidad.* Puede que haya ocasiones en las que el perro se sienta mejor alejándose tras investigar al detonante. Situaciones que induzcan miedo deberían limitarse, pero girarse simplemente y alejarse no es un problema y no enseñará al perro que la evitación es la única opción.

De hecho, tener la opción de alejarse seguramente rebaje el nivel de estrés para el siguiente intento de aproximación. Imagina que eres claustrofóbico y te acabas de mudar a una casa con un ropero interior. Cuando aprendes que no hay posibilidad de quedarte encerrado dentro, que puedes salir cuando quieras, probablemente tendrás más ganas de entrar. Recibir esa información es una cosa, pero experimentarlo personalmente que es decisión tuya si quieres entrar, y que puedes salir fácilmente, puede darte más que un extra de confianza. En terapia humana, ha habido mucho debate sobre si practicar "conductas de seguridad" (conductas que te hacen sentir más seguro) es productivo para la terapia. Resulta que practicar conductas de seguridad no necesariamente interrumpe el proceso terapéutico, e incluso puede reducir el estrés y la recuperación del miedo (Goetz, 2013; Milosevic and Radomsky, 2008; Parrish, Radomsky, and Dugas, 2008).

Mientras trabajamos con nuestros perros e incluso a veces entrenamos específicamente conductas para afrontar sus miedos, deberíamos ser conscientes de qué tipo de habilidades le encaminan hacia la recuperación y cuáles no. Parrish, et al., (2008) escribió que las estrategias de control de la ansiedad de sus clientes parecían ser menos contraproducentes cuando:

1. Promueven un aumento de la autoeficacia,

2. No demandan demasiados recursos atencionales,

3. Permiten mayores conductas de aproximación e integración de información correctiva (mediante "experiencias de desconfirmación"), y

4. No fomentan falsas ideas sobre su seguridad.

Las habilidades aprendidas con BAT cumplen estos criterios. Si empleas otra técnica, comprueba si se ajusta a los criterios descritos. La conducta que tu perro está aprendiendo ¿hace que aumente su autoeficacia, en el sentido de satisfacer sus necesidades? ¿Requiere retirar mucha atención del entorno? ¿Inhibe las conductas de aproximación y recabar información sobre el detonante? ¿Le da una falsa sensación de seguridad, porque el objetivo es enseñarle que todos los perros/niños/personas son buenos y seguros, cuando luego no lo son? Si es así, quizá quieras buscar un modo de modificar la técnica para enseñar conductas que satisfagan las necesidades de tu perro de un modo más efectivo y fiable.

Goetz (2013) sugiere dividir las conductas de seguridad en dos categorías: conductas de seguridad preventivas, para evitar o reducir la intensidad de una situación, y conductas de seguridad recuperadoras que son intentos de restaurar la situación de vuelta a su estado deseado. La evitación estaría en la categoría preventiva, y el escape estaría en la categoría recuperadora.

Las conductas de seguridad preventivas interrumpían o perturbaban el proceso terapéutico, mientras que las conductas de seguridad recuperadoras no lo hacían.

Las conductas de seguridad recuperadoras pueden ser útiles para terapia, y las preventivas tienden a ser perjudiciales. Eso significa que si un perro tiene una experiencia con el detonante y continúa su camino, no tienes que preocuparte de que vaya a hacer que el perro se vuelva más miedoso. Por el contrario, la evitación completa, por ejemplo quedándose mirando al guía que le da premios tras haber apenas recabado algo o nada de información sobre el detonante, es una conducta de seguridad preventiva. En tus sesiones de entreno, reducir su nivel de estrés permite al perro usar más conductas de seguridad recuperadoras. Trabaja a suficiente distancia para que no haya necesidad de evitar y el perro pueda cómodamente conectar con el detonante.

¿Por qué llamarlo BAT y no terapia de exposición, desensibilización con controlabilidad, o extinción respondiente de baja intensidad?

BAT es una técnica específica que ha sido operativizada para animales no humanos, por lo que debe tener su propio nombre. Es una versión de la terapia de exposición, una categoría dentro de las terapias para la ansiedad humana, que puede incluir el hablar con el cliente, la visualización, etc., practicado cuidadosamente para evitar el estrés más allá de lo necesario. En BAT, el perro se desensibiliza de sus estresores, pero lo hace de un modo muy particular: haciendo que el perro tenga el control de la experiencia. Pero BAT no puede llamarse sólo desensibilización. BAT es un protocolo específico que operativiza una manera de aplicar el principio de desensibilización, del mismo modo que el entrenamiento con clicker es una manera de aplicar el principio del reforzamiento positivo.

El mismo argumento puede usarse para la extinción. Yo misma creo que una gran parte del aprendizaje con BAT puede atribuirse al *proceso* de extinción respondiente. Sin embargo, el *procedimiento* de extinción puede realizarse de maneras extremadamente estresantes e intrusivas, sin ninguna controlabilidad por parte del aprendiz. O puede realizarse cuidadosamente para evitar respuestas expresivas de miedo, y que impliquen un gran control por parte del aprendiz, como ocurre en BAT. Eso significa que tampoco podemos simplemente llamarlo "extinción respondiente".

Además de estas distinciones entre los principios y los procedimientos de extinción, es importante aclarar que BAT no versa únicamente sobre la extinción de una respuesta de miedo, sino que sirve para la frustración y la agresión. Llamarlo BAT no cambia los procesos empíricamente demostrados de extinción y controlabilidad, pero ayuda a especificar la operativización y la filosofía de la técnica.

La Dra. Susan Friedman (2009) creo una Jerarquía Compasiva de procedimientos, como se ve en la siguiente ilustración, para ayudar a los profesionales del análisis conductual aplicado, asesores de comportamientos, y entrenadores, a elegir la intervención para modificar una conducta. Esto sustituye el simple "¿funciona?" a la hora de evaluar una técnica y nos ofrece un modo de incluir aspectos éticos. El proceso de toma de decisiones sigue el camino del automóvil. Abajo aparecen las maneras menos intrusivas de provocar un cambio en la conducta. Arriba, observa cómo existen badenes que te harían pararte a pensar si esa intervención es realmente necesaria. Antes de recurrir al castigo positivo, por ejemplo, deberías recoger y analizar todos los datos y consultar con colegas, para estar seguro de que para ese individuo particular, otras técnicas menos invasivas no son efectivas. Tomarte esa pausa para analizar, seguramente te ayudará a encontrar una solución menos invasiva. Teóricamente, esta guía deja abierta la puerta al empleo de la fuerza, pero en la práctica puedes estar en la parte más baja de la gráfica porque existe una ingente cantidad de técnicas estupendas para modificar la conducta.

Observa cómo la Jerarquía Compasiva ordena las técnicas que empleará el humano para cambiar un comportamiento, no las eventuales consecuencias ambientales que no estamos facilitando nosotros. Los refuerzos, castigos, extinción, etc. espontáneos del entorno no se reflejan en la gráfica. No tienes que preocuparte de ser un entrenador poco ético si estás paseando y tu perro aprende a evitar un charco de barro para mantener sus patas secas.

Jerarquía de Procedimientos en Modificación Conductual

- Castigo Positivo
- Extinción Refuerzo Negativo y Castigo Negativo
- Refuerzo Diferencial de Conductas Alternativas
- Refuerzo Positivo
- Disposición de Antecedentes
- Salud, Nutrición y Estado Físico

2013 Friedman, Fritzler

La 'extinción' en esta gráfica es la operante, no la extinción respondiente (clásica).

En relación a la gráfica, BAT se enfoca en la disposición de antecedentes. Es el segundo nivel de la jerarquía, tras la modificación médica, nutricional, y física, que deberían siempre considerarse antes de hacer cualquier otra cosa para modificar la conducta. Modificar la disposición de antecedentes significa que orquestamos experiencias que evitan la detonación de la conducta reactiva y la emoción que estamos tratando de modificar. Esto permite a nuestros perros a experimentar la vida de una nueva manera. Cuando preparamos al detalle los antecedentes, el aprendizaje respondiente puede producirse, en forma de desensibilización. La controlabilidad es igualmente un aspecto importante de BAT. El aprendizaje operante que ocurre al practicar BAT no se da normalmente por los refuerzos provenientes del entrenador, sino de su propia interacción con el entorno. La función principal del entrenador es mantener la seguridad en una zona en la que el perro pueda sentirse cómodo explorando, sin apenas intervenir. El perro así es libre de moverse en ese espacio, teniendo el control sobre los refuerzos espontáneos del entorno. Cuando todo va bien, se obtiene acceso al detonante (R+). Si el escenario no es óptimo y el perro siente que necesita alejarse del detonante, también se lo permitimos (R-), o intervenimos un poco para provocar que se aleje (redirección, R- de escape, R+ de premios del entrenador). Por último, las conductas del guía pueden ser también refuerzos positivos. Por ejemplo, el perro inicia su "danza" y cuando avanza, el guía le sigue. Esto puede constituir una experiencia social positiva. Si el perro pide atención, el guía le refuerza con atención y le puede invitar a seguir una dirección. El guía también puede ocasionalmente felicitarle por desconectar del detonante.

Refuerzo Diferencial de conductas Alternativas (DRA): es un procedimiento en el que extingues una conducta retirando los refuerzos que tenía, a la vez que refuerzas otra conducta en su lugar. Como estamos construyendo una conducta alternativa, BAT puede verse como un procedimiento de DRA, aunque *el guía no emplea refuerzo diferencial.* En BAT, no empleamos la extinción operante, porque no es ético (ni útil, según la neurociencia) obligar a un perro a permanecer en una situación estresante sólo porque no está ofreciendo la conducta "correcta" para salir de ahí. Si el perro por ejemplo gruñe, aléjale del detonante. Aunque sólo se pretende calmarle, también puede estar reforzando los gruñidos. Es arriesgado, pero no es tan malo parece. Podemos diseñar nuestras puestas en escena para que gruñir (o realizar otra conducta similar) apenas se produzcan. De este modo, el perro recibirá muchos refuerzos por la conducta que queremos, y no muchos refuerzos de la conducta que tratamos de eliminar. Tiene un efecto similar al refuerzo diferencial, sin el estrés añadido y la falta de empoderamiento de la extinción operante.

Pensando más allá de los cuadrantes

No deberíamos decidir si un método es ético o no basándonos únicamente en los cuadrantes de la teoría del aprendizaje operante. Sinceramente, creo que es un atajo erróneo. Como seres inteligentes y empáticos, podemos esforzarnos un poco más en reflexionar. Éstos son algunos factores que te propongo para decidir si un método de entrenamiento es humanitario, aún empleando la presencia de estímulos aversivos:

- ¿Seguirá existiendo el estímulo aversivo tras el tratamiento?

- ¿Hay algún otro tratamiento efectivo que evite cuaquier tipo de aversivo?

- Si no existe, ¿es el nivel de exposición al aversivo al mínimo nivel posible para facilitar un aprendizaje eficiente?

- ¿La exposición al aversivo es activa o pasiva? (¿lo decide el sujeto o no?)

- ¿Puede igualmente el perro por sí mismo retirar el aversivo cuando quiera?

Abordaré cada uno de estos puntos en relación a BAT. Si usas cualquier otro tipo de métodos de entrenamiento que empleen el uso de aversivos (para pasear de la correa, protocolos para la reactividad, etc.), te recomiendo que revises esos métodos igualmente, aunque estés convencido al 100% de que son métodos humanitarios. Es una buena rutina para practicar periódicamente, según aparecen nuevos métodos de entrenamiento que pueden modificar las respuestas a las preguntas que he listado antes.

En relación a BAT:

¿Seguirá existiendo el estímulo aversivo tras el tratamiento?

No. El estímulo aversivo deja de ser aversivo cuando BAT se da por finalizado. El objetivo final de BAT es que el perro termine estando cómodo en presencia del (antiguo) detonante. No se trata de usar aversivos artificiales para modificar un comportamiento no deseado, como al enseñar una llamada usando un collar eléctrico, o usar un ronzal para levantar la cabeza del perro y cerrar su boca hasta que se calme. El único aversivo en BAT es el propio detonante: un estímulo que aparece para acostumbrar al perro al propio estímulo, es decir, enseñarle que ese particular estímulo ambiental aversivo es realmente benigno o agradable. BAT, al igual que otros métodos de rehabilitación de la reactividad como Control Unleashed y el contracondicionamiento con desensibilización sistemática cumplen este criterio, el cual es esencial para considerar un método como 'dog-friendly'.

¿Hay algún otro tratamiento efectivo que evite cualquier tipo de aversivo?

No. Todos los métodos que conozco para rehabilitar o prevenir la reactividad canina implican que el perro perciba el estímulo aversivo detonante. No podemos tumbarles en un diván para debatir sobre su relación con el resto de personas o perros. Tenemos que enseñarles mediante la experiencia.

Si no existe, ¿es el nivel de exposición al aversivo al mínimo nivel posible para facilitar un aprendizaje eficiente?

Sí. En una sesión BAT, el nivel de activación provocado por el estímulo detonante debería ser justo el de apenas ser percibido y en ningún caso sobrepasar el umbral de reactividad. Esto sucede también con otros métodos amables para la rehabilitación de la reactividad. Sin embargo, en BAT no se emplean tantos premios comestibles o juguetes en las sesiones, por lo que la atención del perro se centra en el ayudante. Por ello para conseguir el mismo nivel de ausencia de reactividad, el ayudante empieza a una mayor distancia en las sesiones BAT que en el resto de métodos amables.

¿La exposición al aversivo es activa o pasiva? (¿lo decide el sujeto o no?)

La exposición al detonante es extremadamente activa en BAT, salvo cuando específicamente se emplee la exposición pasiva al detonante al que el entrenador quiere habituar al perro. El perro-alumno dirige cómo acercarse del detonante, en lugar de presentarle el detonante al perro. La función del guía es evitar que el perro se exponga demasiado al detonante, como al acercarse demasiado. En sesiones para trabajar específicamente el Contraste Ambiental Repentino, la exposición es pasiva (por ejemplo un perro aparece tras una esquina), pero el perro-alumno sigue pudiendo moverse y la exposición es activa siempre que es posible. Creo que esta controlabilidad es una ventaja del modo de practicar BAT sobre el resto de diversos métodos amables

¿Puede igualmente el perro por sí mismo retirar el aversivo cuando quiera?

Sí. En BAT es esencial permitir que el perro pueda retirarse del detonante en cualquier momento. Es muy ventajoso llevar al perro con una correa larga en lugar de estar atado a un punto fijo o estacionario empleando exposición pasiva. En BAT el guía es responsable de observar cuándo el perro está incómodo. Como el perro no puede hablar nuestro idioma, la comunicación no es perfecta, pero el objetivo es permitir que el perro pueda evitar aquello que quiera evitar. Nota: si el perro no mira al ayudante o se niega a avanzar, es porque ¡te estás acercando demasiado! La belleza de BAT es que el perro aprende a tomar sus propias decisiones bajo tu supervisión, tanto si quiere crear un poco de distancia extra al detonante, como si quiere curiosear acercándose a él manteniéndose bajo el umbral de reactividad. La controlabilidad es algo esencial bajo nuestro cuidado. Darle la máxima controlabilidad para exponerse al detonante es necesario para que una técnica se considere 'dog-friendly' o humanitaria. Tener control sobre su nivel de estrés le empodera, y debería ser parte de cualquier protocolo para la reactividad, ya sea BAT o cualquier otra técnica. Tener el control de la propia seguridad crea optimismo aprendido, lo contrario de la indefensión aprendida. Ten en cuenta de que hay muchas maneras de forzar a un perro a una situación incómoda. La manera más obvia sería atar al perro o llevarle hacia el detonante con la correa. Pero incluso si usas premios, o tu propio movimiento, sin tirar de tu perro, puedes crear un conflicto. Aunque no le fuerces físicamente a acercarse al detonante, el valor de la comida que lleves o tu propia presencia puede inducirle a estar cerca de él, aunque desee realmente alejarse.

Algunos conceptos útiles de psicología

La psicología social investiga cómo nuestra especie se comporta como conjunto. Se fijan en las tendencias generales de lo que hacemos en relación al resto, en lugar de enfocarse en sucesos de la infancia o la situación personal de cada uno como haría un psicoterapeuta. Se trata de estudiar cómo otros seres humanos (reales o imaginarios) influyen en la conducta humana. Expondré algunos conceptos que veo relevantes para este libro porque pueden ayudarte a entender el por qué los clientes u otros adiestradores pueden mostrarse reticentes al cambio.

Disonancia Cognitiva. Es la sensación que tenemos cuando creemos al mismo tiempo en dos ideas que no pueden ser compatibles. Provoca una sensación desagradable sostener opiniones en conflicto entre sí, y las teorías de la disonancia cognitiva dentro de la psicología social, muestran que los humanos nos esforzamos al máximo en evitar este estado. Éstos son algunos ejemplos de ideas conflictivas:

- "Quiero adelgazar", "Adoro el chocolate" y "el chocolate engorda."
- "He usado collares de ahogo", "Entrenar con collares de ahogo es inhumano", y "yo soy una buena persona".
- "Entrenar sin premios es inhumano" y "¡Me gusta BAT!"
- "Si el perro se alejó del detonante, es porque se estresó" y "en un entrenamiento humanitario no debe haber nada de estrés".

La teoría de la disonancia cognitiva propone que la gente tiene una tendencia motivacional innata hacia la reducción de las disonancias. Se deshacen de las disonancias de distintas maneras. Una es simplemente evitar pensar en el conflicto. Así la persona que adora el chocolate, dejará de pensar que quiere adelgazar cuando esté comiendo chocolate. O puede que modifique su conducta o añada alguna creencia para que finalmente no haya ningún conflicto. Por ejemplo si añadimos un poco de ejercicio: "mi sesión de footing quemará las calorías del chocolate", o con un pensamiento fantasioso: "las calorías sólo cuentan si las comes estando sentado, así que ¡comeré de pie!" y de ese modo la disonancia se reduce. También se puede eliminar una de las ideas: "Estar súper delgada tampoco me importa", o modificar otra: "Un poco de chocolate en una dieta equilibrada no te engordará". Tenemos muchas maneras creativas de reducir la disonancia. Algunas eliminan por completo la disonancia y otras la reducen a un nivel aceptable.

En el segundo ejemplo puedes ver un ejemplo del dilema al que un entrenador puede enfrentarse tras descubrir el entrenamiento en positivo. Ver cómo el reforzamiento positivo produce resultados consistentes le hará darse cuenta de que los collares de ahogo no son necesarios. Si no son necesarios y producen dolor, ha estado entrenado de un modo inhumano. Pero sólo las malas personas hacen cosas inhumanas, ¡y él es una buena persona! Su cabeza está a punto de estallar a menos que se deshaga de esa disonancia cognitiva. Y en ese punto tiene al menos tres opciones para seguir pensando que es una buena persona: aceptar que se ha convertido en un entrenador "converso" y dejar de usar los collares de ahogo, convertirse en un entrenador "ambivalente" y eliminar la idea de que los collares de ahogo son innecesarios, o rechazar completamente su aprendizaje sobre el entrenamiento en positivo y volver a su antiguo modo de adiestrar. Si estás leyendo este libro, ¡espero que acabes eligiendo la primera opción!

Y ahora veamos el tercer ejemplo de ideas conflictivas. Una manera en la que he visto a la gente afrontar esta disonancia es simplemente añadir un montón de premios al hacer BAT. Desafortunadamente, eso realmente debilita el protocolo, porque el perro no tiene tanta libertad para tomar sus propias decisiones basándose en los refuerzos espontáneos del entorno. Al reforzar tú mismo con un premio, cambias el repertorio de conductas que el perro ofrecerá y su motivación. Si observas la Jerarquía de Entrenamiento Humanitario, el reforzamiento positivo no es la mejor opción. Las primeras medidas para cambiar una conducta deberían basarse en dar al animal control sobre su conducta. Los premios son geniales para iniciar conductas, pero no son la única manera para modificar conductas. De hecho, a veces dar premios puede estorbar en el proceso. Así que un modo de afrontar esta disonancia es eliminar la primera idea: los premios no son un requisito para un entrenamiento humanitario, de hecho no siempre juegan a favor del beneficio del animal.

La disonancia cognitiva en el cuarto ejemplo podría aliviarse es negar que el perro esté estresado, así que sólo se aleja porque quiere olfatear algo en el camino. Aunque a veces eso es lo que parece, no es siempre la verdad. Lo que sabemos es que el perro elige acercarse y elige también alejarse, sin mostrar signos evidentes de distrés. Es decir, actuó como cualquier otro perro. No podemos eliminar cualquier rastro de estrés de la vida de un animal. Nosotros no hemos añadido el miedo original, ni hemos añadido un aversivo innecesario. Estamos enseñando al perro a afrontar el detonante en su vida diaria. Lo más humanitario que podemos hacer es ayudarle a afrontar sus miedos, y eso implica enseñarle que su conducta puede tener un efecto positivo. La segunda idea puede rebatirse con una cita de la Dra. Susan Friedman: "[Ver] el nivel al que un procedimiento de inhibición de conducta preserva el control que tiene el aprendiz es esencial para el desarrollo de un estándar de lo que debe ser una práctica efectiva y humanitaria" (ver Recursos).

La ética es algo muy importante para mí. Espero que como profesionales podamos debatir sobre si, como entrenadores, hemos tomado el camino fácil al permitir que los cuadrantes de la teoría del aprendizaje (operante), un constructo, haya sustituido a un análisis crítico para decidir si una técnica es o no inhumana. Afortunadamente, sigo observando un cambio en el modo en que la gente piensa sobre esto. Creo que es importante tener un criterio con el que poder juzgar el uso de un método de entrenamiento en una situación particular, para que trampas como la disonancia cognitiva no nos convenza de que el entrenamiento que hacemos es humanitario cuando no lo es. Sin embargo, creo que también es importante asegurarnos de que esos criterios están actualizados, para que al aplicarlos, el resultado sea coherente con nuestra ética. Mi modo actual de valorar si el uso de aversivos es ético está expuesto en el apartado anterior. El contracondicionamiento y otras técnicas amables de entrenamiento usan los mismos estímulos que empleamos en BAT, aunque normalmente a unas distancias iniciales más reducidas. BAT se muestra ventajoso en comparación con esas otras técnicas en el plano ético, incluso aunque el principio de Premack nos diga que existen refuerzos positivos y negativos del entorno (cuando el perro se mueve tras recabar información). BAT usa el mismo nivel de estimulación que otras técnicas amables y le da al perro un mayor control sobre su capacidad de conectar o desconectar con otros perros o personas.

Error Fundamental de la Atribución. Cuando nos comportamos de un modo determinado, tendemos a pensar que lo que hacemos está justificado, aunque luego se vea que fue un error (a menos que estemos deprimidos). Cuando otra persona comete un error, tendemos a atribuirlo a su personalidad. Ahí estamos cometiendo el error fundamental de atribución.

Por ejemplo, imagina que vas de paseo y tu perro defeca en el jardín de un vecino. De repente, te das cuenta de que no llevas bolsas, así que tomas nota para volver más tarde para recogerlo. Tú sabes lo que acaba de ocurrir y que tu decisión está basada en lo que acaba de ocurrir. Pero el vecino ve cómo te alejas sin recoger las heces y te dice que eres un propietario maleducado y vago. Tú sabes que tu conducta obedecía a unas causas, pero el vecino asumió que la causa se debía a un defecto personal.

Según investigaciones de la psicología social, la gente tiende a buscar defectos personales para explicar la conducta, en lugar de buscar explicaciones situacionales. Es casi lo opuesto al análisis funcional de la conducta, y es la razón de que los perros sean etiquetados como "dominantes" o "tercos" en lugar de "poco socializados" o "poco motivados". Para nosotros y nuestros allegados tendemos a crear explicaciones situacionales (salvo que tengamos un conflicto con ellos en relación a la conducta). Con otros, tendemos a despreciarlos por completo por suponerles algún defecto fundamental. Un ejemplo muy claro es que seguro tienes una explicación cuando tu perro ladra en un paseo, pero si otro perro lo hace pensarás que es un mal perro o que el dueño es un imbécil por pasear tan cerca de tu perro. El error fundamental de la atribución también se manifiesta cuando empleamos el calificativo de "perro agresivo" en lugar de la descripción conductual de "perros que ladran, gruñen o muestran los dientes en respuesta a los detonantes X, Y y Z". El primero es una atribución personal, y el segundo es una descripción más útil, que atiende al comportamiento y la situación. Yo soy tan culpable como el que más por usar la etiqueta "perros reactivos", "perros agresivos", "perros miedosos", etc., porque esas expresiones son mucho más cortas y sencillas de decir. Pero debes ser consciente de lo que significan cuando emplees ese tipo de adjetivos. La Dra. Susan Friedman, Chirag Patel y Ken Ramírez hacen exposiciones estupendas sobre la necesidad de "desetiquetar" a nuestros perros. Susan ofrece imágenes descargables en varios idiomas en su website para la campaña "Desetiquétame" (ver Recursos).

Escribo sobre esto aquí por dos motivos. Primero, debes asegurarte de encontrar explicaciones situacionales para la conducta de tu perro (y usarlas luego para entrenar conductas alternativas). Esto empodera al guía y al perro: podrás modificar el entorno, y de ese modo la conducta. Sin embargo, los defectos personales van adheridos a cada uno, por eso nos rendimos y no tratamos de cambiarlos. En segundo lugar, el error fundamental de la atribución también aparece cuando juzgamos a otros entrenadores. Los entrenadores "en Positivo" tienden e ver defectos personales en los entrenadores "tradicionales" que emplean el castigo físico, pensando que son seres crueles o inhumanos, demasiado estúpidos para aprender un entrenamiento mejor y más moderno. Análogamente, los entrenadores tradicionales tienden a pensar en defectos personales en los "lanzadores de salchichas", pensando que somos gente sensiblona que no tiene estómago para afrontar el auténtico adiestramiento. Ambas partes opinan que su conducta está perfectamente justificada, y que el otro está dañando al animal, por lo que no empatizamos, ni buscamos puntos en común. Aunque no siempre me fío de las explicaciones que otras personas me dan sobre su comportamiento, el pensar que no tienen por qué tener un defecto de personalidad me ayuda a tender un puente de entendimiento. Cada uno de nosotros tenemos alguna justificación que puede ser difícil de superar, debido a disonancias cognitivas como las que he descrito antes. Saber eso nos permite empatizar con el otro y nos da la opción de construir juntos un mundo mejor.

APÉNDICE 4

Entrenadores y Clientes: testimonios sobre BAT

Dejaré las últimas páginas a algunos de los entrenadores vanguardistas y propietarios que con dedicación han empleado BAT. Creo que es lo correcto, porque sin el interés de mis alumnos, ¡no me habría inspirado para escribir este libro! Los siguientes artículos son distintas interpretaciones de mis peticiones deliberadas de pequeñas anotaciones sobre sus experiencias con BAT. Esos escritos vinieron de todo el mundo.

Estoy muy agradecida de que tanta gente se tomara el tiempo de compartir sus experiencias con BAT para este libro. Por lo que sé, las personas que enviaron sus textos para este apéndice son grandes entrenadores. Sin embargo, al no haber revisado su trabajo al 100% ni haberles visto trabajar con clientes, no puedo decir que sea una lista de entrenadores recomendados. Los Instructores Certificados BAT (CBATIs) sí son entrenadores y asesores de comportamiento que han sido examinados detalladamente, por lo que puedes trabajar con confianza con cualquier CBATI mencionado a continuación o cualquiera que encuentres en el directorio de CBATIs en GrishaStewart.com.

Este apéndice es una muestra del método BAT en sí mismo, y un ejemplo de las maneras en que la gente lo ha usado con éxito.

El progreso de Emmy con BAT fue un trabajo de equipo
Dennis Fehling, CBATI, CPDT-KA, TTouch1, Redmond, Oregon, USA, friendsforlifedogtraining.com

Darle control sobre su movimiento ha sido lo que ha cambiado todo. Emmy es una gran pastora alemana de pelo largo. Mis clientes se mudaron desde Olympia Washington el año pasado e inmediatamente empezaron a trabajar conmigo la reactividad de Emmy y con mi esposa Pam Bigoni para trabajo de detección. Desde que empezamos, Emmy ha hecho grandes progresos en ambos campos. Ha conseguido si título de grado 2 en detección y ha trabajado con muchos perros diferentes su reactividad. En los últimos meses, Emmy incluso ha podido ayudar a otros clientes y sus perros, haciendo de ayudante. Cada vez que la veo, sus dueños me cuentan que sus interacciones con otros perros van a mejor. De hecho la última vez había tenido 3 encuentros con perros sueltos que corrían hacia ella, y se dio la vuelta alejándose. Ha sido genial trabajar con mis clientes y han tenido una mentalidad muy abierta durante todo el proceso. Puedo decir con franqueza que en todo el tiempo que hemos estado trabajando Emmy sólo ha tenido un episodio de reactividad, lo que hay que atribuir al tiempo y dedicación de mis clientes y su voluntad de atender las necesidades de Emmy. También me enorgullece el hecho de que cuando Emmy va a sus pruebas de olfato, todo el mundo comenta lo tranquila que está alrededor de otros perros y cuánto ha mejorado su concentración en el trabajo. En las sesiones BAT nos aseguramos de trabajar en multitud de lugares diferentes y con perros de distintos tamaños y formas, y nos aseguramos de que Emmy tuviera el control de sus sesiones en relación a decidir cuándo había trabajado bastante. Sinceramente, creo que esto es lo que más ha influido en su progreso. Tengo que agradecer a mucha gente y a muchos perros por el avance de Emmy y su mejora continua.

Emmy se ha convertido en una historia BAT de éxito por muchas razones y sigue haciendo grandes avances. Finalmente gracias a Grisha Stewart por traernos BAT y darnos un nuevo conjunto de herramientas que están ayudando a los perros y personas de todo el mundo.

Una nota de Gina: tuvimos un momento BAT precioso estando de acampada. Muchos dueños creen que tienen a sus perros bajo control verbal pero cuando aparece algo demasiado tentador, ¡los humanos pierden!

Emmy ha hecho grandes progresos con BAT.

Estábamos los cuatro paseando, y un hombre abrió su tienda de campaña. Su Shar Pei salió corriendo a todo gas hacia Emmy y Travis. Travis se lo encontró primero y Emmy decidió seguir caminando. El dueño puso una débil excusa...¡no encontraba su correa! El Shar Pei siguió acercándose a Emmy. Ella paró, un poco asustada, pero se olisquearon, y no hubo gruñidos ni ladridos. El dueño llegó hasta su perro y se lo llevó, y Emmy siguió su camino. Hace un año estoy segura de que su reacción habría incluido gruñidos y ladridos. ¡Estuve tan orgullosa!

Armonía y comunicación

Katie Grillaert CBCC-KA, CPDT-KA, CBATI, Fetch Dog Training and Behavior Minneapolis, MN, USA, fetchmpls.com

Ahora me es difícil recordar algún momento en que no enseñaba BAT a mis alumnos. Nuestro programa de rehabilitación se ha transformado, y presenta un mejor soporte incluso a nuestros estudiantes. También usamos BAT como herramienta preventiva en nuestra educación para cachorros, perros tímidos, e incluso las clases de modales básicos. Se podría decir que BAT es ahora parte de nuestra cultura, con beneficios fabulosos tanto para nuestros alumnos humanos como caninos.

Tengo un momento favorito haciendo BAT. Siempre hay un momento particular en que el guía y su perro comparten un precioso "¡Eureka!". El perro se da cuenta de que tiene el poder de tomar decisiones sobre su entorno (si hoy se siente confiado, o si necesita un poco más de tiempo o espacio) y su guía descubre que es capaz de reconocer y comprender incluso las sugerencias más sutiles de su perro. Existe armonía, y hay comunicación. La alegría compartida es palpable.

Técnicas que preservan la carrera de perros de competición

Molly Sumner CDBC, CPDT-KSA, CBATI, CWRI, Frenchtown, NJ, USA, kindredcompanions.com

Escuché por primera vez sobre BAT cuando mi perro de competición en obediencia (un Shiva Inu llamado Mashi) se volvió reactivo junto a otros perros. Había sido atacado en varias ocasiones y se ponía muy nervioso en entornos de competición. Incluso sin perros alrededor sus nervios le traicionaban y salía corriendo del ring o se ponía a olfatear hasta que nos eliminaban. En otros casos se abalanzaba hacia perros que le miraran o le gruñeran.

Tres años después Mashi es un perro diferente. Está alegre, dispuesto, y relajado. Es confiado y puede sentarse o tumbarse en línea junto a otros 12 perros mientras yo desaparezco de su vista en el ejercicio de la permanencia. El milagro que dio la vuelta a todo

obediencia, gracias a BAT.

fue BAT. Como muchos protocolos de modificación de conducta usan marcadores, o técnicas operantes, Mashi entraba enseguida en "modo obediencia" y no se beneficiaba de poder relajarse o dirigir su conducta. También activaba su estrés al estar "entrenando" junto a los detonantes. En lugar de arreglar el problema, parecía empeorar. Y entonces cambiamos a BAT.

BAT usa una desensibilización natural lo cual permitía a Mashi observar los detonantes, a su ritmo y con su estado emocional, y le empoderaba al darle control de sus interacciones. Con el tiempo se sentía cómodo observando y desconectando de los detonantes y eventualmente incluso les buscaba con cierta curiosidad y confianza. Desde que usamos BAT mi perro no sólo disfruta de la competición de nuevo, sino que además disfruta de la compañía de perros calmados y educados. Es más de lo que hubiera esperado jamás.

BAT ha sido un milagro para Sam
Sally A. Bushwaller, CPDT-KSA, CNWI, Chicago, Illinois, USA, bushwaller.com

He usado con éxito BAT y los refuerzos funcionales para tratar a algunos perros rotos. Un perro en particular, un mestizo de Pit bull al que llamaremos Sam. En febrero de 2011 comenzamos a trabajar con él. Sam había pasado mucho tiempo en una protectora y había mordido a un trabajador del centro (recibiendo sutura). Otro voluntario desarrolló cierta relación con Sam y le adoptó, convencido en ayudarle. Además de hacia las personas, Sam era reactivo con perros.

Al principio Sam no podía mirar a otro perro a menos de 20 metros sin reaccionar. También reaccionaba con la gente que se encontraba durante los paseos, especialmente los más "raros". Empecé a hacer sesiones BAT con Sam y su dueño, utilizando a mi propio perro como ayudante. En cada sesión había una gran mejora. Tras apenas cuatro sesiones nuestros perros podían pasear en paralelo y luego encontrarse con una valla entre ellos y finalmente sin valla. A partir de ahí la mejora fue acelerándose. En poco tiempo Sam estaba paseando al lado con uno o dos perros amigos y su propietario le permitía pasear sin la correa junto a perros del vecindario. Ya hemos hecho 11 sesiones BAT 1.0. Las últimas cuatro en parques caninos. No entramos sino que trabajamos fuera de la valla. Sam puede hoy sortear casi a cualquier perro que se acerque a él sin reaccionar, incluso aunque el perro le ladre un poco. Aún estamos trabajando las apariciones repentinas de perros, pero incluso así se nota el progreso. el propietario dice que ha notado un cambio milagroso en su perro, realmente es un perro diferente al que tenía hace unos pocos meses. Ya apenas tira en los paseos, porque está mucho más tranquilo y relajado. Todos están asombrados con su progreso. Durante este proceso, la reactividad de Sam hacia las personas ha desaparecido prácticamente porque su dueño trabajó BAT cada vez que su perro se fijaba en alguien durante los pases. Es un cliente ideal, lleva un registro de las interacciones con otros perros y usa BAT en todos sus paseos y con cada perro que encuentran. Gracias a su gran corazón y dedicación con BAT, un perro que era imposible de dar en adopción ha sido rehabilitado. Actualmente sigo empleando BAT casi a diario, y prefiero usar la versión más orgánica 2.0 cuando el entorno lo permite.

Clientes felices y orgullosos.
Katrien Lismont, TTouch Practitioner, CumCane Trainer, CBATI Bretzfeld, Germany.

BAT es para mí la guinda sobre el pastel del entrenamiento en positivo para perros con reactividad con la correa. Es como enseñar al perro a volver a casa sin GPS. Sin grandes marcadores, sin grandes intervenciones, sólo ligeros movimientos dentro del entorno, perfeccionando las delicadas técnicas de correa, haciéndonos menos visibles y menos importantes como un escolta. Nunca vi un entrenamiento tan empático y que empodere tanto al perro para afrontar los encuentros con los detonantes. Le enseña al humano a leer su perro desde atrás de su cabeza y a modificar las emociones poco a poco tanto en el perro como en el guía. En cuanto incorpore el entrenamiento con bar en mi centro la reactividad se ha reducido dramáticamente consiguiendo clientes felices y orgullosos porque sus perros sienten que alguien les entiende.

¡Gracias Grisha!

BAT salvó la vida de mi perro
Yvonne and Stan, California, USA

Este texto es para dar las gracias de parte de una aficionada que tenía a un perro fuera de control. Hace ya casi cinco años que mi marido y yo adoptamos algún cachorro de cuatro meses de edad. Como no teníamos experiencia previa con perros, no vimos las señales de ansiedad y disconfort en los paseos. Eso también nos habría ayudado a detectar los signos sutiles del perro de un vecino que mordió a nuestro cachorro en la cara, y no habríamos confiado cuando nos dijo que su perro era amigable, sino que habríamos propuesto presentarles frente a nuestra casa atados. Así que terminó siendo un desastre. Nuestro perro arremetía rápidamente contra otros perros, y también sin previo aviso saltaba sobre las personas que estaban demasiado cerca.

Sin la correa siempre ha sido un cielo, pero con la correa se transformaba en un diablo. Un vecino nos aconsejo contactar con un adiestrador muy caro que nos enseñó a utilizar un collar de ahogo. No hace falta decir que eso aumento la ansiedad de nuestro perro al límite. Aprendió que tenía motivos para estar asustado Y yo ni siquiera podía controlarle con el collar de castigo. Se atragantaba y tosía y yo tenía miedo de dañar su tráquea. Fue horroroso, y lo hicimos durante 4 meses. Mi marido empezó a odiar a nuestro perro, y yo transpiraba adrenalina y a veces lloraba en los paseos. Y nuestro pobre perro sufría. Desesperadamente busque una solución por internet, y te encontré. Decir que tu trabajo ha ayudado a nuestro perro y a nosotros enormemente sería decir poco. Honestamente creo que encontrarte le salvó la vida (y la nuestra). Vivimos en un vecindario lleno de perros en el que nuestro perro siempre estaba en la zona roja. Ya no sabía qué hacer. No podía pensar en dejarlo en la protectora donde finalmente fuera eutanasiado. Si hubiéramos tenido una finca probablemente habría dejado de sacarle de paseo. Tenía que encontrar alguna solución, Y tú nos salvaste. ¡Gracias!

No puedo decirte lo agradecida que estoy por tu trabajo. Tu enfoque iba en contra de todo lo que había aprendido sobre perros, y sin embargo intuitivamente tenía sentido para mí. Desde el primer momento en que lo probamos, cuando paseamos fuera y le permitimos olfatear el aire todo el tiempo que quisiera (varios minutos) y decidiera en qué dirección quería moverse, supimos que estábamos en el camino correcto.

Gracias por tu trabajo. Estaremos siempre agradecidos.

Un antiguo "Demonio"

Mikey aprendió a tomar sus propias decisiones

Anita y Mikey, Bend, Oregon, USA

Mikey es un pastor australiano toy de unos 12 años. Era un perro adoptado sin historial conocido aparte de haber estado un mes en la Dallas Humane Society. Estaba totalmente anulado, pero cuando se animó, vimos que tenía un gran instinto de pastoreo y que era reactivo con otros perros. Se ponía nervioso, corría hacia ellos, y les ladraba en la cara. Yo temía que algún día otro perro le respondiera ¡y le arrancara el hocico!

Antes de conocer BAT, trabajamos con un asesor veterinario que había probado lo mejor y más actual en entrenamiento canino. Le dábamos premios por mirar a otros perros y le llevábamos a clases con otros perros reactivos. Durante una sesión Mikey fue atacado brutalmente (sin provocación) y herido gravemente por un perro de tamaño medio cuando su dueño soltó su correa. Detuvimos las clases. Mikey se recuperó y varios meses más tarde nos mudamos a Bend y nos presentaron a Dennis Fehling y el protocolo BAT. En nuestra primera sesión, el umbral de Mikey estaba en unos 300 metros. No sabía qué hacer y se quedaba paralizado (sin andar, sin olfatear, nada, sólo esperaba que yo le dijera qué hacer). Con el tiempo, aprendió que está bien olfatear y tomar decisiones por sí mismo. De hecho le gusta tanto olfatear que también va a clases de olfato donde le llaman "el conejo de duracell" porque nunca abandona una búsqueda. Pero eso es otra historia.

Su vida ha mejorado enormemente gracias a BAT. Está más relajado y es más manejable en los paseos. Está más tranquilo y ya no está hipervigilante buscando otros perros. Hemos aprendido técnicas que ayudan a distraerle, o escapar de situaciones imprevistas que antes hubieran provocado su reactividad. La semana pasada durante una sesión, Mikey estaba tan relajado que pudimos sentarnos a disfrutar del día a unos 25 metros del perro ayudante. Y sigue haciendo progresos.

Paseando entre nubes

Laura Monaco Torelli CPDT-KA, KPACTP, Directora de Entrenamiento en Animal Behavior Training Concepts Chicago, Illinois, USA, abtconcepts.com. Enviado al foro de Yahoo FunctionalRewards.

Nota: Este caso habla sobre BAT 1.0.

Hoy fue uno de esos días que te hacen recordar por qué amas ayudar a las familias y sus cachorros. Voy caminando sobre las nubes, y quiero compartir lo que la sesión de hoy significa para mí y uno de mis clientes aquí en Chicago. Nos encontramos hace un año y medio tras haber rescatado a un mestizo de Ridgeback de una casa donde le maltrataban. Llegó la calma tras la tormenta: el periodo en que llega a un hogar seguro y encuentra comida saludable, descanso apacible, acceso a agua limpia, afecto amable, paciencia e interacciones agradables en su nueva familia. Ya no estaba en un entorno impredecible y volátil que le había puesto en modo supervivencia por no sabemos cuánto tiempo. Según pasó el tiempo, sus problemas de comportamiento fueron surgiendo, y me contactaron para buscar ayuda. El video que me remitieron de su reactividad con personas era escalofriante. Ha llevado siempre (aún hoy lo hace) equipo de seguridad y requiere un manejo muy cuidadoso debido a su rápida activación y sus embestidas cuando me ve. La dueña es realmente una de los mejores profesoras que he visto. Su paciencia y dedicación con su perro es algo más que admirable, y su empatía a veces me deja sin palabras. Es la causa principal de que su cachorro haya progresado tanto.

Tras mi primera evaluación le remití a nuestro asesor de comportamiento en Chicago, el Dr. John Ciribassi. Entre ambos abordamos el lento y firme proceso de recuperar al perro.

Tras algunas pruebas, mi cliente me dio una clave, que su perro se sentía más cómodo en presencia de una persona nueva, si ésta estaba paseando algún perro amigo por el vecindario. Así que junto con la medicación, el entrenamiento con clicker, la obediencia básica y la ayuda de una preciosa hembra mestiza, fui capaz de acercarme a su perro como nunca antes.

El añadir a esa hembra como ayuda fue algo lento también. Soy muy conservadora debido a mi formación en zoos y acuarios, y a trabajar con grandes animales que requieren grandes medidas de seguridad. Y me sentí muy agradecida de que mi cliente entendiera por qué nos enfocábamos en que el perro estuviera por debajo de su umbral en todo lo posible. Hacíamos nuestras sesiones en entornos controlados exteriores como parkings locales, hacíamos reuniones previas y posteriores a la sesión, y hacíamos que un amigo grabara la sesión, se asegurara que el perro estuviera cómodo y relajado, y que todos estuviéramos a salvo.

Combinando e integrando BAT en nuestro plan global de tratamiento resultó ser un factor crítico para el éxito de este perro con su guía, y para nuestro éxito como equipo terapéutico para ayudarles a superar la situación.

Tras 3 meses sin vernos, hoy preparamos otra sesión. Quedamos en el parking local (¡sin necesidad de ayudante canina!) y comenzamos nuestros ejercicios. Fue digno de ver. Mi cliente asumió nuestro plan como una obra de arte. Le había enseñado a su perro a ofrecer una comunicación canina excelente estando bajo su umbral , a tomar elecciones que ahora puede controlar, y a mostrar hermosas conductas estándar que evitan que suba en la escala de reactividad. Así que al finalizar la sesión, me permitió ir a su casa, mientras el perro estaba sin correa, el cual se puso a jugar con su pelota en su cama. Decidió dejarme entrar en su casa, decidió alejarse de mí y ponerse a jugar con su juguete favorito...tomó excelentes decisiones con una mínima presión social por mi parte. Estaba relajado.

Siempre le digo a mis clientes que nuestro objetivos tienen que ser divertidos así que repetimos las conductas de enseñar y gestionar positivamente a nuestros perros. Algunas familias acaban exhaustas emocionalmente porque sus intentos de pasear a su perro en el pasado les ha castigado a través de la conducta problemática de sus perros. Así que dejan de intentarlo y nada cambia a mejor.

Pero hoy fue una sesión magnífica para mí, para nuestro cliente, y su perro a muchos niveles. La belleza conjunta de los conceptos fundamentales, el entrenamiento básico y la colaboración veterinaria se hizo visible.

Un práctico programa de entrenamiento para los dueños

Teoti Anderson, CPDT-KA, KPA-CTP, Entrenadora y Propietaria de Pawsitive Results, LLC, Anterior Presidenta de la APDT, autora de: DogFancy Ultimate Guide to Dog Training, Animal Planet Dogs 101 Dog Training, Puppy Care and Training, y Super Simple Guide to Housetraining. Lexington, South Carolina, USA, getpawsitiveresults.com

Nota: Este caso habla sobre BAT 1.0.

Había escuchado hablar sobre BAT y había leído algo sobre otros entrenadores que lo usaban con éxito para sus perros reactivos. Compré el DVD de Grisha y disfruté aprendiendo sobre el protocolo. Enseguida supe cuál sería un excelente candidato para ponerlo en práctica: el inseguro Dóberman adolescente de un cliente.

Este perro había pasado ya por muchas de mis clases de Modales en Familia y se le daba muy bien la obediencia, pero era tremendamente inseguro. Sus detonantes eran las personas desconocidas, amplificado en nuevos entornos. También reaccionaba con otros perros pero acababa animándose y jugaba con ellos después de presentarse. Cuando veía a un desconocido gruñía y se abalanzaba tirando de la correa, pero luego se alejaba. A menudo se ponía detrás de su dueño. También gruñía a las hijas pequeñas de la familia y había mordido a una de ellas.

Las entrevistas revelaron que el perro ya era miedoso de cachorro, y que las niñas le arrinconaban a menudo al tratar de jugar con él. También supe que el perro había tomado buenas decisiones tratando de evitar confrontaciones, pero los dueños no se habían percatado. Parecía que el perro tenía un umbral muy bajo para las interacciones a corta distancia y cuando se rebasaba, gruñía como advertencia y trataba de huir. Si era imposible escapar, entonces se abalanzaba y mordía.

Aunque el dueño estaba muy afectado y frustrado, era uno de esos clientes con los que adoras trabajar. ¡Realmente quería a su perro y deseaba trabajar! Pensé que sería una buena oportunidad para probar BAT.

En la primera sesión, les hice una introducción sobre el clicker. Calentamos motores clickando al perro cuando hacía contacto visual. Luego en nuestra primera puesta en escena, mi asistente bajó por las escaleras en la casa. Esto había sido un detonante en el pasado con invitados y familiares. Cuando el perro percibió a mi asistente y miró a su dueño, éste clickó y ágilmente se alejaron de las escaleras hacia la cocina. En pocos minutos, el perro era capaz de acercarse a mi asistente sin reaccionar.

Repetimos esto en varias sesiones diferentes, con diferentes ayudantes haciendo de "desconocidos", dentro y fuera de casa. En cada sesión el perro mejoraba más y más rápido. Los días que yo no iba, el cliente trabajaba con su perro en casa y en el vecindario, y notificaba considerables mejoras. Nuestra última sesión fue en el parque, con bastantes distracciones. Aunque rebasamos el umbral algunas veces por nuestra incapacidad para controlar el entorno, cada episodio fue breve, y con una rápida recuperación. ¡Yo estaba muy orgullosa de su progreso! Aunque el dueño sabía que era un trabajo a largo plazo, estaba muy contento con los resultados.

BAT resultó ser un excelente programa para este equipo:

Me gustó mucho el uso del clicker como marcador para indicar al pero la conducta que buscábamos. Fue mucho más fácil para mi cliente identificar la conducta objetivo, y ayudó a alejar sus pensamientos de la frustración por las conductas agresivas de su perro.

Al permitir que el perro se aleje de los "peligrosos desconocidos" le ofrecía una recompensa adicional para la conducta buscada, ya que la distancia ofrecía más confort que la cercanía al "peligro".

Al moverse con agilidad, permitía a este adolescente y atlético manojo de nervios drenar su energía de un modo más adecuado. ¡Era feliz alejándose! Empezó a buscar el momento de correr, y como resultado, su lenguaje corporal se relajó notablemente hasta incluso ofrecer conductas de juego. Usamos premios al principio del programa, pero luego vimos que correr era más reforzante para este perro en particular.

Aunque yo comprendo la ciencia que hay detrás del protocolo, mi cliente no necesitaba saberlo para poder practicar en casa y ver resultados. Esto es algo vital para mí. Al cliente no le beneficia nada si soy yo la única que puede realizar la terapia. Es cierto que como profesional yo soy más consciente de los entornos y puedo preparar escenarios más eficazmente, pero éste es un programa muy práctico también para los dueños.

Antes de empezar BAT, el dueño estaba planteándose buscar otro hogar para su perro. Tras nuestras sesiones entendió que la agresión de su perro estaba causada por el miedo, aprendió a reconocer cuándo estaba incómodo, y BAT le dio una manera de enseñarle conductas más adecuadas. ¡Siguen siendo un gran equipo!

Protocolo principal para la reactividad.

Andre Yeu, Entrenador y Propietario de When Hounds Fly. Toronto, Ontario, Canadá, whenhoundsfly.com

Uso BAT 2.0 constantemente. Oí hablar sobre BAT la primera vez en otoño de 2009. En ese momento llevaba ya 3 años trabajando la reactividad de mi Beagle Duke. Antes de BAT había estado usando principalmente métodos de condicionamiento operante con refuerzos comestibles (ejercicios como "Mírame" y "Mira") reforzando a Duke por saludar educadamente a otros perros. Había obtenido buenos resultados durante esos 3 años. En ese período, Duke incluso asistió a clases grupales en centros caninos concurridos, y no iba mal, aunque necesitaba mucha supervisión.

Cuando empecé mi propio negocio canino, enseñé a otros dueños de perros reactivos los mismos ejercicios que yo aprendí: métodos operantes con premios comestibles. Con casi todos los perros, los dueños se entusiasmaban al ver los resultados. Algunos perros mejoraban milagrosamente en cuestión de semanas, tanto que sus dueños podían llevarlos a cualquier sitio sin preocuparse por la reactividad. Aunque yo me alegraba por ellos, seguía sin saber por qué no fui capaz de conseguir los mismos resultados con Duke. Así que seguí buscando.

Esa búsqueda me llevó casualmente a dar con BAT. En un descanso de un seminario de la Karen Pryor Academy me lo explicaron brevemente. Buscando online llegué a la página de Grisha, y el resto es historia. Desde que incorporé el Entrenamiento para el Ajuste del Comportamiento a mis herramientas, se ha convertido en el protocolo principal que uso y recomiendo para tratar la reactividad. Con BAT he conseguido los mejores avances ayudando a perros reactivos. Creo que aquellos perros que apenas avanzan con contracondicionamiento clásico puro, o métodos operante con comida, encontrarán su salvación en BAT.

Lo que más me gusta es que le ayuda al perro a reaprender las conductas naturales de petición de espacio. Tras años de entrenamiento con premios, un perro reactivo puede terminar paseando junto al guía al lado de decenas de detonantes. Eso es ciertamente liberador para el guía, pero para mí, siempre pareció algo muy mecánico para el perro. En cambio, en una o dos sesiones con BAT, vemos a perros ofrecer un abanico de conductas: giros de cabeza, relamerse el hocico, olisquear, bostezar, rascar el suelo, sentarse, tumbarse, y muchos más. Igualmente la ausencia de comida obliga a los guías a no engañarse sobre el umbral real de su perro, y empezar a trabajar desde ahí, en lugar de empezar fingiendo un umbral mayor enmascarado por el uso de comida. En los últimos años, mis clientes y yo miso, hemos celebrado muchos éxitos gracias a BAT. Un Schnauzer mini que no había visto a otro perro en más de dos años, puede ahora visitar al perro de su vecino corriendo y hacer amigos. Un mestizo de Bichón Maltés que solía dar una voltereta en el aire al ver a otro perro, ahora puede pasear al lado de otro perro aunque ladre o gruña. Y mi perro Duke, que decide seguir olisqueando felizmente cuando perros que antes le abrumaban pasan de largo.

BAT crea un ambiente de confianza entre perro y guía

Casey Lomonaco, KPA CTP, Rewarding Behaviors Dog Training, rewardingbehaviors.com Endicott, New York, USA

Esto fue escrito para BAT 1.0 pero es válido también para BAT 2.0

¿Por qué me gusta tanto BAT? Pensé en ello cuando Grisha me dijo que publicaría su nuevo libro. Hay varias razones por las que me gusta usar esta técnica con mi perro y con los de mis clientes. Entre ellas éstas:

Le da al dueño un incentivo para aprender a leer el lenguaje corporal de su perro. Cualquier entrenador te dirá que es una destreza imprescindible y es la base para crear empatía y una relación con un animal de cualquier otra especie. Cuando mis clientes dicen: "Desearía que mi perro pudiera hablarme", ven que BAT les enseña que los perros ya nos hablan en un lenguaje que pueden aprender a comprender y usar para su beneficio.

Crea una relación y un ambiente de confianza entre perro y guía. Al igual que en otras técnicas de entrenamiento amables, elimina las barreras de confrontación creadas por el adiestramiento tradicional mientras empodera tanto al perro como al dueño. El dueño se empodera al adquirir habilidades tangibles para reducir inmediatamente el nivel de estrés del perro, su activación, y su frustración. El perro se empodera porque aprende que tiene la capacidad de controlar su entorno comunicando sus necesidades a su guía. ¡Todos salen ganando!

No hay que esperar para empezar tratamientos críticos de conducta. No es raro encontrarme a perros muy reactivos con problemas de obesidad severa. A menudo es difícil motivar a esos perros con comida, y no quiero decirle a un dueño: "empezaremos a trabajar cuando tu perro adelgace". BAT te permite empezar a entrenar hoy mismo, empleando las recompensas que el perro está deseando del propio entorno. Esto es saludable para su salud emocional (reducción de estrés) y física (cuando el guía sabe cómo pasear/vivir con el perro, hará más ejercicio y mantendrá un buen peso).

Da a los dueños una introducción tangible, efectiva, y profunda del concepto crítico del Principio de Premack. Muchos guías novatos lo pasan mal cuando tienen que identificar refuerzos ambientales y usarlos efectivamente junto con los refuerzos primarios (usualmente comida) al enseñar y mantener conductas. BAT ayuda a los dueños a ser mejores guías. Las lecciones que enseña BAT son transferibles a otros aspectos de la vida con los perros, incluyendo los modales básicos y otras conductas del día a día.

BAT es flexible. Lo he usado tanto para perros reactivos que quería aumentar su distancia a los detonantes así como con perros frustrados te quería reducir la distancia al detonante pero no saben aún cómo contenerse para ganarse esa oportunidad.

BAT se combina bien. No es excluyente. Tengo varios clientes que utilizan BAT junto con "Mira eso" y otros juegos de Control Unleashed además de las técnicas de contracondicionamiento simple "Puerta abierta/puerta cerrada", y a veces todas esas técnicas se usan ¡en una sola sesión!

¡Es divertido! Por último, BAT es divertido para los perros y las personas. Sobre todo, los entrenadores saben que la única manera de que los propietarios practiquen los protocolos eficazmente es hacer que disfruten y vean resultados. BAT ofrece ambas cosas a los clientes agobiados y los dueños de perros reactivos.

La experiencia de una entrenadora de perros de protectora
Alice Tong, CPDT-KA, KPA CTP, Choose Positive Dog Training, choosepositivedog-training.com, Oakland, California, USA

Como entrenadora en la protectora, veo a muchos perros con reactividad y miedo a otros perros, a niños, y a hombres. Con el poco espacio y tiempo disponible en la protectora y el alto nivel de estrés y ruido, los perros necesitan un progreso en sus problemas para facilitar su adopción tan pronto como sea posible. Usando BAT, no sólo he visto mejorar a los perros en esas áreas rápida y eficazmente, sino que además han ganado confianza y sociabilidad al aprender que están a salvo y que pueden tomar decisiones calmadas en lugar de sobre-reaccionar. En la protectora podemos disponer de varios perros neutros para las sesiones BAT, y por eso podemos trabajar consistentemente con un perro más de una vez a la semana. He trabajado con muchos perros de protectora que tendían a sentirse sobre-estimulados nada más salir de sus rutinas confinados, y aún así respondían bien a las sesiones BAT.

BAT también ha mejorado mi capacidad como entrenadora de protectora, para establecer relaciones más profundas con cada perro al volverme adicta a observar las sutilezas de su lenguaje facial y corporal, para asegurarme de que estaban bajo su umbral al entrenar. El más mínimo giro de cabeza, un músculo de la ceja moviéndose un poco, o un aumento en su ritmo de respiración pueden ser un signo importante para el entrenador, y determinar lo rápido o lento de su progreso. Con tantos perros como hay en una protectora que necesitan ayuda y atención, es una manera estupenda de llegar a conocer la personalidad de cada perro al "escuchar" su lenguaje corporal mediante sus señales de apaciguamiento preferidas. Si consigo leer bien al perro, puede empezar su programa de entrenamiento sin el control minucioso que suele realizarse con el trabajo bajo señales. BAT consigue mejorar la confianza de los perros reactivos en protectoras y reducen los sentimientos de miedo e inseguridad, haciendo que ya no necesite ofrecer conductas reactivas/agresivas. Estoy muy contenta de que BAT llegue no sólo a más entrenadores y voluntarios de protectoras, sino al propietario medio también. Aprendiendo BAT los dueños pueden aprender a escuchar lo que sus perros están diciendo, y éstos pueden sentirse comprendidos y empoderados.

Thomas: una historia con moraleja

Dani Weinberg, Ph.D., Certified Dog Behavior Consultant en Dogs & Their People, Karen Pryor Academy Faculty, Autor de "Teaching People Teaching Dogs" Albuquerque, New México, USA

http://home.earthlink.net/~hardpretzel/DaniDogPage.html

Note: Los nombres de personas y perros están cambiados. Este caso empleó BAT 1.0

Ésta es la historia de Thomas, una mezcla de Pit Bull y Boyero Australiano que vivía con una mujer de negocios. Es la historia de cómo una intervención BAT exitosa puede acabar mal. No por torpeza del entrenador, no por falta de implicación en el perro, sino porque los dueños no se involucran en el proceso.

He usado BAT con otros perros y sus dueños agradecidos e implicados. Siempre ha ayudado al perro a aprender mejores estrategias de afrontamiento hacia sus Monstruos, y es algo fácil de enseñar a los dueños para que practiquen desde el primer día. Por eso la historia de Thomas destaca para mí como advertencia.

Cuando le conocí, Thomas tenía 19 meses, fue adoptado de un refugio privado con 6 meses. Todo lo que sabía de él su dueña Delia, era que venía de otra protectora. Comía un pienso para estómagos delicados hasta que recomendé una mejor dieta que le sentó bien. Tenía una buena rutina de ejercicio, paseando a diario y haciendo senderismo los domingos. Delia le había llevado a un centro de adiestramiento tradicional. Lo que allí aprendió, según ella misma, le ayudó a poder pasearle. llevaba un collar de ahorque para "controlarle mejor".

Thomas es un joven con alta energía que encaja en el perfil que da Jean Donaldson para el perro "Tarzán" en su libro *Fight! A Practical Guide to the Treatment of Dog-Dog Aggression* (ver Bibliografía). Como describe en la página 12: "Perros que se presentan demasiado bruscamente (a otros perros). Parecen híper-motivados y sus habilidades sociales son toscas". Cuando Delia adoptó a Thomas, le llevaba al parque canino, lo que dejó de hacer enseguida cuando le vio híper-excitado y pasando enseguida del juego a la agresión. Ahora tiene encuentros ocasionales de juego con una hembra pero lleva el bozal puesto para no dañarla si se pone a jugar a lo bruto. A Delia le preocupaba la reactividad de Thomas hacia la gente que venía de visita. Se ponía a a gruñir, ladrar, tiraba de la correa (siempre la llevaba puesta si venían invitados), gemía, se sacudía, y si podía, la daba un mordisco a la visita. Delia le presentaba a los invitados en el jardín delantero, con la correa puesta, el bozal, y el collar de ahorque. Le hacía sentarse hasta que se calmara (y entonces le llevaba al jardín trasero si el invitado se quedaba, o le llevaba de paseo junto al invitado). Durante el paseo, Thomas estaba bien e incluso permitía que le acariciaran.

Primera sesión:

Pedí que Thomas estuviera en el jardín trasero cuando yo llegara para evitar una presentación por encima del umbral. Delia y yo nos sentamos en la cocina a hablar, y después de un rato, le traía. Como le solicité, iba atado pero sin bozal. Reaccionó con su agresividad habitual al verme. Quise saber más sobre él así que hice un par de ejercicios sencillos. Cuando traté de reforzar el contacto visual voluntario, siguió excitado, así que pasé a simplemente clickar y premiarle. Estaba muy interesado en la comida. Según continué, estaba relativamente calmado, pero cuando hice una pausa, volvió a ladrar y abalanzarse. Después, traté de enseñarle un target de mano, y lo aprendió muy rápido, pero seguía volviendo a la agresión cuando me detenía.

Enseñé a Delia cómo entrenar el "Míralo"(Look at That). Thomas aprendió rápido. Le indiqué que lo practicara a menudo pero sin detonantes alrededor. Mi plan era empezar a usarlo como paso inicial para hacer BAT

Segunda sesión:

Como le pedí, Delia invitó a su amiga Ruth para ayudarnos. Thomas había sido reactivo con Ruth anteriormente en el porche delantero pero no durante los paseos lejos de casa. Decidí reclutarla al ser una visita frecuente que él conocía.

Empezamos con el juego de "Puerta abierta/Puerta cerrada" alternándonos Ruth y yo para aparecer tras un muro a unos 3 metros de distancia. Esta sencilla técnica de contracondicionamiento parecía una buena base antes de hacer BAT. Thomas pronto empezó a mostrar la conducta deseada: ver a la persona y volverse hacia el guía a por su premio. Parecía inmune al manejo brusco de Delia (dando tirones de correa y ordenándole sentarse cada pocos segundos). Hicimos un descanso para analizar lo ocurrido y en nuestra siguiente sesión, después de haber aparecido yo varias veces seguidas, decidí acercarme un poco más, a unos 2 metros. La siguiente repetición llegué hasta él y le ofrecí un puñado de premios. Los comió tranquilamente. Lo repetí de nuevo, y de nuevo se los comió. Y entonces repentinamente empezó a ladrar y a tratar de morderme. Yo había rebasado su distancia de seguridad y le puse sin querer sobre su umbral. Puede pasar cuando el perro se percata de lo cerca que está la persona. Se puso ansioso y volvió a su antigua conducta reactiva. Hicimos otro descanso fuera en el que le expliqué a Delia BAT y los objetivos.

Delia guiaría a Thomas mientras Ruth y yo, escondidos tras la esquina de la casa, apareceríamos alternativamente para practicar el "Míralo". Nuestra distancia inicial era de 12 metros. Cuando vimos que iba bien, Delia y Thomas acortarían la distancia en cada repetición. Thomas avanzó muy bien, y se mantuvo calmado hasta llegar a una distancia de unos 3 metros, Decidí no forzar el progreso y finalizamos la sesión, poniendo a Thomas a descansar en el jardín trasero para analizar la sesión nosotros.

Ese día Dejé instrucciones a Delia para practicar el "Puerta abierta/puerta cerrada" y "Míralo" durante sus paseos, pero sólo en ausencia de detonantes. Nuestro plan para la siguiente sesión sería invitar a su vecino Paul a participar como ayudante.

Antes de irme, aconsejé a Delia llevar a Thomas al veterinario y quizá hacerle un análisis completo de tiroides, por si el hipotiroidismo pudiera estar contribuyendo a la agresión. También le recomendé darle Suntheanine, un suplemento natural relajante. Después supe que no hizo nada de esto, y dudo que practicara nada de lo que le enseñé.

Fijamos otra cita y tuvimos que cambiarla debido a los compromisos laborales de Delia, y después no pudimos fijar más citas principalmente por su apretada agenda.

A pesar de los buenos resultados que habíamos visto en Thomas con BAT, me parecía que Delia no pensaba que fuera a funcionar. Para ella el entrenamiento "a la fuerza" la única manera de modificar una conducta agresiva. Había sido muy escéptica sobre mis métodos desde el principio pero mostró cierta voluntad de probar. Yo le tomé la palabra.

También merece la pena destacar los objetivos que declaró en el cuestionario previo sobre Thomas: "Quiero que Thomas pueda jugar y socializar con otros perros, plena y alegremente. Quiero que mis amigos y familiares puedan sentarse a su lado y contemplar la hermosa y dulce alma que yo siento...y confío en que Thomas se convertirá en un perro perfecto".

La combinación de expectativas irreales y el entrenamiento coercitivo son letales para que BAT funcione. BAT requiere la implicación plena del perro mientras aprende a tomar mejores decisiones. También requiere compromiso y consistencia del propietario. Lo más triste de esta historia es que Thomas estaba dispuesto y deseando hacerlo, si su dueña se lo hubiera permitido.

Poder explorar el Mundo con mis perros
Debi Carpenter con Emsie y Harry USA

Hace 4 años que empecé a usar BAT con Harry y Emsie, debido a la timidez de Harry y los miedos de Emsie con varios detonantes humanos y caninos. Desde que empecé a trabajar he comprobado que existen incontables personalidades caninas, e infinitas justificaciones de los dueños que puedes encontrarte en cada paseo. Gracias a mi uso continuado de BAT y ser consciente de sus técnicas, soy capaz de ver los encuentros como una nueva exploración interesante, en lugar de experiencias que quiera evitar o temer.

En el mundo de los perros y los propietarios hay multitud de interpretaciones del comportamiento canino, que pueden ser tremendamente complejas. Pienso en cada paseo en el que el dueño de un perro suelto y sin control me dice: "¡no te preocupes, mi perro es bueno!" dibujándolo como amistoso, sin serlo a menudo. Y cuando corre hacia mis perros, que tienen que interpretar la situación en su propio interés. He aprendido que BAT no es sólo para Harry, Emsie y yo. Es para nosotros, pero también es un método intuitivo para interactuar en un mundo donde las decisiones sobre nuestros perros deben tomarse ágil y positivamente.

Emsie y Harry de aventura.

Harry y Emsie disfrutan de paseos en kayak, en bici, nadar y bodyboarding, entre otras de sus actividades favoritas. Como imaginarás nos encontramos con perros y personas en situaciones muy diversas, y necesitan desenvolverse en esos encuentros de un modo que les permita sentirse seguros, confiados, y a salvo. Estos últimos años Harry y Emsie han mejorado su capacidad de sentirse como en casa en esas situaciones y a salir rápidamente airosos de situaciones que podrían sobrepasarles.

Estoy agradecida de tener dos maravillosos perros y una técnica que nos permite disfrutar de nuestras excursiones de un modo que respeta y contribuye a fortalecer la mágica relación entre perros y dueños.

BAT para el miedo a los coches

Beverley Courtney, BA(Hons), CBATI, MAPDT(UK), Entrenadore y Propietaria de Good for Dogs! Worcestershire, UK, goodfordogs.co.uk, brilliantfamilydog.com

Meg, una Border Collie de un año de edad, llegó a mis clases muy agitada y ansiosa con los demás perros del aula, y lo manifestaba ladrando ferozmente y tirando de la correa. Su entregada propietaria, Linsey, la había adoptado en una granja dos meses atrás y me pidió ayuda. Meg tenía mucho miedo a los coches. Linsey decía: "En la carretera sus orejas siempre están atrás y se ralentiza, yendo junto a los arbustos, muros, vallas... Si un coche pasa cerca se queda quieta, ancla sus patas traseras en el terreno, se encoje y empieza a temblar. Luego sale corriendo en cualquier dirección a todo gas sin pensarlo".

BAT lo cambió todo. Su actitud y su postura cambiaron totalmente desde la primera sesión. Con un guiado de correa más sensitivo, Meg pronto era capaz de afrontar la presencia del tráfico.

Linsey usó las mismas técnicas para el miedo de Meg a otros perros, y esto es lo que me escribió: "estamos ahora en Escocia, donde Meg se ha integrado plenamente en la manada y está disfrutando de lo lindo. Es nuestra segunda semana de iniciación al agility, y su comportamiento ha sido asombrosamente bueno. Hay muchos perros desconocidos ruidosos, tres de ellos muy reactivos, y Meg se porta como un ángel. Se sienta y espera su turno, no reacciona ante los perros agresivos y se enfoca al 100% en mí cuando está suelta en las clases. Una perra totalmente diferente a la que conociste hace ocho meses en Hereford. Los paseos con tráfico han mejorado notablemente. Sigue estando un poco incómoda, pero nada parecido a cómo era antes. Su confianza sigue creciendo y creo que pasear con otros perros le está ayudando".

Decidida a triunfar
Shirley Soh y Bambi, Singapore

Hace 3 años:

1. La distancia entre Bambi y el detonante (niños) era como de medio campo de fútbol.

2. El sonido de un niño corriendo le da pánico y gruñe.

3 años después:

1. Un niño puede estar a 5-10 metros de ella. Se detiene, mira al detonante, me mira, y sigue su camino. Luego prosigue olfateando el suelo.

2. El sonido de un niño corriendo ya no le da pánico. Ya no gruñe como antes, sino que mira al niño, aunque esté jugando y gritando o hablando muy alto. Les mira, luego desconecta por sí misma y se pone a olfatear el suelo.

Antes durante los paseos, cuando veía algún niño, se detenía por completo. Ahora cuando ve algún niño (por ejemplo en medio de un puente) sigue su camino y pasa al lado sin gruñir. Aunque su jadeo aumenta, después vuelve a la normalidad. También ha aprendido a usar a su mamá como barrera poniéndome entre ella y el detonante para darle espacio y seguridad.

Muchas gracias a ti y a Peanut. Nunca soñé que podría cambiar a Bambi. Hace tres años lloraba desconsolada cuando veía cuánto sufría. Pasó de ser segunda clasificada en su primera competición ON, a tener tres descalificaciones tras el incidente. Yo estaba realmente decidida a triunfar en la mejora de Bambi. Yo era un manojo de nervios. Recuerdo que me enseñaste a que prestara atención a mi respiración. Muchos errores y aciertos en estos tres años. Hoy soy mucho mejor guía, voy más confiada en mis paseos, ¡y soy muchísimo más hábil con la correa! Bambi me ha enseñado cuándo está preparada y cuándo no.

Yo era como un alma perdida antes de conocer BAT. Pero vi esperanza cuando aprendí las técnicas. ¡Incluso investigué en tu website! Jajaja. Cuando se realizó el seminario BAT en Singapur este pasado noviembre, animé a mi marido para inscribirnos, pero un día antes le dio un infarto. En cualquier caso, él me insistió a asistir a Andy con la logística como habíamos quedado. Aún consternada, mi primer día de seminario, estuve en mi lugar. Entonces me dije a mí misma que por mi marido y por Bambi, aprovecharía esa oportunidad para aprender y retener como nunca. Y así fue, ya que además de participante fui ayudante para Carly. Vi cómo mis paseos y mi trabajo con Bambi mejoró notablemente. Incluso podía explicar brevemente BAT a los desconocidos en los paseos. Había un dueño sujetando la correa muy tensa de un perro que quería saludar a Bambi. Cuanto más tiraba, más insistía el perro. Le expliqué cómo relajar la tensión de la correa. Lo probó, e inmediatamente vio el cambio en su perro, diciendo: "¡Wau, realmente funciona, no tenía ni idea, es mi primer perro!

Shirley y Bambi

Un punto de inflexión

Jude Azaren y Dusty, USA   *Nota: Este caso es sobre BAT 1.0.*

Dos años de entrenamiento con varios protocolos para la agresión no habían hecho apenas nada en la conducta de Dusty hacia los humanos, pero en agosto de 2009 tuvo su primera sesión BAT tras incluirnos Grisha en un grupo de trabajo para la agresión. Un amigo y yo fuimos hasta la casa de un conocido (nuestro ayudante). Cuando Dusty salió del coche y vio al detonante en la calle, tuvo mucho miedo. Encogió su rabo y trató de subirse de nuevo al auto. Esto me sorprendió porque el ayudante no estaba cerca y Dusty no era especialmente miedoso a esa distancia. Así que le di un paseo por la zona hasta que su rabo volvió a levantarse y pareció más interesado en el entorno.

Entonces empezamos a trabajar. Hicimos algunas variaciones BAT y luego las mezclamos. El ayudante caminaba hacia nosotros, o nosotros hacia él, hicimos paseo en paralelo, y también pasamos de largo. A veces, mi amigo paseaba con el detonante, pero la mayor parte del tiempo el detonante estaba solo. En cada repetición la conducta de Dusty mejoraba. La distancia era el principal refuerzo: Ducty y yo nos alejábamos caminando, o corriendo, o el detonante se alejaba. A veces le daba premios, y a menudo le felicitaba por sus buenas decisiones. Las conductas reforzadas eran cualquier síntoma visible de relajación: dejar de fruncir el ceño, relajar la mandíbula, relajar la mirada, parpadear, mirarme, mirar al detonante moverse sin agarrotarse, ventear en dirección al detonante, pasar de largo sin perturbarse...etc.

Lo que me encantó de esta sesión fue que Dusty estaba totalmente involucrado en el trabajo y era feliz tratando de averiguar las respuestas adecuadas para tratar de escaparse, hacer que el ayudante se moviera, o conseguir un premio. Esta experiencia fue algo maravilloso para él. Al regresar a casa nos detuvimos en un parque a pasear. De repente, dos quinceañeros corrieron directos hacia nosotros a unos 10 metros de distancia. Me preparé para las embestidas y ladridos de Dusty y estaba a punto de hacer un giro rápido para huir...pero Dusty les miró y después me miró mientras los niños se acercaban rápidamente. Su mirada decía: "¿podemos irnos ya, Mamá?", y eso es lo que hicimos. Me quedé alucinado de que supiera cómo afrontar la situación y se mantuviera tranquilo con sólo la sesión BAT que habíamos hecho una hora antes.

No dejamos de entrenar tras esa sesión, por supuesto, pero tuvo una gran influencia en Dusty ayudándole a generalizar su confianza a muchos otros miedos que tenía. BAT ha sido el punto de inflexión en el tratamiento de la agresión de Dusty. Es un perro mucho más relajado y feliz. No puedo expresar lo entusiasmado que estoy con este protocolo, y lo agradecido que estoy a Grisha por compartirlo.

BAT Ninja le fue muy útil a mi perro con otro perro suelto

Deborah Campbell, CBATI, y su propio perro Flossy, UK

Flossy, un Border Collie de trabajo, tenía unos 14 meses (en 2011) cuando empecé a utilizar los principios de BAT (tras asistir al primer seminario de Grisha en Reino Unido) en los paseos y los encuentros con personas. Flossy era muy reactiva (ladrando y lanzando la boca) hacia las personas en los paseos, cerca del vecindario, y en nuestro jardín. Ella fue de hecho el motivo de que yo me certificara como CBATI en 2014.

Cuando acogí a Flossy, quise aprender todo lo posible para ayudarla así que adquirí el libro de BAT/Organic Socialization junto con el DVD. Yo no podía realizar puestas en escena y no tenía "ayudantes" para entrenar así que empecé a hacer BAT improvisando con entornos reales, en la avenida principal con la correa, tratando siempre de no rebasar el umbral (lo cual es imperativo para el bienestar del perro). Hicimos algunos avances notables en su capacidad de desconectar de las personas que estaban a lo suyo y paseando alrededor, durante el primer mes haciendo 2 o 3 sesiones cada semana. Esos avances se transfirieron rápidamente a los paseos sin correa. La mayoría de sus paseos eran sin correa en los bosques y era ahí donde podían aparecer desconocidos caminando por el mismo sendero o de cualquier camino, asustando a Flossy. Con sus mejoras progresivas, Flossy aprendió a detectar y desconectar de los desconocidos que caminaban hacia ella, y finalmente, aprendió que podía estar tranquila y a salvo, y retirarse de cualquier situación que le hiciera sentir de algún modo incómoda, como haría cualquier perro bien socializado en los encuentros o presentaciones. Curiosamente descubrí (en ese momento) que eso significaba que ella había descubierto su confianza en sí misma y su parte más social, y pudo empezar a mostrar en la gente que le decía cosas.

Ver a Flossy aprender de un modo independiente ha sido maravilloso. No necesito ni espero que Flossy adore a todo el mundo ni quiero supervisar cada una de sus experiencias/encuentros. El objetivo de BAT es gestionar el entorno para permitirle que pueda tomar decisiones espontáneas apropiadas, en situaciones sociales normales.

Tan sencillo que puedes usarlo a diario

Jonas Valancius, Reksas Dog Training School, Kaunas City, Lithuania, reksas.lt

Soy entrenador canino en Lituania. En mi país la cultura del entrenamiento canino está creciendo rápidamente, como en el resto del mundo. Más personas quieren ser responsables propietarios y buscan maneras amables de comunicarse con sus perros, incluso aunque muestren problemas serios de comportamiento. BAT de Grisha me parece una de las maneras más innovadoras.

Las técnicas BAT son útiles para mí en varios aspectos:

- Le enseña al dueño maneras no aversivas de modificar la conducta.

- Hace que el propietario profundice en su conocimiento del lenguaje corporal de su perro

- Es tan sencillo que puedes usarlo a diario (como el Plug&Play de Mac), fácil de aprender, dinámico y muy práctico

- Es saludable: hace que el propietario se mueva.

Estoy muy contento de haber descubierto BAT

La manera perfecta de preservar las conductas adecuadas de los perros en refugios

Ryan Neile, Asesor de Comportamiento Senior en Blue Cross Burford, Oxfordshire, UK, bluecross.org.uk

En Blue Cross, nos tomamos la rehabilitación de nuestros animales muy en serio, y BAT 2.0 es una herramienta esencial sin la cual no podríamos haber transformado la vida de tantos perros como hacemos. Su práctica nos ayuda a retirar el estrés de los perros reactivos, su confusión y frustración, allanando el camino para que aparezcan sus habilidades sociales, ¡y para que un cambio verdadero y consistente tenga lugar!

Incluso perros sin problemas de comportamiento están en riesgo al entrar en las protectoras, y por eso BAT es la manera perfecta de preservar las conductas adecuadas de los perros en refugios mientras aguardan que los lleven a su nuevo hogar. Lo que lo hace perfecto es su simplicidad, y la velocidad con la que puede funcionar en cualquier situación. Su aplicación mejora tu capacidad de observación y tu timing/precisión, pero por encima de todo, te enseña a entrenar en el momento ¡y a ser consciente de tu función en el viaje del perro!

GLOSARIO

Regla de los 5 segundos: es una manera de acariciar a un perro que le da la oportunidad de decirte cuándo empezar y parar. Espera a acariciarle hasta que el perro te pida contacto dándote con su hocico u otra conducta similar. Acaríciale por no más de 5 segundos, retira tus manos, y espera a que te pida más. Reduce el tiempo para cachorros o perros que prefieren menos contacto.

Capacidad/Autonomía: La capacidad de controlar una situación por la propia acción de uno mismo. La expresión "sentido de autonomía" se emplea más hacia humanos en la literatura, pero existen argumentos a favor de emplear la "autonomía mamífera" a animales no humanos igualmente (Panksepp, Asma, Curran, Gabriel, y Greif, 2012; Steward, 2009).

Conducta agonística: según Wikipedia, una conducta agonística es "El comportamiento combativo o territorial de un animal que se siente amenazado o amenaza a otro animal, normalmente de la misma especie". En otras palabras, una conducta agonística es lo que la mayoría de la gente, incluida yo misma, llamaría "agresión", aunque no es técnicamente correcto. Las conductas agonísticas en perros pueden incluir ladrar, gruñir, levantar los belfos, inclinarse adelante, erguir el cuello, lanzar mordiscos al aire, embestir, morder, y otras reacciones negativas. Esas expresiones no son siempre conductas agonísticas, pero sabiendo el contexto en que aparecen podemos averiguar las intenciones del perro.

Cámara estanca: un compartimento junto a las salidas que hace que el perro tenga que pasar por dos o más puertas/compuertas para poder salir.

Disposición de Antecedentes: los antecedentes son los estímulos que aparecen antes de una conducta. El entorno y la experiencia previa del alumno pueden ser coreografiadas específicamente para nuestros propósitos. Preparar una situación para que una conducta particular sea poco probable, o para que otro comportamiento específico sea más probable. Los antecedentes pueden ser distales (dieta, salud física) o proximales (distancia a otros perros, presencia de premios, etc.).

Análisis Conductual Aplicado (ACA): el proceso de aplicar y estudiar los protocolos que están basados sistemáticamente en el campo del análisis del comportamiento. Los protocolos ACA están diseñados para mejorar las conductas sociales relevantes, y la investigación estudia la efectividad de sus protocolos para modificar la conducta. Esto suele incluid un análisis funcional para descubrir qué consecuencias sustentan la conducta actual. Ver "Análisis de la Conducta".

Entrenamiento para el Ajuste del Comportamiento (BAT por sus siglas en inglés): Una filosofía y conjunto de técnicas para enseñar a los perros cómo satisfacer sus necesidades de un modo socialmente aceptable. Puede emplearse con otras especies igualmente.

Análisis de la Conducta: el estudio científico de la conducta (cualquier aspecto medible de la conducta de una persona u otro animal), para lo cual indaga en los factores ambientales y biológicos que influyen en el comportamiento. La expresión fue acuñada por B.F.Skinner.

Umbral de mordida: Nivel de estrés o de estimulación al cual se dispara la mordida de un perro particular.

Barrera corporal: usar tu cuerpo para ahuyentar a un perro de algo, como hacer que un perro suelto se aleje de tu perro. No necesitas tocar al perro, sino que te interpones en su camino para que retroceda y se aleje de algo. Es una técnica aversiva y debe usarse excepcionalmente.

Mano de frenado: la mano que sujeta la parte media de la corea. Es la mano más cercana al perro.

Punto de Elección: situación en la que el entorno del animal le propone responder con una conducta. Los puntos de elección en BAT se preparan para que sea muy probable que el perro elija realizar la conducta que tú deseas.

Condicionamiento Clásico: ver "Aprendizaje Respondiente".

Contracondicionamiento (CC): procedimiento que cambia la carga emocional (valencia emocional) de un estímulo. Por ejemplo, si un perro tiene miedo de los niños, el procedimiento estándar de contracondicionamiento/desensibilización sistemática consistiría en emparejar la aparición de niños con comida. Cada vez que percibiera a un niño iría seguido de un premio. Con el condicionamiento inverso (los premios preceden a la aparición de los niños), el perro puede accidentalmente contracondicionarse para rechazar los premios. El CC puede realizarse sin importar la conducta, pero los procesos operantes que empoderan al perro a modificar el entorno mediante su conducta, pueden también modificar la valencia emocional de la asociación. La valencia irá de negativa a positiva cuando la experiencia es positiva y la conducta produce consecuencias deseadas. BAT es un ejemplo de proceso de contracondicionamiento operante.

Señales de calma/apaciguamiento: Cuando dos perros se encuentran, las señales de corte son conductas que les sirven para pedir más espacio o una disminución del nivel de estrés en la presentación. Sirven para evitar conflictos.

Conductas por defecto: el conjunto de conductas de un perro particular que realiza normalmente en respuesta a un estímulo ambiental. Por ejemplo, muchos perros tienen la conducta por defecto de saltar y ladrar a la puerta, o la de sentarse en una alfombra en la cocina para recibir su ración de comida. Son conductas que realizan por sí mismos sin que un humano les dé la señal explícita para realizarlas.

Refuerzo diferencial de una conducta Alternativa (DRA): procedimiento en el que una conducta se somete a extinción (deja de reforzarse) y una conducta sustitutiva empieza a reforzarse.

Discriminación: el proceso por el que un animal aprende a realizar una conducta en respuesta a cierto estímulo y no ante otros similares. Por ejemplo, un perro puede discriminar entre niños y adultos, y de ese modo aprender a no ladrar a los adultos pudiendo seguir ladrando a los niños. Ver a niños o adultos elicitan diferentes conductas porque son percibidos como estímulos diferentes por el perro. Un perro de detección para drogas puede discriminar entre la droga que está buscando y el olor de la comida en la maleta de una persona. La discriminación es el concepto opuesto a la generalización.

Empoderamiento: la conducta tiene un efecto a distintos niveles. La conducta da el poder de modificar el entorno para satisfacer las necesidades del individuo. Lo opuesto sucede cuando no existe apenas o ningún control sobre los eventos relevantes.

Marcador de Eventos: señal que indica que la conducta del perro es justo la que quieres y va a ser recompensada. Algunos ejemplos son el clicker, la señal verbal "Muy bien", abrir y cerrar la mano, o el collar de vibración para perros sordos. El retardo entre el marcador de eventos y el premio no suele ser mayor de uno o dos segundos. También se llama simplemente "marcador".

Evaluación Conductual Funcional: un análisis formal de la relación entre la conducta estudiada y los eventos ambientales, para descubrir la razón, propósito o motivación de dicha conducta

Refuerzo Funcional: si una conducta se realiza para obtener una consecuencia particular, esa consecuencia es un refuerzo funcional para dicha conducta. Los perros hacen lo que funciona, es decir, que hacen aquello que mejor puede provocar la obtención de un refuerzo funcional. Con BAT, preparamos situaciones en las que la conducta deseada obtiene de manera espontánea el refuerzo funcional, que anteriormente obtenía con una conducta reactiva. A veces también es el entrenador el que provee de ese refuerzo funcional, pero el énfasis en BAT 2.0 es crear ocasiones para que los refuerzos aparezcan de manera natural.

Generalización: el proceso por el que se aprende que dos eventos o estímulos son ambos señales para la misma conducta, o que una misma señal en diferentes escenarios sigue siendo la misma señal. Es un proceso crítico en cualquier tipo de entrenamiento, pero especialmente cuando trabajamos con reactividad. La generalización es lo que hace que el perro sea más predecible, ya que las situaciones que nosotros consideramos casi idénticas pueden no serlo para el perro si no le hemos enseñado a generalizar.

Incitación progresiva: conjunto de señales para inducir al perro a tomar buenas decisiones, actuando del modo más leve y menos intrusivo posible que sea eficaz. Si una señal tenue no funciona, prueba una más perceptible.

Mano de sujeción: la mano que sujeta el asa en el extremo de la correa.

Ayudantes: personas y perros que han sido reclutados para ayudar en el entrenamiento. Su distancia al perro-alumno, forma de moverse, etc. pueden ser planificadas para que tu perro experimente esos detonantes de un modo agradable o con bajo estrés. También se conocen como "figurantes" o "señuelos".

BAT holgazán: método para entrenar pasivamente al perro usando los principios de BAT. Ideal para problemas de peleas en vallas y territorialidad.

Técnicas de correa (BAT): conjunto de técnicas de sujeción de correa diseñadas para dar sensación de libertad sin perder seguridad y pudiendo a la vez evitar que el perro se acerque demasiado al detonante.

Gestión del entorno: modificar el entorno de tu perro, para que sea difícil o imposible que repita la conducta que no quieres que realice. Ver también "Disposición de Antecedentes".

Efecto Imán: hay una determinada distancia a la que el perro se siente atrapado por la presencia del detonante. Es análogo a un campo magnético, en el que el imán y una pieza de metal pueden estar separados hasta que se acercan lo suficiente, momento en el cual quedan atrapados entre sí. Incluso aunque realmente quieran alejarse, muchos perros quedan "magnéticamente" atrapados y corren hacia el detonante, ladrando y gruñendo. Nosotros trataremos de evitar el efecto imán.

Marca y Muévete: es una técnica de BAT 2.0 que se usa en situaciones en las que la versión de "seguir a tu perro" supondría darle demasiada libertad. En ella el guía marca una conducta, se aleja, y le da un refuerzo al perro. Siempre debes usar la versión menos intrusiva de Marca y Muévete, para que tu perro pueda prestar más atención a la interacción social y los refuerzos espontáneos del entorno.

Tirar como un Mimo: una técnica BAT en la que el guía pareciera que está tirando de la correa, aunque realmente sólo está deslizando sus manos por ella, mientras contacta visualmente con el perro y da un paso a un lado para incitar al perro a seguirle.

Señal de Más Por Favor: conducta que le da un papel más activo al perro en el contracondicionamiento. Cuando realiza la señal de Más Por Favor, el contracondicionamiento puede comenzar. Si el perro deja de realizar esta conducta, el contracondicionamiento se detiene. El entrenador debe tratar de detenerse antes de que aparezcan señales de Más Por Favor u otros signos de estrés, para que el proceso sea lo más agradable posible.

Refuerzos Espontáneos del Entorno: un refuerzo que no entrega directamente el entrenador como consecuencia de una conducta. Por ejemplo, un perro se aleja del detonante y olisquea el un arbusto, que desprende un olor agradable para el perro. El olor placentero que entra en la nariz del perro es un refuerzo espontáneo del entorno a la conducta de olisquear. Si el perro se alejara para olisquear el arbusto y el entrenador en ese momento le diera un premio o pulsara un botón para liberar un olor agradable, eso no sería algo espontáneo del entorno. Pero si el entrenador coloca previamente algunos objetos para que el perro los encuentre después, eso se consideran reforzadores espontáneos del entorno (si el interaccionar con ellos consigue reforzar la conducta) porque el entrenador no provocó un evento en respuesta a la conducta del perro.

Aprendizaje Operante: tipo de aprendizaje en el que una persona o un animal no humano modifica su conducta a causa de las consecuencias ambientales de su comportamiento. También conocido como Condicionamiento Operante, aunque existen argumentos sólidos para quitar el término "condicionamiento" ya que en humanos ya no se emplea.

Principio de Premack: este principio declara que las actividades pueden ser refuerzos o castigos según sus probabilidades relativas. Una conducta menos probable, puede ser reforzada por la oportunidad para realizar otra conducta más probable.

Conductas Prosociales: conductas empleadas para comunicarse con otros perros (arquear el lomo, acercarse, etc.) que normalmente provocan que el otro perro se acerque y se inicie una interacción social (olisquearse, jugar, etc.). Las conductas prosociales son un tipo de conducta de cortejo.

Propiocepción: el sentido sobre dónde están las partes del cuerpo unas en relación a otras, así como cuánto esfuerzo está implicado en movilizar el cuerpo. La mayor parte de la propiocepción inconsciente está regida por el cerebelo.

Conducta Problemática: conducta que te gustaría ver con menos frecuencia. Este término cada vez se usa menos, a medida que nos centramos en pensar qué queremos que aprenda el alumno. Ver "Conducta Objetivo".

Cuadrante: diminutivo usado por los entrenadores para comprender el aprendizaje operante. El aprendizaje puede verse como dividido en 4 cuadrantes: reforzamiento positivo y negativo, y castigo positivo y negativo. "Positivo" y "Negativo" indican si el aprendizaje tuvo lugar al añadir un estímulo (positivo) o al retirarlo (negativo).

Subida de Criterio: aumentar el nivel de nuestra expectativa sobre la conducta que queremos reforzar. Por ejemplo, puedes recompensar a un perro por mirarte tras haber visto al detonante, pero luego querrás subir el criterio y esperar que ofrezca una conducta más difícil, como olisquear el suelo o girarse completamente. El truco al subir el criterio es hacerlo sólo un poco más difícil, para que tus expectativas puedan ser fácilmente satisfechas.

Reactividad: Técnicamente es sobrereaccionar. Las respuestas de miedo, agresión o frustración que superan el nivel de lo que alguien que entiende de perros consideraría "normal".

Refuerzo: la consolidación de una conducta por medio de las consecuencias que provoca. A la consecuencia por sí misma, es decir el evento que ocurre justo después de la conducta y que hace que ésta ocurra con mayor probabilidad en el futuro, la llamamos "reforzador". Puede ser reforzamiento positivo (la adición de algo, como conseguir algo que el perro desea) o negativo (sustrayendo algo molesto, como el alivio del estrés o la presión social).

Conducta sustitutiva: conducta canina aceptable que puede razonablemente conseguir el mismo refuerzo funcional que la conducta que estás tratando de eliminar o reducir. Ver "Conducta Objetivo".

Extinción Respondiente: el debilitamiento de una asociación previa creada por el condicionamiento clásico, por ejemplo al presentar repetidamente el estímulo condicionado sin que aparezca el estímulo incondicionado.

Aprendizaje Respondiente: proceso que empareja dos estímulos de modo que el estímulo "condicionado" empieza a elicitar la misma respuesta fisiológica que el estímulo incondicionado (u otro estímulo condicionado). Esto puede dar una carga emocional al estímulo neutro por asociación. Éste es un ejemplo de condicionamiento retardado: el estímulo condicionado es consistentemente seguido por otro estímulo (el click va seguido por un premio). De este modo, un perro que no daba ninguna respuesta al clicker va desarrollando una a través del aprendizaje respondiente. Si oye un click y obtiene un sabroso premio en repetidas ocasiones, empezará a elicitar la respuesta biológica de salivar tras escuchar el click. También puede que muestre alguna conducta que relacionamos con estar "feliz" como mover la cola, etc. También conocido como "Condicionamiento Pavloviano" o "Condicionamiento Clásico", aunque existen argumentos sólidos a favor de ir quitando el término "condicionamiento" al hablar de animales no humanos, ya que no lo usamos más en humanos.

Antecedente Potencial: señales contextuales del entorno físico interno o externo que predicen posibles consecuencias para la conducta. Por ejemplo si los ruidos fuertes son aversivos para un perro, y hay una fiesta en la casa, la presencia de más invitados y más ruidos son antecedentes potenciales. Si en ese momento un niño coge el plato de comida del perro, puede provocar una mordedura, aunque en otras circunstancias apenas hubiera gruñido. Podemos mejorar el comportamiento casi instantáneamente al modificar los antecedentes potenciales, como al cubrir las ventanas con un vinilo opaco.

Puesta en Escena: sesión de entrenamiento en la que has planificado la presencia de un detonante predecible y/o controlable, de modo que tu perro podrá interactuar a una distancia segura, con poco o nulo estrés. En BAT, las puestas en escena se realizan normalmente en extensas áreas que fomentarán la exploración en el perro.

Desensibilización Sistemática: exposición gradual a un detonante con calma antes de aumentar la intensidad del mismo. Los humanos que realizan terapias de desensibilización sistemática para fobias hacen ejercicios de relajación para auto-calmarse. En entrenamiento canino, la desensibilización sistemática suele significar el aspecto de exposición progresiva, y se combina generalmente con contracondicionamiento clásico en lugar de técnicas de auto-relajación. También se conoce como "terapia de exposición gradual".

Bajo umbral: el perro que está bajo umbral, es capaz de afrontar una situación y auto-relajarse sin mostrar pánico o agresión. Si pudieras preguntarle cómo de estresado está, te diría: "Nada en absoluto" o "sólo un poco".

Contraste Ambiental Repentino: un cambio inesperado y repentino en el nivel de estimulación. Por ejemplo una persona sentada en una cena que se levanta y ve una caja que no había antes en la habitación. También llamado "cambio ambiental repentino".

Conducta Objetivo (en una intervención): acción observable (conducta) que hemos seleccionado para ser modificada mediante un protocolo de modificación de conducta. Normalmente queremos aumentar la frecuencia de su aparición, o un cambio en su topología (cómo se ve). Por ejemplo, en lugar de una expresión de agresividad, podemos querer que el perro se aproxime haciendo una curva al otro perro, le huela el trasero, gire su cabeza y se aleje. Ésa será nuestra definición para nuestra conducta objetivo: "saludar educadamente".

Umbral: La frontera entre dos niveles de estimulación, "que separa cuándo el perro es capaz de gestionar la situación y auto-calmarse sin ser presa del pánico o agredir, de cuándo el perro no es capaz de gestionar la situación sin entrar en pánico o agredir". Pienso en ello como la línea que separa a un perro tranquilo y feliz, de un perro estresado y enloquecido.

Detonante: un evento, persona, animal, ruido, u otro factor que desencadena una reacción indeseada o anormalmente exagerada. Si tu perro ladra a los perros negros, entonces los perros negros serán los detonantes para la reactividad de tu perro. También llamados: "estímulos detonantes".

Acumulación de Detonantes: acumulación de estrés debida a la exposición a múltiples detonantes, ya sea simultáneamente o lo suficientemente cercanos en el tiempo para que la reactividad no haya vuelto a niveles normales. Por ejemplo: si un perro sensible a los ruidos y con miedo a los niños escucha un golpe sonoro antes de ver a un niño, es más probable que le muerda que si se encuentra al niño en una situación más calmada.

Acerca de la Autora

Grisha Stewart, MA, CPDT-KA es una entrenadora canina y reconocida ponente internacional, especializada en el empoderamiento y la reactividad canina. Es autora de dos libros, varios DVDs, y dirige una escuela de entrenamiento online desde Alaska. Grisha también es la fundadora de la escuela *Ahimsa Dog Training* en Seattle, que ha sido galardonada en numerosas ocasiones, incluyendo la Mejor Escuela de Washington Oeste. "Ahimsa" es una doctrina budista sobre la no violencia hacia todas las criaturas vivientes, reflejando su enfoque sobre el entrenamiento basado en el empoderamiento de todos los animales, incluyendo las personas.

Grisha tiene un Máster en Matemáticas por el Bryn Mawr College y un postgrado en psicología especializándose en comportamiento animal, por la Universidad de Antioquía.

Es importante ser capaz de poner una conducta bajo señal...

Su primera carrera en matemáticas le fue muy útil como adiestradora y consultora en comportamiento canino, porque confía plenamente en la resolución de problemas, el pensamiento crítico y las habilidades pedagógicas que aplicó en ese campo.

A Grisha le fascina el comportamiento canino y está realmente motivada por ayudar a mejorar nuestras técnicas para rehabilitar y adiestrar a los perros. Sus intereses profesionales en torno a la reactividad, junto con la necesidad de encontrar un método de rehabilitación eficiente que pudiese funcionar con su propio perro miedoso, llevó a Grisha a desarrollar el Adiestramiento para el Ajuste del Comportamiento (BAT).

Para ver el calendario con los próximos seminarios BAT, aprender más sobre BAT, acceder a vídeos en streaming, concertar una consulta online, participar en los chats sobre BAT, o registrarte para los cursos online, entra en GrishaStewart.com Grisha es una incansable senderista, mediocre pero entusiasta escaladora, y una apasionada defensora del entrenamiento y cuidado amable de los animales.

¡Pero divertirse es parte del privilegio de estar vivos!

Recursos

N. del T.: las obras editadas en español a fecha de esta publicación aparecen en español.

Bibliografía

Nan Arthur, Chill Out Fido: How to Calm Your Dog

Ali Brown, Focus not Fear: Training Insights from a Reactive Dog Class

Jean Donaldson, Fight! A Practical Guide to the Treatment of Dog-Dog Aggression

John Fisher, Diary of a 'Dotty Dog' Doctor

Barbara Handelman, Canine Behavior: A Photo Illustrated Handbook.

Anders Hallgren, Ph.D., Estrés, Ansiedad y Agresividad en Perros

Alexandra Horowitz, Ph.D., En la Mente de un Perro: Lo que los Perros Ven, Huelen y Saben.

Alexandra Kurland, The Click that Teaches: A Step-By-Step Guide in Pictures

Patricia McConnell, Ph.D., Feisty Fido

Leslie McDevitt, Control Unleashed: Creating a Focused and Confident Dog

Pat Miller, Do Over Dogs: Give Your Dog a Second Chance at a First Class Life

Karen Pryor, ¡No lo Mates...Enséñale!

Kathy Sdao, Plenty in Life is Free: Reflections on Dogs, Training and Finding Grace

Cheryl Smith, Dog Friendly Gardens; Garden Friendly Dogs

Grisha Stewart, Manual Oficial de Ahimsa Dog Training: Una Guía Práctica para la Solución de Problemas y la Educación Canina sin

Andrew Weil, Breathing: The Master Key to Self-Healing (audio book)

DVDs

Trish King, Abandonment Training

Patricia McConnell, *Lassie, Come!*

Leslie Nelson, *Really Reliable Recall*

Kathy Sdao, *Improve Your I-Cue*

Grisha Stewart, *BAT 2.0 Empowered Animals Series* (también en GrishaStewart.com)

1   *Talk with Me: Simple Steps for 2-Way Understanding Between Dogs and People*

2   *Walk with Me: Safety, Fun, & Freedom with Leash Training for You and Your Dog*

3   *Problem Prevention: An Empowered Approach to Life with Dogs*

4   *Survival Skills: Coping with Dog Reactivity in Real Life*

5   *BAT 2.0 Set-Ups: How to Orchestrate BAT Set-Ups and Variations with Dogs*

6   *BAT for Geeks: A Technical Perspective on Behavior Adjustment Training 2.0*

Trabajos citados y otras fuentes:

Nota: las fuentes usadas en este libro no son necesariamente recomendaciones. Lee el texto donde aparecen para saber a qué se refieren.

Amat, J., Paul, E., Zarza, C., Watkins, L. R., and Maier, S. F. (2006). Previous experience with behavioral control over stress blocks the behavioral and dorsal raphe nucleus activating effects of later uncontrollable stress: role of the ventral medial prefrontal cortex. *The Journal of Neuroscience,* 26(51), 13264-13272.

Baratta, M. V., Christianson, J. P., Gomez, D. M., Zarza, C. M., Amat, J., Masini, C. V., Watkins, L.R., and Maier, S. F. (2007). Controllable versus uncontrollable stressors bi-directionally modulate conditioned but not innate fear. *Neuroscience,* 146(4), 1495-1503.

Barlow, D. H., Agras, W. S., Leitenberg, H., and Wincze, J. P. (1970). An experimental analysis of the effectiveness of "shaping" in reducing maladaptive avoidance behavior: An analogue study. *Behaviour Research and Therapy,* 8(2), 165-173.

Capaldi, E. D., Viveiros, D. M., and Campbell, D. H. (1983). Food as a contextual cue in counterconditioning experiments: Is there a counterconditioning process? *Animal Learning & Behavior,* 11(2), 213-222.

Field, A. P. (2006). Is conditioning a useful framework for understanding the development and treatment of phobias? *Clinical Psychology Review,* 26(7), 857-875.

Friedman, S. G. (2009). What's wrong with this picture? Effectiveness is not enough.

Journal of Applied Companion Animal Behavior, 3(1), 41-45. (also available at http://behaviorworks.org/files/articles/What's%20Wrong%20with%20this%20Picture. pdf)

Goetz, A.R. *The Effects of Preventative and Restorative Safety Behaviors on Contamination Fear.* MS thesis University of Wisconsin Milwaukee, 2013. Retrieved from http://dc.uwm.edu/etd/251/

Gunther, L. M., Denniston, J. C., and Miller, R. R. (1998). Conducting exposure treatment in multiple contexts can prevent relapse. *Behaviour Research and Therapy,* 36(1), 75-91.

Hartley, C. A., Gorun, A., Reddan, M. C., Ramirez, F., and Phelps, E. A. (2013). Stressor controllability modulates fear extinction in humans. *Neurobiology of Learning and Memory.*

Haw, J., and Dickerson, M. (1998). The effects of distraction on desensitization and reprocessing. *Behaviour research and therapy,* 36(7), 765-769.

Maier, S. F., Amat, J., Baratta, M. V., Paul, E., & Watkins, L. R. (2006). Behavioral control, the medial prefrontal cortex, and resilience. *Dialogues in Clinical Neuroscience,* 8(4), 397.

Maier, S. F., and Warren, D. A. (1988). Controllability and safety signals exert dissimilar proactive effects on nociception and escape performance. Journal of Experimental Psychology: *Animal Behavior Processes,* 14(1), 18.

Maier, S. F., and Watkins, L. R. (2010). Role of the medial prefrontal cortex in coping and resilience. *Brain Research,* 1355, 52-60.

Marks, I. (1975). Behavioral treatments of phobic and obsessive compulsive disorders: A critical appraisal. In M. Hersen, R. M. Eisler, & P. M. Miller (Eds.), *Progress in Behavior Modification,* Vol. 1. New York. Academic Press.

Mechiel Korte, S., & De Boer, S. F. (2003). A robust animal model of state anxiety: fear-potentiated behaviour in the elevated plus-maze. *European Journal of Pharmacology,* 463(1), 163-175.

Milosevic, I., and Radomsky, A. S. (2008). Safety behaviour does not necessarily interfere with exposure therapy. *Behaviour Research and Therapy,* 46(10), 1111-1118.

Mohlman, J., and Zinbarg, R. E. (2001). What kind of attention is necessary for fear reduction? An empirical test of the emotional processing model. *Behavior Therapy,* 31(1), 113-133.

Panksepp, J., Asma, S., Curran, G., Gabriel, R., and Greif, T. (2012). The philosophical implications of affective neuroscience. *Journal of Consciousness Studies,* 19(3), 6.

Parrish, C. L., Radomsky, A. S., and Dugas, M. J. (2008). Anxiety-control strategies: Is there room for neutralization in successful exposure treatment? *Clinical Psychology Review,* 28(8), 1400-1412.

Premack, D. (2009) Reward and Punishment versus Freedom. *Essays.* Retrieved from http://www.psych.upenn.edu/~premack/Essays/Entries/2009/5/15_Reward_and_Punishment_versus_Freedom.html

Rachman, S. (1989). The return of fear: Review and prospect. *Clinical Psychology Review,* 9(2), 147-168.

Smith, R. G., and Churchill, R. M. (2002). Identification of environmental determinants of behavior disorders through functional analysis of precursor behaviors. *Journal of Applied Behavior Analysis,* 35(2), 125-136.

Snider, K.S. (2007). "A constructional canine aggression treatment: Using a negative reinforcement shaping procedure with dogs in home and community settings." Retrieved from ProQuest Digital Dissertations. (AAT 1452030)

Telch, M. J., Valentiner, D. P., Ilai, D., Young, P. R., Powers, M. B., and Smits, J. A. (2004). Fear activation and distraction during the emotional processing of claustrophobic fear. *Journal of Behavior Therapy and Experimental Psychiatry,* 35(3), 219-232.

Thomas, B. L., Cutler, M., and Novak, C. (2012). A modified counterconditioning procedure prevents the renewal of conditioned fear in rats. *Learning and Motivation,* 43(1), 24-34.

Trouche, S., Sasaki, J. M., Tu, T., and Reijmers, L. G. (2013). Fear Extinction Causes Target-Specific Remodeling of Perisomatic Inhibitory Synapses. *Neuron.*

Tryon, W. W. (2005). Possible mechanisms for why desensitization and exposure therapy work. *Clinical Psychology Review,* 25(1), 67-95. Chicago.

Wolpe, J. (1961). The systematic desensitization treatment of neurosis. *Journal of Nervous Mental Disorders,* 132, 189–203.

Yang, L., Wellman, L. L., Ambrozewicz, M. A., and Sanford, L. D. (2011). Effects of stressor predictability and controllability on sleep, temperature, and fear behavior in mice. *Sleep,* 34(6), 759.

Websites

Los recursos online de Grisha, incluyendo BAT, material de entrenamiento, y otros temas sobre entrenamiento y conducta, están en www.GrishaStewart.com

Canine Noise Phobia Series by Victoria Stilwell
https://positively.com/dog-wellness/dog-enrichment/music-for-dogs/canine-noise-phobia-series

Dog Decoder mobile app with Lili Chin illustrations
http://www.dogdecoder.com

Ian Dunbar on "Retreat & Treat."
http://www.dogstardaily.com/training/retreatamp-treat

Sprinkles information by Sally Hopkins
http://www.dog-games.co.uk/sprinkles.htm

Shirley Chong on "Loose Lead Walking."
http://www.shirleychong.com/keepers/ LLW

Unlabel Me Campaign by Susan Friedman.
http://www.behaviorworks.org/htm/ downloads_art.html

Washington State Animal Codes.
http://www.animallawyer.com/html/wa_state_animal_codes.html

Virginia Broitman on "Two-Reward System."
http://www.cappdt.ca/public/jpage/1/p/Article2RewardSystem/content.do

También disponibles de www.GrishaStewart.com

(actualmente solo en versión original inglesa)

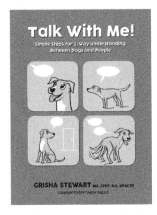

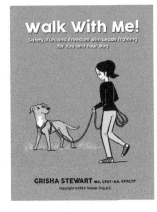

Made in the USA
Las Vegas, NV
24 February 2022

44488930R00171